思想道德修养与法律基础

实践辅导教材

主　编　常晓薇

副主编　游登贵　刘璐静　王茂诗

高等教育出版社·北京

内容提要

党的十九大召开以来，教育部印发《新时代高校思想政治理论课教学工作基本要求》，强调要把高校思政课教学工作摆在更加突出的位置，更加重视加强和改进教学管理。本书基于重庆工商大学融智学院思政课实践教学改革成果编写而成。全书分为6篇：亲情篇、爱国篇、诚信篇、情感篇、文明篇、法律篇，下设22个实践项目，并附有对应《思想道德修养与法律基础》教材的习题。本教材适用于"思想道德修养与法律基础"实践教学使用。

图书在版编目（CIP）数据

《思想道德修养与法律基础》实践辅导教材 / 常晓薇主编. -- 北京：高等教育出版社，2019.8（2020.7重印）
ISBN 978-7-04-051180-2

Ⅰ.①思… Ⅱ.①常… Ⅲ.①思想修养-高等学校-教学参考资料②法律-中国-高等学校-教学参考资料 Ⅳ.①G641.6②D920.4

中国版本图书馆CIP数据核字（2019）第011259号

《思想道德修养与法律基础》实践辅导教材

《Sixiang Daode Xiuyang yu Falü Jichu》Shijian Fudao Jiaocai

策划编辑 王溪桥　责任编辑 王溪桥　封面设计 张　志　版式设计 于　婕

责任校对 张　薇　责任印制 刘思涵

出版发行 高等教育出版社
社　　址 北京市西城区德外大街4号
邮政编码 100120
印　　刷 肥城新华印刷有限公司
开　　本 787mm×960mm 1/16
印　　张 19.5
字　　数 250千字
购书热线 010-58581118
咨询电话 400-810-0598

网　　址 http://www.hep.edu.cn
http://www.hep.com.cn
网上订购 http://www.hepmall.com.cn
http://www.hepmall.com
http://www.hepmall.cn
版　　次 2019年8月第1版
印　　次 2020年7月第2次印刷
定　　价 38.40元

物 料 号 51180-00

序

高校思想政治理论课（以下简称“思政课”）作为大学生思想政治教育的主渠道，以立德树人为中心任务，在大学生成长成才的过程中发挥着重要的引领作用。2004 年，中共中央、国务院发出《关于进一步加强和改进大学生思想政治教育的意见》，明确指出：社会实践是大学生思想政治教育的重要环节，要求高等学校把社会实践纳入学校教育教学总体规划和教学大纲。这一指导性文件旗帜鲜明地确立了实践教学在高校思政课教育教学中的重要地位，为深化新时代思政课教育教学工作指明了方向。

2016 年习近平总书记在全国高校思想政治工作会议上的重要讲话，引领了新时期高校思想政治工作的价值追求，夯实了高校思想政治理论课在改进中加强的建设目标。2018 年教育部部长陈宝生在四川成都召开的新时代全国高等学校本科教育工作会议上，也强调全面贯彻党的教育方针，把立德树人的成效作为检验学校一切工作的根本标准，促进专业知识教育与思想政治教育相融合。

在新时代，高校思政课实践教学能让学生走出课堂、迈向社会，在实践教学中培养社会责任感和使命感，提高分析和解决问题的能力。重庆工商大学融智学院作为一所应用型财经高校，秉承“做产教融合先锋，建民办高校典范”的办学愿景，倡导品行素养优等的“五优”人才教育理念，不断探索，创立了理论教学、校内实践教学和校外社会实训相结合的“三个课堂联动”思政课实践教学模式。在此精神指引下，课程组的老师们不断推进由“思政课程”走向“课程思政”的教育教学改革，并取得很大成效，同时也极大地激发了大学生学习思政课的热情。为更有效地开展思政课实践教学，近几年，重庆工商大学融智学院思政部先后在重庆市歌乐山特殊教育学校、佳诚律师事务所、重庆市第一福利院、重庆市巴南区二圣镇社区、重庆市巴南区人民法院等单位建立多所爱国主义思政课实践教学基地。2017 年教学改革成果“民办本科高校思政课‘三个课堂联动’教学模式构建与实践”获学院教学成果奖一等奖；2018 年作品“和谐校园，美丽公约”在“我心中的思政课”全国高校大学生微电影比赛中获得优秀奖。依托实践教学，开展了六届以思政课为主题的“播种道义，收获温馨”的校园品牌德育文化活动。在学术研究的基础上，结合实践经验最终编写了《〈思想道德修养与法律基础〉实践辅导教材》，形成了重庆工商大学融智学院在思想政治教育教学工作中的最新成果。本教材包含亲情、爱国、诚信、情感、文明及法律等 6 个实践篇章，通过切实有效的实践教学，进一步提升了大学生的思想政治水平和人文情怀素养。

回首新中国高校思想政治教育史，每一次蜕变与革新无不孕育着高等教育事业的创新发展。今天，我们有幸在新时代的历史转折中亲历我国高等教育的不断发展。与此同时，重庆工商大学融智学院的思政课教育教学改革也在不断创新，在 2018 年被重庆市教委作为思政课教学改革典型案例给予推广，同时也深受全校师生的好评，被不少兄弟院校借鉴。本书的出版也将在一定程度上为财经类院校思想政治教育教学改革探索提供有益参考。

重庆工商大学副校长

重庆工商大学融智学院校长 杨继瑞

2019 年 1 月于重庆

前　言

我国当前经济发展和人才需求形势为应用型高校的创新人才培养、教育教学模式改革提出崭新要求。这使高校思想政治理论课教育教学工作更具迫切性，《中共中央、国务院关于加强和改进新形势下高校思想政治工作的意见》指出："加强和改进高校思想政治工作，事关办什么样的大学、怎样办大学的根本问题，事关党对高校的领导，事关中国特色社会主义事业后继有人，是一项重大的政治任务和战略工程"，"要强化实践育人，提高实践教学比重"。《中共中央宣传部、教育部关于进一步加强高等学校思想政治理论课教师队伍建设的意见》强调指出："要从本科思想政治理论课现有学分中划出2个学分、从专科思想政治理论课现有学分中划出1个学分开展本专科思想政治理论课实践教学。要探索实践育人的长效机制，提供制度、条件和环境保障，确保不流于形式。"

本教材依据中共中央宣传部、教育部对高校思想政治理论课的指导精神，以马克思列宁主义、毛泽东思想、邓小平理论、"三个代表"重要思想、科学发展观和习近平新时代中国特色社会主义思想为指导，以中国特色社会主义核心价值观为主线，针对大学生成长过程中面临的思想道德和法律问题，有效地开展马克思主义的世界观、人生观、价值观、道德观和法制观实践教育，引导大学生树立崇高的理想信念，弘扬伟大的爱国主义精神，确立正确的人生观和价值观，加强思想品德修养，增强大学生学法、守法和用法的自觉性，全面提高思想道德素质和法律素质。本教材突出了理论、实践、创新等三方面教学任务的相互协调，实现"知识传授、能力培养、智慧启迪"，是融思想性、政治性、知识性、综合性和实践性于一体的实践辅导教材。

本书的编写正是以上述教学目标为宗旨，结合理论重点和难点，联系现实热点等问题，力求在内容设计与安排上体现知识性与思想性相结合、目标层次性与实践可操作性相结合，实现理论与实践教学一体化。根据课程的属性及知识结构，本书将实践教学内容整合为六篇，共计22个实践专题项目，每篇根据教学大纲围绕1个实践主题、3~5个项目展开。具体地，分为亲情、爱国、诚信、情感、文明及法律等篇。

本书总体设计及编写大纲由丁广龙、常晓薇完成。第1篇“亲情篇”由游登贵和唐凤芬负责编撰。本篇旨在引导大学生树立正确的亲情观和消费观，培养学生对国家、社会、家庭的感恩意识。第2篇“爱国篇”由丁广龙和陈开江负责编撰。通过参观革命烈士纪念馆、爱国主义实践教育基地，组织爱国主义专题讲座等，培养大学生的爱国意识，激发学生爱国热情，帮助大学生树立正确的爱国意识，引导大学生珍惜今天的幸福生活，用自己的实际行动表达爱国之情。第3篇“诚信篇”由刘璐静负责编撰。诚实守信是公民道德建设的核心内容，是中华民族的传统美德和社会主义核心价值观的道德基础。通过这一专题，引导、帮助大学生养成诚实守信的良好道德品质，树立积极、正面、真诚的人际交往的观念。第4篇“情感篇”由王茂诗负责编撰。情感是一个人一生成长过程中重要的一部分，大学生处于青春期，这正是身心发展的关键时期，他们情感丰富但又不稳定成熟。通过“情感篇”的实践教学，引导帮助大学生树立正确、积极的爱情观。第5篇“文明篇”由常晓薇和张玉勤负责编撰。本篇旨在使大学生认识到文明行为的重要性，引导他们寻找身边生活、学习中存在的不文明行为，引发学生思考，从而提升学生的文明认知，在此基础上强化学生的文明行为，将文明行为养成中的他律转化为自律，并自觉外化为文明行为。第6篇“法律篇”由周敏和邵黎负责编撰。树立法律意识，维护法律权威是实现全面依法治国的前提和基础。通过“法律篇”这一专题，培养学生的法律意识，帮助学生理解我国的法律制度和法律体系。另外，初稿的修改与校对工作由常晓薇、刘心、陈开江、崔中山、崔文卿和孟雪萍等勘正完成。

时代在前进，社会在发展，本书注重实践教学的实效性和可操作性，在编写过程中可借鉴和可参考的资料有限，受实践教学经验和研究水平所限，撰写难度较大，在实践教学方案设计等方面还有待进一步完善和提高。诚挚欢迎广大师生在教学与实践过程中，对本书提出宝贵意见和建议，以促进今后的教学实践。在未来的教材修订中，我们会使本教材不断提高与完善，也不断探索和规范本课程的实践教学建设。

编　者

2018年12月

目　录

1. 亲情篇

1.1 本篇概述

1.1.1 实践主题设计背景

亲情融入血液、渗入骨髓，伴随每个人的一生。亲情实践的四个主题设计，从宏观层面满足学生心怀感恩之心为人、为学、为事的需要，从微观层面激励学生找准自身发展定位，实现更好、更健康成长的目标，整体上引领大学生朝着强体质、重修心、承恩情、明大道的方向发展。

1.1.2 实践主题设计内涵

实践主题设计遵循教育部针对高等教育顶层设计、科学布局的原则，引导学生立足亲情主旨，明确把握恩情内涵，通过对学习现状进行剖析，深刻表达内心真情实感，真挚反哺亲人恩情。本篇设计的四个实践主题连续共进、前后呼应、共成一体，使得学生在认知、情感、行为上得到升华。

1. **“经典亲情文影品读”实践主题设计**。这一实践主题的目标是：引导学生阅读经典亲情文章，强调深度阅读、静心思考的必要性和重要性，体会文字背后的父爱如山、母爱如水。观赏亲情主题影视作品，以作品情节感染学生，引发其更深层次的思考，最终使其产生强烈的心灵共鸣。

2. **“大学四年学习成本核算”实践主题设计**。这一实践主题的目标是：制订一张大学四年学习投资效益分析简表，比较投入和产出差异，帮助学生在心中留下表格模型、数据印记，使学生体会父母哺育不易，珍惜大学四年学习时间，增强独立思考、自主学习能力。

3. **“共话亲情”实践主题设计**。这一实践主题的目标是：让学生在一个能够放下思想包袱、消除内心纠结和压力的环境中，以放松的心态，在笔尖下真情释放所有情绪，抒发内心对父母的爱。父母的回信，更多的是对子女的关爱、尊重、重视、呵护和鼓励。就在这一去一回之间，亲情纽带更加紧密，这一头是父母无私的爱与奉献，那一头是学生追求卓越、独立自由的担当和使命。

4. **“感恩行动”实践主题设计**。这一实践主题的目标是：大学期间正是青年人形成正确观念的重要时期，这一实践宗旨是引导大学生在理解亲情内涵的基础上，把恩情要义由抽象的感性认知向具体的理性实践转化。遵循“行动成果”导向原则，力争培养大学生成为具有高尚友善的人格、丰富渊博的人文素养和感恩亲友、回报国家及社会的新时代大学生。

1.2 本篇目标

引导学生明确理解感恩之心，深刻剖析学习现状，真挚释放内心情感，把感恩之情转化为行动，是本篇的核心理念。在这一核心理念的指引下，通过“经典亲情文影品读”“大学四年学习成本核算”“共话亲情”和“感恩行动”四个实践主题设计，让学生体会亲情内涵、明确学习成本、表达真挚情感、诠释恩情反哺，进一步促进大学生成长成才，更新思维观念、强化动力机制和提升实践效用。

1.3 实践项目一：经典亲情文影品读

1.3.1 实践目的与意义

阅读亲情文章，让学生感受亲情的温暖，感悟父母之爱的伟大和无私，激发学生孝顺父母的内心情感。品味亲情影片，引导学生回忆父母之情的相关故事，追忆以往父母的关爱之情、培育之恩，在现实中踏实拼搏，展望未来时长存感恩之心，树立以实际行动反哺父母、社会、国家的培育之志。

1.3.2 实践要求

1. **班级内部分组**。文影品读两项内容均由同一小组承担，每组 4 人，组长人选通过自荐产生。

2. **注重教师引导**。在选择文章和影片时，教师按照针对性、明确性、有效性原则，严格把控文影内容及主题范围，帮助学生评选优秀作品，提炼主题思想和总结实践成果。

3. **课堂内点评和课堂外监控相结合**。教师要做好学生学习进度的管理和协调工作。在课堂内观看亲情影片时，着重分享交流以亲情影片营造的良好氛围，激发学生的亲情情感，引导学生说出内心最真实、最深切的感受；在课堂外阅读亲情文章时，强调拓展学习及相互讨论。实践主题结束后，各组组长须立即提交学习记录表并附加图片或视频等学习材料，同时应有至少 3 次课外阅读记录。

4. **撰写文影品读体会**。学生应根据作品内容，结合自身实际学习情况，书写一篇心得体会，心得体会的字数应为至少 800 字，且内容须为原创。

5. **开展真情感受分享交流会**。教师遴选学生优秀作品，对学生作品予以点评，同时引导更多学生展示学习成果和心得体会，提升学生参与实践教学活动的积极性和实效性。

6. **重视实践升华**。积极鼓励学生参与校内外实践活动，如亲情话题征文、亲情主题情景剧、亲子实践活动等，在活动中增强能力，在实践中升华情感。

1.3.3 学时安排

4 学时

1.3.4 考核评估

具体要求为：

1. 各组组长提交的实践主题记录表、图片和视频等学习材料真实有效，且有至少 3 次课外阅读记录。其中，课外阅读记录准确无误、严谨规范时加分，基本达到要求时不加分也不减分，未达到要求时减分。

2. 心得体会须是原创内容，字数应为至少 800 字，中心思想明确，内容上有个人观点呈现，能够表达出内心的真情实感。

3. 教师根据学生提交的心得体会内容进行成绩评定，成绩评定为百分制。具体评分标准见表 1-1。

表 1-1 实践考核评分表

得分	等级	具体指标
90 分及以上	优秀	中心思想准确，内容结构严谨、充实，情感丰富
80—89 分	良好	中心思想明确，内容结构合理，感受真实
70—79 分	中等	中心思想基本明确，内容单薄，感受较真实
60—69 分	及格	中心思想基本明确，内容简单，部分感受较真实
60 分及以下	不及格	中心思想不明确，内容缺失，存在杜撰、抄袭现象

1.3.5 学生实践案例

实践案例 1 读文章有感——读《合欢树》有感

“经典亲情文影品读”实践主题体会书写

院系	XXX	姓名	XXX
学号	XXX	指导教师	XXX
文影作品	《合欢树》（史铁生）		

读《合欢树》有感

所谓父子母女一场，只不过意味着，你和他的缘分就是今生今世不断地目送他的背影渐行渐远。你站在小路的这一端，看他逐渐消失在小路转弯的地方，而且，他用背影默默地告诉你：不必追。

——题记

最为打动人心的便是质朴真实，史铁生的作品一向以清淡悠远见长。《合欢树》以时间为序，信笔而书，笔触所至，无不浸透深情。文章分为母亲生前和死后两个段落。在回忆母亲生前场景时，作者用了大量的笔墨描写母子生活的细节：10岁那年——20岁残——30岁母亲却早已离我而去。如此将我对母亲的怀念与感激描绘地精彩绝伦又情无声色。

“合欢树”由母亲的去世开始进入读者的视线，它是母亲为了让儿子开心种的，可在母亲去世后那么多年，儿子却无暇顾及，只有母亲的离去使这个世界变得呈现出[illegible]的空白。“合欢树”恰到好处地引入读者的视线：

图 1-1 读《合欢树》有感（一）

有一天，那个孩子长大了，会想起童年的自己，会想起那时候种下的树苗儿，会想起他自己的奶奶，他会跑去看看那棵树，他不会知道那棵树是怎样种下的，怎么种的，给人深深的思考。

一千个人心里有一千个哈姆雷特，《合欢树》被细细品读，怀念亲情，太多人对这些情感都避之不及，仿佛生命不能承受之重。而史铁生的深情厚意，将伤痛悲痛都化为淡淡的细腻娓娓道来，从经历中，如聊天般不经意谈起，将对母亲的深情在字里行间流露。

亲人的离去是每个人都要勇敢面对的事情，我还是喜欢去看如此敢坦然地看待离别之事，看待离别之意。从《我与地坛》里的"而知天命"到《合欢树》中让我从内心真切体会到思念的离别在生命循环中的悲伤，会更加坦然地接受有声。对于"离开"，也是升华了精神层面的写作意义。就如史铁生在文章里写离世后的细节一样：内心的放下，心境的淡然，才能更好地包容万物，享受人生。

该文章读后的顺势而为是我的财富，分享与你们。

教师评语：	作者行书富含生命力。作者在《合欢树》阅读中找到了生命的内涵和要义，行文真实流露，对亲情、爱、人生历事均有深刻领悟。		
成绩评定	97	教师签名	XXX

备注：1. 表格格式不能变动，若本页不够，可另外填页；2. 内容全部手写，不能打印；3. 每段起文处必须首行缩进 4 个字符位置；4. 注意内容整体排版。

图 1-2 读《合欢树》有感（二）

实践案例点评：人们常说，艺术源于生活，又高于生活，按照这个思路，阅读书籍或者经典实践案例，目的更多的不在于阅读本身，而在于阅读后的思考和体会，在于阅读后从内心深处迸发出震撼之情，在情感上不断升华，在实践中进一步验证，最终形成思维结晶。

实践案例 2　观影片有感——观《九香》有感

"经典亲情文影品读"实践主题体会书写

院系	×××	姓名	×××
学号	×××	指导教师	×××
文影作品	《九香》（孙沙执导）		

观《九香》有感

母爱，母亲对子女的爱，之情深于海。

影片主人公叫九香，名字由在乡下当医生的老爸取来，一味中药名——九香。开篇一位病歁歁的乡下老太太正在收拾行李，即将踏上进城的列车去探望她的儿女们，随着列车的启动，周遭变幻的事物将她的思绪拉回数十年前……数十年前的九香，年轻貌美，只是一场雪暴袭来夺去了丈夫的生命，九香从倒塌的草房中救出五个幼儿，从此独自在生活中挣扎，为了孩子搭进了自己一辈子，含辛茹苦总算将五个儿女先后送入大学。

当下和过往不停地轮转，将叙事手法展现得淋漓尽致，将人物情感传达得格外动情，给观众一些美好联想的同时也附带着催泪的现实之境，被该影片深深地打动，更被影片中的这位母亲所震撼，这是一伟大母亲的形象。

因为她的坚强；当突如其来的雪暴压塌草房屋时，当丈夫被倒塌的砖室夺去生命时，当五个年幼孩子由她独自

图 1-3　观《九香》有感（一）

一人抚养时，即使这使她万分悲痛仍然咬牙挑起了生活的重担。一头挑着五个儿女，另一头担着孤寂与艰辛。

因为她的无私：九香年轻时貌美如花，如今已是佝偻患绝症的老太，放眼望去她曾为了孩子不在乎逐渐衰老的容颜，为了挽救四孩子不惜拖曳着疲惫的身躯，为了孩子吃饱穿暖甘愿挨饿受冻，为了维护孩子的尊严放弃属于自己的幸福，为了孩子的一切便一切为了孩子奉献出一辈子。

因为中国式的母爱：“深夜独自舔食孩子们饭后的碗”；“在村口老槐树下，她目送着儿女一个个走出去，而自己的头发却逐渐花白”；“患绝症的九香从一个城市穿梭到另一个城市看望儿女”；“看到儿女们个个前程似锦，她总算能去找昔日的恋人同度晚年，却得知恋人已逝的噩耗”。这一幕幕平凡而朴实的画面不断牵动着我的思绪。九香这一位不识字的农村女子用实际行动树立起中国式伟大母亲的形象，大度、包容、无私、高尚、伟大等一系列词语来形容都不为过。

我仿佛能感受到在那寒冬岁末的小山村，孩子们依偎在母亲怀里的那份纯真挚朴的温暖和爱。影片最后给我最深的感受是已然被九香这位母亲点滴之爱润泽，想在此诚挚地对母亲们说声：您最尊贵；想郑重而同龄人诉说：父母渐老，字句如金。

教师评语：情真意切，沁人心脾。该文不仅注释了母爱温润无私，更展现了作者思考后对中国式母爱的认知和感悟。			
成绩评定	98	教师签名	×××

备注：1. 表格格式不能变动，若本页不够，可另外填页；2. 内容全部手写，不能打印；3. 每段起文处必须首行缩进 4 个字符位置；4. 注意内容整体排版。

图 1-4　观《九香》有感（二）

实践案例点评：作者用三个“因为”将九香这一伟大母亲形象生动地呈现在读者眼前，从细腻分析中可以感受到她对“父爱恩重如山，母爱情深似海”的深刻感悟。结尾部分她站在儿女的角度反思，将内心情感真挚释放，在希冀中提醒自己感恩亲情、永怀敬畏之心。看完这篇心得体会之后，读者不仅会被影片中温润无私的母爱打动，更能发现作者借影片思考儿女反哺父母恩情的责任和使命，形成了自己的思维认知，并付诸具体行动。

1.3.6 实践项目一 附件：考核资料

附件 1 课外文章阅读记录表

表 1-2 课外文章阅读记录表

主题：
时间：
地点：
会议主要内容（后附照片）：

注：1. 此页不够，可另附页面；2. 表格后必须附阅读讨论照片。

附件 2 “文影”作品参考

表 1-3 “文影”作品参考

推荐文章	推荐影片
史铁生《合欢树》《秋天的怀念》	罗伯托·贝尼尼《美丽人生》
朱德《回忆我的母亲》	杰茜·尼尔森《我是山姆》
季羡林《赋得永久的悔》	尼特什·提瓦瑞《摔跤吧！爸爸》
鲁迅《我们现在怎样做父亲》	韩蕾《俺爹俺娘》
路遥《母爱是船也是岸》	马俪文《世界上最疼爱我的那个人去了》
龙应台《目送》《亲爱的安德烈》《孩子你慢慢来》	李延香《爱·回家》
高尔基《母亲》	罗伯特·本顿《克莱默夫妇》
沈从文《一个母亲》	奉俊昊《母亲》
冰心《往事》（一）之七，《春水》	乌兰塔娜《暖春》
赛珍珠《母亲》	松冈锭司《东京塔》
卡勒德·胡赛尼《灿烂千阳》	詹姆斯·布鲁克斯《母女情深》
朱自清《背影》《儿女》	高畑勋《萤火虫之墓》
钱理群《哦，你是我的父亲》	大卫·里恩《天伦之乐》
丰子恺《给我的孩子们》	权亨镇《女儿的嫁衣》
席慕蓉《小红门》《生日卡片》	孙沙《九香》
杨绛《我们仨》	闵奎东《世上最美丽的离别》
艾尔玛·邦贝克《父亲的爱》	山田洋次《如果和母亲一起生活》
梁晓声《母亲，我不识字的文学导师》《父亲》	拉罗尔·巴尔兰德《伴你高飞》
孙犁《母亲的记忆》	王雯《亲爱的小孩》
高兰《哭亡女苏菲》	蒋雯丽《我们天上见》
亚米契斯《爱的教育》	张扬《飞越老人院》
巴金《怀念萧珊》	戴立忍《不能没有你》
汪曾祺《多年父子成兄弟》	杜国威《地久天长》
屠格涅夫《父与子》	查恩·厄尔马克《我的父亲、我的儿子》
毕淑敏《孩子，我为什么打你》	加布里尔·穆奇诺《当幸福来敲门》

附件 3　文影品读体会书写样表

表 1-4　“经典亲情文影品读”实践主题体会书写

院系		姓名	
学号		指导教师	
文影作品			
教师评语：			
成绩评定		教师签名	

注：1. 表格格式不能变动，若本页不够，可另附页面；2. 内容全部手写，不能打印；3. 每段起文处必须首行缩进 4 个字符；4. 注意内容整体排版。

1.4 实践项目二：大学四年学习成本核算

1.4.1 实践目的与意义

制订一张学习投资效益分析简表，计算一笔“亲情账”，通过数据帮助学生直观地了解大学四年父母的物质投资，引导学生树立合理的消费观念，养成勤俭节约的良好习惯，尽力帮助父母缓解经济压力。同时，引导学生学会理解父母、感恩父母，把感激之情、感恩之意融入大学四年的学习、生活中，转化为自己成长发展的动力。

1.4.2 实践要求

1. **重视课堂导入**。教师讲解“学习投资效益分析简表”的来源和发展进程，结合发展进程诠释此表集聚的成果和能量。

2. **教师课堂上的引导须准确无误**。教师应详细讲解每一张分表要求和计算方法，帮助学生高效、准确地完成简表内容。

3. **书写收获有具体要求**。书写收获须分为三段：第一段写最具体的计算数据，包括：大学四年父母物质投资的总额是多少，自己在离开校园后多少年才能还清这笔账，入校至今自己花费在学习上的时间是多少，有没有认真思考过自己上大学想要做的是什么。第二段写入校至今自己的整体表现，是否符合一名学生的要求。第三段写最具体的做法，做得较好的地方再接再厉，做得不足的地方积极完善，写清楚将通过什么方式来回报父母、提升自己。

4. **分享“算账”后的体会**。体会应发自内心、真实具体，教师要引导学生学会解压、学会转化、学会成长。

1.4.3 学时安排

2 学时

1.4.4 考核评估

具体要求为：

1. “学习投资效益分析简表”的各分表计算准确无误，数据填写规范工整。

2. “算账”体会按照要求书写，三段感受真实深刻。

3. 分享体会主动积极，能够结合自身实际情况表达真情实感，积极分享的同学可获得加分。

4. 教师根据学生“算账”、书写体会的具体情况进行成绩评定，成绩评定为百分制。

1.4.5 学生实践案例

实践案例1 算一笔“亲情账”——认真对待每一次书写

本实践专题有五张表格需要填写：第一，“盘点”大学生在校期间时间安排明细；第二，计算家长为大学四年为孩子进行的经济投入；第三，进一步计算出大学生在校期间每小时的经济投入；第四，除家庭投资外，国家、社会也为培养大学生付出了巨大的人力和财力，综合上述因素计算每位学生的学习投资总成本；第五，预测大学生毕业10年后的回报率。每张表格各有侧重，共同构成学习投资效益分析简表。填写表格后，学生还需要书写一份“算账”后的感受。

在“算账”的过程中，指导教师不仅向学生解释清楚“算账”的要求，还要引导学生明白“算账”只是一种教学方式，目的有两个方面：第一，激发学生对父母、国家、社会的感恩之心，进一步培养大学生的担当和责任之心，教育他们珍惜时间，善于把握机遇；第二，要树立正确的经济观、消费观、学习观。

为达到更好的教学效果，建议指导教师开展一次感受分享会，在分享的过程中促进学生进一步形成正确的价值评判标准。

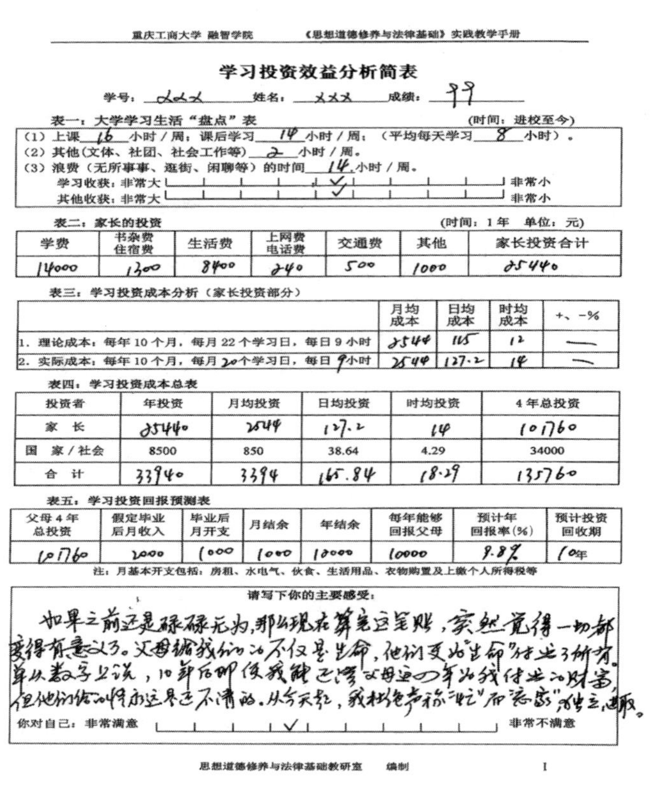

重庆工商大学 融智学院　　《思想道德修养与法律基础》实践教学手册

学习投资效益分析简表

学号：xxx　姓名：xxx　成绩：99

表一：大学学习生活"盘点"表　　（时间：进校至今）

（1）上课 16 小时／周；课后学习 14 小时／周；（平均每天学习 8 小时）。
（2）其他（文体、社团、社会工作等） 2 小时／周。
（3）浪费（无所事事、逛街、闲聊等）的时间 14 小时／周。
学习收获：非常大 ——✓—— 非常小
其他收获：非常大 ——✓—— 非常小

表二：家长的投资　　（时间：1年　单位：元）

学费	书杂费 住宿费	生活费	上网费 电话费	交通费	其他	家长投资合计
14000	1300	8400	240	500	1000	25440

表三：学习投资成本分析（家长投资部分）

	月均成本	日均成本	时均成本	+、-%
1. 理论成本：每年10个月，每月22个学习日，每日9小时	2544	115	12	—
2. 实际成本：每年10个月，每月20个学习日，每日9小时	2544	127.2	14	—

表四：学习投资成本总表

投资者	年投资	月均投资	日均投资	时均投资	4年总投资
家　长	25440	2544	127.2	14	101760
国　家／社会	8500	850	38.64	4.29	34000
合　计	33940	3394	165.84	18.29	135760

表五：学习投资回报预测表

父母4年总投资	假定毕业后月收入	毕业后月开支	月结余	年结余	每年能够回报父母	预计年回报率(%)	预计投资回收期
101760	2000	1000	1000	12000	10000	9.8%	10年

注：月基本开支包括：房租、水电气、伙食、生活用品、衣物购置及上缴个人所得税等

请写下你的主要感受：

如果之前还是碌碌无为，那么现在算完这笔账，突然觉得一切都变得有意义了。父母给我们的不仅是生命，他们更为"生命"付出了所有。单从数字上说，10年后即使我能还清父母这4年为我付出的财富，但他们给的恩情永远是还不清的。从今天起，我拒绝声称"忙"而"忘家"[illegible]。

你对自己：非常满意 ——✓—— 非常不满意

思想道德修养与法律基础教研室　编制　　I

图1-5　学习投资效益分析简表示例一

实践案例点评：作者在仔细填写学习投资效益分析简表，计算一笔"亲情账"后，从账面出发体会到父母对自己的成长所做的种种付出，感到自己努力成长、不断拼搏是有价值和意义的。这也就是说，正是父母对自己的爱和自己对父母的爱，才促使自己下定决心要在大学四年里培养独立思想和自由精神。

实践案例 2　算一笔“亲情账”——真实体会令人动容

在算过一笔“亲情账”之后，学生从心底发出真诚话语，从进校至今的现状分析和未来发展动态分析出发，书写了属于自己的真实体会，令人动容。

重庆工商大学 融智学院　　《思想道德修养与法律基础》实践教学手册

学习投资效益分析简表

学号：XXX　姓名：XXX　成绩：97

表一：大学学习生活“盘点”表　（时间：进校至今）

（1）上课 16 小时 / 周；课后学习 5 小时 / 周；（平均每天学习 3 小时）。
（2）其他（文体、社团、社会工作等）8 小时 / 周。
（3）浪费（无所事事、逛街、闲聊等）的时间 10 小时 / 周。
学习收获：非常大 ——✓—— 非常小
其他收获：非常大 ——✓—— 非常小

表二：家长的投资　（时间：1 年　单位：元）

学费	书杂费 住宿费	生活费	上网费 电话费	交通费	其他	家长投资合计
14000	1760	4800	500	612	1000	22672

表三：学习投资成本分析（家长投资部分）

	月均成本	日均成本	时均成本	+、-%
1. 理论成本：每年 10 个月，每月 22 个学习日，每日 9 小时	2167.2	98.5	11	—
2. 实际成本：每年 10 个月，每月 22 个学习日，每日 9 小时	2167.2	98.5	11	—

表四：学习投资成本总表

投资者	年投资	月均投资	日均投资	时均投资	4 年总投资
家　长	22672	2167.2	98.5	11	90688
国　家 / 社会	8500	850	38.64	4.29	34000
合　计	31172	3017.2	137.14	15.29	124688

表五：学习投资回报预测表

父母 4 年总投资	假定毕业后月收入	毕业后月开支	月结余	年结余	每年能够回报父母	预计年回报率(%)	预计投资回收期
90688	3000	1500	1500	18000	15000	16.5%	6 年

注：月基本开支包括：房租、水电气、伙食、生活用品、衣物购置及上缴个人所得税等

请写下你的主要感受：

父母为我们默默地奉献他们的青春、精力，还有金钱，许多不懂事的孩子总认为那是应该的。但仔细想想，如果不是那血肉相连的亲情，这一切的必然也就烟消云散。所以从现在起，请重视这些你易忽视的必然，仔细去看看父母那早已斑白的鬓角。父母总是不求回报，但算了这笔账之后，我决心改变，努力拼搏，更希望未来能更好回报父母。

你对自己：非常满意 ——✓—— 非常不满意

思想道德修养与法律基础教研室　编制　　1

图 1-6　学习投资效益分析简表示例二

实践案例点评： 从作者计算的这一笔"亲情账"，可以看出他刚进入大学时的迷茫和不知所措，每周浪费的时间是 10 个小时，在总评中他对自己的满意程度也不高，这表明作者内心对大学的憧憬与现实出现较大差距。好在作者明确表示要在接下来的学习生活中怀抱初心、坚定实践。

1.4.6 实践项目二 附件：学习资料

附件 学习投资效益分析简表

表 1–5 学习投资效益分析简表

姓名：________学号：________年级、班：________成绩：________

表一：大学学习生活"盘点"表 （时间：进校至今）

（1）上课________小时/周；课后学习________小时/周；（平均每天学习________小时）。

（2）其他（文体、社团、社会工作等）________小时/周。

（3）浪费（无所事事、逛街、闲聊等）的时间________小时/周。

学习收获：非常大|___|___|___|___|___|___|___|___|___|非常小

其他收获：非常大|___|___|___|___|___|___|___|___|___|非常小

表二：家长的投资 （时间：1 年 单位： 元）

学费	书杂费 住宿费	生活费	上网费 电话费	交通费	其他	合计

表三：学习投资成本分析（家长投资部分）

	月均成本	日均成本	时均成本	+、−%
1. 理论成本：每年____个月，每月____个学习日，每日____小时				
2. 实际成本：每年____个月，每月____个学习日，每日____小时				

表四：学习投资成本总表

投资者	年投资	月均投资	日均投资	时均投资	4 年总投资
家长					
国家/社会					
合计					

表五：学习投资回报预测表

父母 4 年总投资	假定毕业后月收入	毕业后月开支	月结余	年结余	每年能够回报父母	预计年回报率（%）	预计投资回收期
							年

注：月基本开支包括：房租、水电气、伙食、生活用品、衣物购置及上缴个人所得税等。

请写下你的主要感受：
非常满意 |___|___|___|___|___|___|___|___|___| 非常不满意

1.5 实践项目三：共话亲情

1.5.1 实践目的与意义

通过学生与家长相互书写“两地书”亲情信，增加双方沟通交流的深度，有助于双方相互理解、相互尊重、相互鼓励，还有助于引导学生珍惜时光、珍惜亲情，强化对父母恩情的认识，从情感上升华亲情内涵，从行为上增强学习热情和活力。

1.5.2 实践要求

1. **注重课堂导入**。通过播放《听》《天堂午餐》《光之塔》等微视频，营造思考氛围。还可以运用已有的实践主题经验，把实践教学已有的照片、视频作为介入资源，使学生更迅速地融入氛围。

2. **做好课前准备**。要求学生在课前准备好蜡烛、火柴、信笺纸、信封、邮票。

3. **课堂上书写**。在实践项目一和实践项目二的基础上，要求学生在课堂上完成《给父母的一封信》，班长统一收齐所有书信后粘贴邮票马上提交。

4. **做简单分享**。鼓励学生大声说出对父母的爱，引导学生合理释放内心情绪。

5. **课后邮寄**。邮寄方式多元化，最终目的是让父母收到书信。可以是通过快递或平信寄回家，也可以是学生亲手送回。

6. **父母回信**。回信方式多元化，要求是内容真实具体。可以通过QQ、电子邮件、微信、短信、书信等多种方式回信。

7. **明确“两地书”亲情信要求**。一封学生给父母的去信，一封父母给学生的回信，双方进行实质性交流，需要将两封信件粘贴在实践主题相关表格的特定位置上。

1.5.3 学时安排

2 学时

1.5.4 考核评估

具体要求为：

1. 必须要有两封信件，学生去信和父母回信都要粘贴在实践主题相关表格的特定位置上。

2. 班长及时、高效地完成该实践主题作业收取工作可获得加分。

3. 分享过程中，学生积极分享心中情感可获得加分。

4. 根据两封信件内容评价学生成绩，评价标准为百分制。

1.5.5　学生实践案例

实践案例1　良好氛围营造——“两地书”实践有效开展

镜头1：烛光下的情感酝酿

在烛光的映射下，学生们能够放空自己，酝酿内心最为真实的情感。

图1-7　指导教师烛光下讲解实践主题

镜头2：回归“亲情账”，找寻动笔感觉

“两地书”与“亲情账”相关。在烛光点点的氛围中，学生静心回溯亲情账目，就是为了在动笔时心存敬畏、流露真情。

图1-8　书写“两地书”前反复回味“亲情账”

镜头3：爱于内心溢，情从笔尖述

父母之恩、父母之情，并非短短千字便可畅叙，只需记录下这一时刻从心底溢出、毫无杂质掺杂的真实情感。

图 1-9　学生正在给远在家乡的父母写信

镜头 4：窗内有风景，站在窗外的人有更强夙愿

“你坐在窗内写风景，写风景的人在窗外写着你，今夜虽无明月装饰你的窗子，你却正点缀着自己的梦。”（改编自卞之琳《断章》）

原来，不局限于理论和实践，不局限于时间和空间，不局限于恩情和反哺，更能够带来新的体会和思考。人，无论何时何地，都需要精彩演绎生活，传递美好夙愿。

图 1-10　窗外看窗内，风景衬风景

镜头 5：有了理解，有了包容，有了更强的学习动力

在同一空间和时间内，与全班同学一起书写家信，本来就是一件值得期待和庆幸的事情，加之这一“仪式感”的代入，学生更能够将心中所想、情之所露、行之所至逐渐溢出身体，沿着“时空隧道”带

给父母不一样的孝顺情怀。

父母之爱在回信中表达出来，潜移默化且细腻深刻。回信之余，内心久久不能平复的激动之情将促使他们努力工作、经营家庭，更加坚定了甘愿尽一生之力关爱、照顾、呵护孩子的信念和决心。

图 1-11　学生写给父母的信件集锦

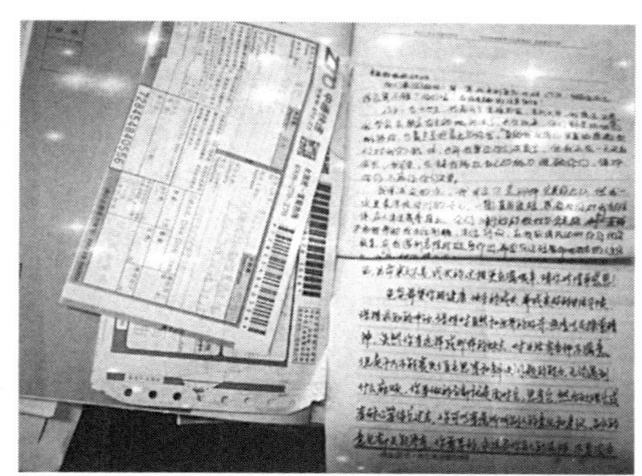

图 1-12　“两地书”：一封去信，一封回信，装点人生

实践案例点评： 5 个镜头，转换下来后，逻辑关系十分紧密，无论是前期导入、中期指引，还是后期重点把控，都深刻诠释了两个观点：一是实践教学是为学生抒发真实情感而设，二是实践教学不止步于“一封去信和一封回信”。实践教学将明确告诉学生，完成实践是基础，开始行动是起步，精耕细作才是根本。

实践案例 2 “两地书”交流至深

镜头 1：学生给父母的亲笔信

亲爱的爸爸妈妈：

不知不觉我已经读大学了，时间如白驹过隙，转眼间我已成人，而你们也在我不知不觉中逐渐老去。似乎我成长的速度也未及你们老去的速度。有时翻开陈旧泛黄的老照片，觉得妈妈年轻时还很温柔、美丽，爸爸还十分帅气呢！然而时光给你们刻上了深深浅浅的痕迹，岁月不饶人啊！

我从小便在舅舅家长大，舅舅一家待我很好，视如己出，百般疼爱。或许因不是自己亲生孩子的缘故，舅舅对我的要求反而更加严厉，对我的成长也更加负责，在他们日复一日地爱护下，我茁壮成长，并未像其他小伙伴那样感觉缺少父母的日子很难熬。日子就这样轻描淡写，却又真实而愉悦地度过，后面你们回来了，我反而觉得不适应，自己也左右为难，一边是血肉至亲的父母，一边是从小抚育我的舅舅、舅妈。不过，现在终于明白了，在不在一起并非是最重要的，而是心中有你们这些亲人便好了。心中常惦记，偶尔聊聊天，时常打电话关心一下彼此最近的生活，天冷多加衣，感冒了记得多喝水。这些日常琐事处处都有温暖，处处都有感动。

现在，我和你们都拉远了距离，可是也拉长了深深的思念，拉长了牵挂。我在学校交到了好朋友，认识了新的老师、同学，经历了好多以前没有经历过的事。为了不辜负你们的期望，也不辜负自己，我希望在大学能够活得漂亮、过得充实，在大学要更加加油！更希望你们身体健康，好好照顾自己。

爱你们的女儿：×××

2014 年 12 月 8 日

镜头 2：父母给孩子的回信

亲爱的女儿：

时至2014年，你已经十九岁，爸妈第一次给你写信，以此与你交流、沟通。借此，道出父母的心声，望对你有所启发和帮助。

孩子，你一直都很优秀，无论是学习成绩，还是其他方面，深受爸妈及所有亲人的喜爱。今年，你考上了大学，完成你人生的第一个梦想，也圆了父母之梦。它将是你在工作之前，面向未来成功的一个阶梯。我和你母亲为此感到高兴。

在你进入大学之后的几个月里，我们常问你的一句话就是，你在大学生活得习惯吗？学习是否还像高中阶段那么紧张？你对我们说：大学课程知识面广，灵活性大，活动多，可以锻炼、培养自身综合素质能力，且学习氛围浓厚，紧张有度。你开始习惯了大学里的生活，也逐渐习得了独立自理的能力。听到这些，爸妈感到欣慰，想由衷地说声：女儿，你真的长大了。

孩子，今天的你，不再是儿时的你，童年时代不再复返。你小的时候，爸妈在外打工，把你托付给舅舅、舅妈，是因为那里有一个好的生活、学习环境，也是无奈之举，当时的我们给予不了你无时无刻不在的陪伴。你儿时的成长缺少同父母在一起的快乐，这也正是爸妈缺少的，是我们的遗憾。其实，我们无时无刻不牵挂着你的成长，想得最多的是为你创造好的条件，尽到家长的责任。在此，还望女儿理解，爸妈在这里说声对不起，不要怨父母，好吗？

你一直都是爸妈的乖乖女，这都离不开舅舅、舅妈的培养和教育。爸妈该给予你的，能给予你的，都尽可能满足。身边的每个亲人都是爱你的。如今，我们渐渐岁数大了，你生活的时代，父母和长辈始终不能跟随太久。大学四年很快就会过去，未来的路还很漫长，全要靠你自己去拼搏，去努力，才会赢得属于你自己的一片天空，相信机遇对每个人都是公平的。做真实的自己，发挥正能量，才会赢得别人的欣赏和赞许，才能赢得社会的认可。

孩子，纵有千言万语，都不能完全表达我们对你的关爱，但我们对你有几点人生告诫和期待必须说：

第一，努力学习知识。人在不断学习中进步。每个人的生命都是有限的，而知识是无限的。学习中要有谦虚的态度，不骄、不躁、不自满；通过努力学习，丰富自己的头脑，不断提高学养、涵养和修养，加强思想积累、知识储备；在读万卷书、行万里路的过程中去感悟。只有这样，你才会慢慢地长大。

第二，要学会做人。做人要谦逊，要关爱自己，同时也要尊重别人。但是，你怎样对人，并不代表人家就会怎样对你。如果看不透这一点，你只会自寻烦恼。对你不好的人，你不要太介怀。在你的一生中，除了父母和其他亲人之外，没有谁有义务要对你好。至于那些对你好的人，除了要珍惜、感恩外，也要学会保持清醒，因为每个人做每件事总有一个原因，他对你好，未必真的是因为喜欢你。你必须要慢慢搞清楚，而不必太快将对方看作真朋友。

第三，要学会坚强、坚持。当你遇到困难的时候，要冷静，要善于思考，想办法去解决，不要被困难吓倒。当你遇到自己喜欢而有益的事情，一定要坚持去做，不留遗憾。

第四，要学会感恩。人的一生中，有恩于你的人很多。在你的能力范围内，要感恩社会、父母、长辈、老师等身边的人。感恩不一定需要拿多少钱或物，哪怕是一声“谢谢”，一个微笑，一点帮助，就会让对方感觉到你的关爱和温暖。

第五，要有精神气质。一个人的精神气质，反映一个人的修养和健康状况。要养成良好的生活习惯，多锻炼，珍惜生命。只有这样，才能完成你想要完成的事。

第六，要培养独立能力、自理能力。不要轻言“我不行”，总有一天你会挑起生活的担子，总有一天你要亲自处理身边的琐碎事情，总有一天你身边的亲人会离开你。学会独立、自理，就等于超越了自己，生活就会过得有模有样。

孩子，就写到此吧！希望你在成长中有所感悟。

我们的期望很多，但更希望你健康快乐！

最后，我们愿你成为一个有理想、有追求、有学养、有涵养的好孩子，争做时代的先锋。

永远爱你的爸爸妈妈

2014 年 12 月 16 日

实践案例点评：在学生给父母的信件中，2014 级金融系信用管理二班某同学提及自己的成长经历，真诚感谢舅舅、舅妈对自己的关爱、照顾和负责，也认识到自己与父母的情感纽带此生不断，最后理解亲人之爱不在于距离，而在于心，将“两地书”的一边成功理顺。

父亲在给女儿的回信中，对他们不能在女儿儿时给予更多陪伴表示遗憾和惋惜，为不能给予更多的快乐表示自责，同时对女儿的懂事和孝顺表示欣慰。字里行间，可以真实感受到父母对女儿的牵挂和关爱，他们十分庆幸女儿能够在呵护、尊重、理解和包容的环境里茁壮成长。最后，父母给予女儿勉励和期望，六条期待深入女儿心。

1.6　实践项目四：感恩行动

1.6.1　实践目的与意义

为加强学生与家长之间的沟通交流，本实践项目让学生按照了解父母、理解父母、以实际行动孝顺父母的顺序进行实践活动，引导学生身体力行加强思想认识，树立正确的世界观、人生观、价值观。

1.6.2　实践要求

1. **课前引导**。播放《给妈妈洗脚》《感恩父母，感恩教育》《感恩父母的沙画》等以感恩为主题的公益广告及视频。营造思考氛围，让学生慢慢地了解、理解自己的父母。

2. **主题导入**。向学生讲述真实发生过的父母与孩子之间的爱的故事（可以是亲身经历，也可以是他人案例）。通过故事让学生进一步地理解父母，体会父母的良苦用心。

3. **故事分享**。让学生自己讲述生活中关于父母的故事。可采用多种形式进行描述，如展示与父母的合照、聊天记录或父母赠送的礼物等。

4. **给父母发一条短信**。利用课堂剩余时间或课间时间，让学生给父母发一条短信或打一个电话，大声表达出藏在心中的爱，然后观察父母的反应，下节课上课时进行分享交流。

5. **填写“感恩父母”问卷**。上述四个环节结束后，教师给每位学生发放一份“感恩父母”的调查问卷，内容主要与父母的日常生活息息相关。课后收齐并进行数据统计，以小组为单位形成一份结论性报告。

6. **照片成果展示**。各小组成员搜集自身成长过程中与父母的合照，每人筛选出一至两张，将照片粘贴在同一张纸上，并附上照片对应的故事简述，进行分享。

1.6.3 学时安排

4 学时

1.6.4 考核评估

具体要求为：

1. 学生积极分享内心所感可获得加分。

2. 每个小组的组长在课后规定的时间按照实践教师的要求，统一收齐所发放的问卷和结论性报告可获得加分，未收齐的将被减分。

3. 在照片成果展示环节，各小组按照基本要求准备好材料，认真完成，将获得较高基础分。若有亮点部分且较为突出，可获得加分。

4. 本项目的考核主要分为三部分：课上表现（课堂分享故事）部分占到总成绩的30%；课下的照片成果展示部分占比20%；问卷分析及结论性报告部分占比50%。三部分成绩均由实践教师根据作业质量予以评定，成绩采用百分制。

1.6.5 学生实践案例

实践案例1 关于“感恩行动”的问卷调查

本问卷将测评学生对父母的了解程度，通过数据分析，形成分析报告。本问卷共有18个小题。

1. 你记得父母的生日吗？

A. 都记得　　B. 只记得父母之中一人的

C. 都不记得　　D. 没想过去记

2. 你知道父母爱吃什么吗？

A. 知道　　B. 不知道

3. 你知道父母每天工作多长时间吗？

A. 知道　　B. 不知道

4. 你知道父母的健康状况吗？

A. 知道　　B. 不知道

5. 你对父母说过一声“我爱你”吗？

A. 说过　　B. 没有说过

6. 你知道父母最大的烦恼是什么吗？

A. 知道，有时会和父母进行交流，适当减轻他们的心理负担

B. 知道，但是藏在肚子里不说出来

C. 不知道，但觉得应该知道

D. 不知道，也觉得无所谓

7. 你给父母洗过衣服吗？

A. 经常 B. 偶尔

C. 从来没有

8. 你帮父母分担其他家务吗？

A. 经常主动分担家务 B. 自己有空时再分担

C. 父母不要求就不分担 D. 没想分担也不会做

9. 你多久给父母打一次电话（按月计算）？

A. 每月 15 次以上 B. 每月 10~15 次

C. 每月 5~10 次 D. 每月 2~5 次

E. 每月 1 次

10. 你每天与父母聊天的时间有多长？

A. 半小时内 B. 半小时到 1 小时

C. 1 小时以上

11. 你给父母打电话的主要目的是？

A. 关心父母的近况 B. 和父母交流自己的情况

C. 没钱时找父母寄钱 D. 其他

12. 你对父母发过脾气吗？

A. 从来没有

B. 很少

C. 父母不满足自己的意愿时会发脾气

D. 心情不好时会对父母发脾气

13. 你看到好吃的会想到给父母带回去吗？

A. 总会 B. 不会

C. 偶尔

14. 你是否会精心给父母准备礼物？

A. 精心准备 B. 随便应付

C. 从来不会　　D. 其他

15. 你有没有计算过父母每月为自己支出的费用占家庭支出的比例？

A. 算过

B. 曾经想算一算，但不是很清楚

C. 从来没有想过去算

16. 你有没有想过在读书期间通过兼职来减轻父母的经济负担？

A. 有　　B. 没有

17. 你对将来赡养父母的看法是？

A. 很乐意赡养父母　　B. 这是法律规定的义务，没办法

C. 父母要钱就给　　D. 父母有足够的能力养老

18. 你认为对父母而言，最好的感恩方式是？

A. 有感恩之心就行了　　B. 多抽时间陪他们聊聊天

C. 努力干一番事业，为家人争光　D. 多给父母物质回报

E. 其他方式

实践案例点评：设计与父母日常生活、工作直接相关的问题，学生根据实际情况填写问卷，最后用数据直观反映学生对父母的了解程度。这项行动的意义不在于让学生单纯地填写问卷，更在于它是一次与自身的深刻对话，目的是让学生意识到了解父母、理解父母的必要性和重要性。

实践案例 2　召开“我的成长故事”学习讨论会

学生在成长发展过程中，有很多感恩故事，这些故事都十分珍贵，通过座谈会的方式分享出来，有助于提升学生对感恩行动的重视，有助于激发学生感恩行动的动力和活力。基于此，在课堂上开展“我的成长故事”学习讨论会，十分有必要。这个讨论会共由三个阶段组成：

一是准备阶段：每名学生首先要准备 5~10 张家庭合照，这些照片要能够反映自身成长过程中的感恩故事；其次，要对这些照片进行

文字描述；再次，要将照片和文字合理排入A3纸内；最后，教师遴选出优秀作品进行课堂分享。

二是分享阶段：在课堂上，被遴选出来的学生依次上台进行作品展示和故事分享。教师在分享完同类型作品或故事之后，及时进行点评。

三是行动阶段：一方面，对优秀作品进行再次编辑和修改，装订成册；另一方面，以一个月时间为考核期限，考核学生的感恩行动效果。

实践案例点评：以准备、分享、行动为主线，让学生体会到恩情反哺的和意义。在准备阶段，学生广泛搜集自己与父母在一起的美好照片，根据照片内容再次回忆起成长故事；在分享阶段，学生更能理解父母的严格和鞭策，更能体会父母的辛苦和不易；在行动阶段，让学生在感恩故事中进一步深化感情，逐步凝结成助推自身发展的动力。这三个阶段共同助力学生德育素养的快速提升。

1.7 教学拓展案例

1.7.1 实践项目—教学拓展案例

拓展案例1 "文影"深思——父亲有个斜挎包

表1-6 "经典亲情文影品读"实践主题体会书写

院系	×××	姓名	×××
学号	×××	指导教师	×××
文影作品	《背影》（朱自清）		
父亲有个斜挎包 父亲和儿子的情感是截然不同的：父亲爱的是儿子，儿子爱的是父亲的回忆。 我笑着对父亲说："爸，今天报到而已，干吗带着这个包啊？"			

续表

然后父亲也笑了，摸了摸身边的那个斜挎包，却没有说话。他的额头间挤出深深的皱纹，白发在阳光下显得格外明显。如今，他和我站在一起显得如此弱小，就如儿时的我站在他的身旁一样。

（一）

那是父亲的斜挎包，里面装着父爱。

父亲今年五十三岁，自从他记事起就有了挎斜包的习惯，共换了三次，颜色一直都是褐色。除其他的琐碎物件之外，包里一直装有两个物件：一个是一张泛黄的照片，另一个是一把黄铜钥匙。当他每次外出时都把这两件东西装在褐色包里，我问他原因，他总咧着嘴笑着。

他没有说，我也知道。

这个斜挎包里装的是沉甸甸的父爱，如土地般深沉而厚重。

当我还在襁褓中时，我的母亲就悄无声息地离开了，家里只剩下了父亲和我，在那之后父亲再也没有结过婚。他在我的成长过程中，不仅担当起了父亲的角色，还尽力扮演着母亲的角色，因此，我从来没有因母亲的离开而缺少母爱。为了更好地照顾我，他没有出去务工，而是成为了一位名副其实的“面朝黄土背朝天”的农民。后来，他的腿患了风湿性肿痛，不能再做重活儿，家里便更加困难。即便如此，在那段日子里，父亲也没有少给我应有的爱。

（二）

在我上小学时，有一次学校召开家长会，举办了一场亲子活动。在这场亲子活动中，老师要求我们用照片的形式来介绍自己的家人。当时，我坐在教室的中间位置，看到同学们都拿出与家人的合照并做了介绍和展示，我的小嘴不由自主地嘟了起来——因为我一次相都还没有拍过，更没有机会拥有一张全家福，所以没有办法向同学们做介绍和分享。我的一举一动父亲都看在眼里，他没有说话，只是用手托着腮在想着什么。

某天，恰逢周末赶集，父亲高兴地拉着我的小手，教我哼着歌，走了八里路到镇上照相馆拍了属于我们的第一张合照。

那张照片，我和父亲笑得格外灿烂，他左手抱着我，右手搭在留给母亲的空座椅上。我把眼睛睁得很大，一边依偎着父亲，一边咧着嘴，露出满嘴参差不齐的牙。

拿到照片之后，父亲用纸将照片包了起来，放在斜挎包里，不管走到哪里都带着它。他告诉我：包里有这张全家福，做什么事都有动力。

现在，照片已泛黄，却还在父亲的包里放着。

（三）

我上初中时，就到镇上去读书了。每周周一至周五住在学校里，到了周末才回家住。或许是因为青春期存在的逆反心理，我和父亲从观念到对具体问题的看法都有了摩擦，常会斗嘴，有时我甚至用沉默来应对。所以，我不在家里住的这段时间，就会把房门上锁。

续表

<table>
<tr><td colspan="4">
有一次我回到家，在和父亲一起吃饭时，他一直低头不语。
我便问道：“爸，是发生了什么事吗?”
他慢慢地抬起头，眼神游离到其他地方，犹豫了很久，从嘴里蹦出几个字：“那个，把房门钥匙给我。”
“嗨，我当什么事呢!”我边说边把黄铜钥匙递给了他。
他瞬间精神了起来，还让我给他讲这一周我在学校发生的趣事。
在那之后，我每周五回到家里，房门和窗户都是开着的，透着新鲜的空气，房间里很整洁，被子叠得很整齐，桌上更没有灰。
（四）
高中毕业后，我如愿以偿考上了自己心仪的大学。在报到的那一天，父亲坚持要送我去学校。他把自己打扮得很有“范儿”，穿上了很“珍贵”的衣服，头发梳了又梳，来回检查了那个斜挎包。这一路上，他比我还兴奋，碰见熟人，总打招呼：“儿子上大学，送送他，我也去看看。”
我笑着问他：“爸，今天只是报到而已，为什么又带着这个包啊!”
父亲也笑了，但没有说话，只是摸了摸包，大步地向前走着。
那一晚，父亲和我住在学校给我安排的寝室里。我拿起他的褐色斜挎包，仔细看了个通透：它有些旧，却很干净；有些褶皱，却很完整。我慢慢地打开包，也仿佛打开了父亲带我走过的这二十年的回忆之门。这一刻，我再也忍不住眼眸中的泪水，任它“放肆”地滴落到父亲的斜挎包上。
第二天，我送父亲去车站乘车。在车站上，我望着父亲慢慢远去的背影，对着他大喊了一句：“爸，辛苦了!”父亲转过身来，望着我拍了拍包，冲着我笑了笑。
</td></tr>
<tr><td colspan="4">教师评语：该文立意明确，陈述简洁，内容契合主旨需要。作者运用朴实的语言文字，流露出对父亲深深的感恩之情。</td></tr>
<tr><td>成绩评定</td><td>99</td><td>教师签名</td><td>×××</td></tr>
</table>

注：1. 表格格式不能变动，若本页不够，可另附页面；2. 内容全部手写，不能打印；3. 每段起文处必须首行缩进 4 个字符；4. 注意内容整体排版。

拓展案例点评：该文作者荣获 2015 年中国当代大学生文学作品大展赛三等奖。文章集中体现实践教学与课外竞赛活动相互促进、相互补充的积极作用。

从作者的文字描述中，我们可以感受到他的热忱、真挚和朴实。在他内心中坚定地认为“父爱如山，也可如褐色的斜挎包一样，简单而深刻，朴实而深沉”。通读全文，我们能够感受到作者拥有追求卓越的勇气和信心，能够体会到作者希望尽快反哺恩情的心愿。

拓展案例 2 品读转化——不止步于奔跑，将感恩融于行动中

表 1–7 “经典亲情文影品读”实践主题体会书写

<table>
<tr><td>院系</td><td>×××</td><td>姓名</td><td>×××</td></tr>
<tr><td>学号</td><td>×××</td><td>指导教师</td><td>×××</td></tr>
<tr><td>文影作品</td><td colspan="3">《妈妈再爱我一次》（陈朱煌执导）</td></tr>
<tr><td colspan="4">不止步于奔跑，将感恩融于行动中
昨天下午，在学校教学楼大厅里，我聆听了一位学者关于学风建设的设计报告。在报告中，他明确提出了目前业界最为看重学校培养学生的质量，主要表现在学生感恩态度、学习转化能力和专业素养积淀水平三个方面。其中，学生感恩态度排在第一位，这说明“感恩教育”“感恩行动”须纳入学校教育教学的全过程。
晚上，我参加了会计学院 2015 级会计二班开展的感恩主题班会，有一名学生上台分享了一则故事，故事的名字是“我眼中的霍金”。这个故事让我们感受到：常怀感恩之心是一项重要的人生课题，要完成这项课题，我们不仅需要“对内”塑造思维，还需要“对外”探索实践。
在听到这个故事时，2003 年 5 月的那一幕对话慢慢地展现在我的眼前：“我的手指还能够活动，我的大脑还能思维；我有终生追求的理想，有我爱和爱我的亲人和朋友……最重要的是，我还有一颗感恩的心。”这幕对话至今深深地震撼着我，让我更加明白感恩是要在行动中才能够体现的，也只有在行动中才能得到深刻演绎。比如，在已过去的 2016 年春季运动会中，我们的关注点或者说焦点都会集中到赛场运动员身上，他们展现的对体育的热爱、对体育竞技精神的诠释、对自我突破的坚持等，都能够说明他们将感恩怀于心中、化为行动。又如，在赛场上为运动员服务的志愿者们，十分全面地诠释了什么是“兵马未动，粮草先行”，什么是默默付出、不求回报。他们在阳光的照射下来回“奔波”，坚守着自己的岗位，只为赛事圆满结束。
对我来说，向前奔跑已经成为一种习惯。我从奔跑中感到快乐，也从奔跑中体会人生。在人生的这条赛道上，我的全力以赴是我的奔跑态度，我的感恩行动就是我的奔跑动力。把我的奔跑态度和奔跑动力结合起来，就是我的梦想：人，一撇顶天，一捺立地；恩，存于天地间，传递一身正气。</td></tr>
<tr><td colspan="4">教师评语：文章不拘泥于影视作品，深刻展现出青年学生怀有感恩之心。</td></tr>
<tr><td>成绩评定</td><td>95</td><td>教师签名</td><td>×××</td></tr>
</table>

注：1. 表格格式不能变动，若本页不够，可另附页面；2. 内容全部手写，不能打印；3. 每段起文处必须首行缩进 4 个字符；4. 注意内容整体排版。

资料来源：根据网络资料进行整理。

拓展案例点评： 本案例是作者在观看影片《妈妈再爱我一次》后的感想。如果感恩是一个集合，那么爱仅仅只是这个集合中的一个子集。因此，作者认为感恩要在行动中展现，要在实践中转化；感恩要不止步于奔跑，要进一步提升感恩行动实效。

1.7.2 实践项目二教学拓展案例

拓展案例1 每天花父母380元，“大学成本账单”触动学子心灵

开学伊始，南京师范大学泰州学院召开了一堂迎新生教育课。别出心裁的是，今年学校以算出新生成长培养费用的方式，来激励学生感恩父母、回报社会。

一开场，刘老师就给新生出了一道题：计算自己大学期间将会花掉父母多少钱。5分钟后，几乎没有学生能够回答，大多数学生都说，“很多钱花出去不一定在计划内，所以没法计算。”对此，刘老师说大学成本构成有显性成本和隐性成本。其中，显性成本由学费、考试报名费、医疗费、食宿费、娱乐费等组成。除了显性成本，读大学还有隐性成本。如果不读大学，高中毕业后直接外出务工，按照每月2000元计算，4年的收入一共是9.6万元。读大学等于是放弃了这部分收入，再加上大学的4年花费14.7万元，合计共支出24.3万。“学生们每年在学校上课的实际天数为160天，4年640天，折算下来每天消费是380元!”

这样的数据，让台下的新生们齐齐发出惊叹，不少同学的脸上表情严肃。

不少同学看了看手中价值四五千元的高档手机，脸唰地一下红了，一些女生更是潸然泪下。

“这张表与其说是一份账单，不如说是对过去的反思和对未来的规划。”学院团委徐书记说。之所以算这笔账，是因为调查数据显示，大学生用于教育培训方面的费用普遍较少，而用于服饰、旅游等方面的费用偏多。这份账单，提醒同学们认真思考和规划大学期间自我增值的途径，珍惜父母付出的辛劳。

“现在我终于知道父母是多么不容易！我一定要好好学习，将来努力工作赚钱回报父母。”摄影专业新生李同学说，自己在家时从来没有算过父母为了养育自己花了多少钱，每次身上没钱了，就直接跟父母开口要，而父母从来都是要多少给多少，最多也就嘱咐一句“别乱花，要走正道，赚钱不容易”。

徐书记说，迎新生教育课后的几天里，好多同学的网络签名都纷纷换成了“沉重账单”“顿悟”等字样。一位同学写道：最想做的，就是拿起电话，喊一声“爸、妈”。而更多的同学在私下里议论：父母对我们的投资，大多花在了教育上，我们还能浑浑噩噩地度过大学时代吗?

资料来源：《新华日报》

拓展案例点评：南京师范大学泰州学院用计算“大学成本账单”的方式给新生上了一堂特别生动的入学教育课。账单算出的结果给新生内心带来很大的震撼，这有利于帮助他们对过去进行反思，对未来进行规划，有助于他们重新认识大学生活，用实际行动回报父母。

拓展案例2　“亲情账”算出《家长学生两地书》

从重庆工商大学的学生手中可以看到四张表格，分别是《家长的投资》《学习投资成本总表》《学习投资成本分析》和《学习投资总成本分析》。学生通过这四张表格，算了一笔“亲情账”。

张同学算出，自己上4年大学要花4万多元人民币。在给家长的书信中，他告诉自己的父母，看到这个数字自己感到非常震惊。家长在给他的回信中也算了家中的一笔账：家里要种玉米90年才能挣到4万多元钱。

同学们算过这笔“亲情账”后，纷纷给家里写信，不少同学从此改掉了不良的消费习惯。同时，家长也陆续寄回万余封书信。重庆工商大学将这些书信汇集成册，出版了《家长学生两地书》，成为学校对学生进行思想品德教育的生动素材。

资料来源：华龙网

拓展案例点评：重庆工商大学将“亲情账”和“两地书”相结合，学生通过算“亲情账”感受父母的艰辛付出，通过写“两地书”表达对父母的感恩之情，再通过父母回信增加家长与学生之间的感情交流。本案例教会学生懂得感恩，使不少学生改掉自己的不良消费习惯，对学生成长成才具有重大影响。更值得提及的是，此次教育活动形成了生动的思想品德教育素材，这是非常可贵的。

1.7.3 实践项目三教学拓展案例

拓展案例1 一个儿子眼中的母亲

在我们的印象中，一个家庭中父亲是较为严厉的，母亲则是宽容的。这一点，似乎可以从我家的全家福上得到证明，但实际上，母亲对我却更为严格。

（一）小时候的我很乖顺

在我上小学时，每次放学回家，我都会先拿出课本，把老师布置的作业快速做完，然后与爷爷一起在客厅里的电视机上玩“魂斗罗”“超级马里奥”“冒险岛”等游戏。但是我每次在玩的时候都是提心吊胆的，因为我总觉得母亲会在下一秒开门进屋，拉着一张懊恼的脸，对着正在兴头上的我说一句：“拿着书包和作业，到我的房间来。”对我来说，一方面为了尽快完成母亲对我作业的检查和辅导任务，好同爷爷继续玩游戏，另一方面也是为了避免因不听话而被罚，我只有乖乖地拿着自己已经写好的作业，来到母亲的房里。

可是，事情发展并不是按照我的想法进行的。母亲的要求很严格，检查得也很仔细，她不但在看整体情况，还在一题一题地验算。当有一道错题被发现时，我总会接收到一种固定的信号，那就是来自母亲的一声“哼”。

每听见一次信号，我就更加明白不仅离继续玩游戏的目标越来越远了，还会有更多的作业在等着我。爷爷每天都在等着我继续玩游戏，而我每天进入了母亲的房门后便感到害怕。这种强烈的矛盾感、失落感，让我惧怕母亲、抵触母亲，从此更与母亲产生了隔阂。

（二）我在慢慢长大

随着年龄的增长、认知不断地变化，内心那份想缩小与母亲之间隔阂的动力也愈来愈强烈，我尝试着主动迈出与母亲沟通的第一步。今年清明节，借祭奠祖先的契机，我终于同母亲进行了一次深度交流。这次对话是通过电话进行的，时间长达51分钟。我们从考驾照，谈到审计学专业知识，又从专业知识转到实际工作，再从实际工作引入个人生活。来回的思维变化和话题的不断提出让我喜出望外，因为这样的交流是我与母亲之间从来没有过的。这份感动，我用文字进行了记录，想着以后读到这篇文章时，还能够回忆起当初的美好。

（三）现在我眼中的母亲

母亲平常的工作极为繁忙，几乎很少有时间给我打电话、聊天，我在学校也没有闲着，所以我在学校期间很少和母亲进行交流。有一次，我正好抓住了与她深入交流的机会。我向她讲述了我在大学的三年时间里，经历了什么，完成了什么，设计了什么，最后得到了她的认可。这次举动，为我们未来继续沟通交流打下了坚实的基础，翻开了我不断提升自己的新篇章。

拓展案例点评：本案例述说了作者在人生不同阶段中自己眼中母

亲的形象，展现了作者与母亲情感关系变化的脉络。从小母亲严格的管理教育方式，使作者内心与母亲产生了隔阂，而在成长过程中与母亲的一次次交流，拉近了他与母亲之间的距离，感受到了母亲不一样的爱和包容。

拓展案例 2 那份不经意的爱

有人说：爱是包容而不是放纵，爱是关怀而不是宠爱，爱是百味而不全是甜蜜，真正的爱情并不一定是他人眼中的完美匹配，而是相爱的人彼此心灵的相互契合，是为了让对方生活得更好而默默奉献。在不经意间，我看到了爷爷对奶奶的那一份深爱，就像一杯白开水，平平淡淡，却真诚包容。

在我的印象中，爷爷与奶奶的关系算不上特别好。奶奶的性格比较倔强，一旦有不顺心的事，她就会对着爷爷絮叨，爷爷当然也不肯松口，两个就你争我吵，让我感到害怕。有一天，奶奶生病了，我看到了一个不同往常的爷爷，他默默地承受着一切，小心翼翼地照顾着他最爱的人。没过多久，奶奶的病情更加严重了，情绪也很不稳定，每天晚上几无睡意，身体日渐消瘦。家里人被折腾得没有办法，就请了医生给奶奶打针，让奶奶暂时安静下来。我以为这样做可以让爷爷安心，但是我错了，我看到了爷爷泛红的眼眶，嘴里还不停地说着“这种药物对她身体应该危害大”的话语，在他沧桑的脸上流露出一丝丝忧愁。也许这就是爱吧，没有任何华丽的辞藻，静静地守候在对方身边，担忧着对方的一切。

那天以后，爷爷更加细心地照顾着奶奶，每一个动作、每一句话语都充满了深深的爱意。在寒冷的冬夜里，爷爷早早地起床给奶奶端热水；在地面湿滑的雨天，爷爷牵着奶奶的手一步一步地向前走；当寒风中夹杂着雪花时，爷爷会轻声细语地叫奶奶多穿一点衣物；当奶奶发脾气的时候，爷爷会默默低头离开。这些细微的动作、简单的话语就像冬日里的阳光，慢慢地温暖着她不安的心。眼前的这一幕幕场景，带给我最多的是感动：爷爷拥有一颗温暖的心，对奶奶表达着平淡而真切、朴实而深沉的爱意。

真正无私的爱正是如此，愈深愈无声。在他们那个年代的爱情都不是一见钟情，而是日久生情。不管时代如何发展，生活节奏如何加快，困难如何来袭，他们都不离不弃，相濡以沫，用更多的时间去守候当下的生活。我很羡慕他们，爷爷与奶奶之间的那份不经意的爱，让我感受到了这份深情弥足珍贵。在这个家里，因为有了爷爷对奶奶的这份爱与包容，还有偶尔的宠溺，让他们这一生的平凡之路不再平凡，更多展现的是他们两人之间所拥有的幸福。

拓展案例点评：本案例语言简洁朴实，每个字都能感受到爷爷对奶奶的那份平淡而真切的爱。关怀、守候、包容、不离不弃，给我们诠释了珍惜当下、珍惜身边人，守候平凡幸福生活的宝贵经验。

1.7.4 实践项目四教学拓展案例

拓展案例 1 我与外婆一起做手工活儿

2016 年的新年来得比较早，我们学校早早地放了寒假，所以我在家的时间变长了。在腊月这天，每家每户在外工作的人陆续回来了，在家的人们做起了腊肉、香肠，年开始有了味道。腊肉、香肠自然是要经过烟熏才正宗，才香。于是，家家户户都把腊肉、香肠拿出来挂在一起，下面烧着柏树枝，外面围着一圈纸皮把烟笼住，就开始熏了。人们在旁边另起炉灶，围着炉灶坐成一圈，一边烤着火一边聊着天。日子就这样过着，也许，这样才能让老人们盼着亲人回家的日子过得快一些。外婆手上自然也是闲不住的，在炉灶边做着棉鞋、扎着鞋垫，想赶在后辈们回来前做好，等新年到来时给大家换上，有个好兆头。

在外婆的思想里，认为女孩子一定要什么都会一些，做事儿要勤快些，才能在以后不被别人说闲话。外婆的勤快与能干是周围所有邻居都认可和赞许的，邻居家有点什么事需要帮忙或年轻人拿不定主意，都会来找她。在这样的环境下，我慢慢地长大了。大概从我上高二起，每次回家，外婆就会教我做一些手工活儿，扎鞋垫就是我今年过年学会的新技能。

在中国民俗中，服饰的刺绣装饰常常富有一定的内涵与寓意，它们寄托了亲人美好的祝福和愿望。外婆说，在我们住的这里，只要谁家办喜事，婆婆都要给新婚儿媳扎新鞋垫。颜色必须是红色，图个新婚喜庆。图案也有讲究："鱼戏莲""蝶恋花""鸳鸯戏水"等必须成双成对扎，寓意永结同心，而"节节高""飞龙入海"象征美好祝愿，寓意出人头地；"八瓣花""牡丹""凤凰"寓意吉祥如意。以前外婆也总给我扎鞋垫，我认为那只是鞋垫，没什么特别，现在看来，无一例外全是牡丹、凤凰，外婆的心思展露无遗。

像扎鞋垫这样的手工活儿，我以为是很简单的事情，不就是先把针穿好线，再对着图案开始扎？结果其中还有很多门道：鞋垫背面必须全是竖着的，不能正面扎好了，背面是一团糟，所以必须要穿好线，把杂乱的线埋在鞋垫里面；要从图案少的、乱的地方开始扎，再解决面板上没有花纹的一大片；扎鞋垫不能急躁，否则被针扎了，疼的还是自己；鞋垫必须要满绣，才能寓意充实的生活。

我与外婆一起做手工活儿，是一件十分普通的事情，但它美丽、纯洁，充满爱与寓意。

拓展案例点评：本案例通过向外婆学习扎鞋垫这一事例，反映出作者与外婆之间亲密的感情，也道出了作者从外婆那里学到的"做人外在与内在要统一、做事态度与行为要认真"的人生道理，表达了对外婆的崇敬之情。

拓展案例2 我和父母一起面对困难

我一直认为家永远都是爱的小窝。对我来说，父母的爱虽然平凡且简单，但无可替代。

今年假期快要结束的时候，他们还是一如既往地为我做了一顿丰盛的晚餐。在他们的想法中，到了学校，我就吃不了这样的饭菜了。每次吃到这顿饭，我都十分兴奋和感动，也流露了更多的不舍。

这是一份简单的爱，很普通。我在这份平淡的爱里成长了21年，它激发了我无限的活力。我告诉自己，以后要把好吃的放在他们面前，做他们最喜欢吃的和没有吃过的。他们开心了，我就满足了；他们健康了，我就放心了。

这次离开家，父母还是不辞辛苦地送我上车。我知道他们担心我弱小的身体拎不动那么重的东西，想陪着我再走一段路。我又何尝不是如此！每次离去，泪水总在眼睛里打转，我不敢让它落下，更不想让它掉落在爸妈面前。

远行的车来了，我还是如往常一样，在匆忙中与他们道别。当车轮转动的那一刻，我透过车窗回头看着他们，忍不住留下了泪水。

就这样，我来到学校继续完成学业，感觉比以前更有规划、目标和动力了。但噩耗总是伴随希望而存在的，有一天母亲给我来了一个电话，电话的内容不再是平常的嘘寒问暖，而是如铁一般沉重的事实。是的，父亲生病了，虽然去了大医院检查但病情还是没有起色。我的情绪十分低落，但还是尽快调整好了，因为我不想让母亲再次焦急和伤心，在这个时候，我必须稳住情绪，与他们一起面对这个困难。

我向老师请了假，办理好了请假手续后，回到寝室收拾了几件衣物，就向家的方向奔去了。

我顶着烈日，来到了医治父亲的医院。我第一眼见到父亲，感觉他的脸色苍白了许多，脸上的皱纹被挤成了条状，眼神也黯淡无光。

他见到我来了，苦涩的脸终于朝着母亲笑了笑。那一刻，我多么希望遭受病痛、承受病痛的那个人是我。

拓展案例点评：作者通过回忆父母特意为自己做的丰盛晚餐、每次离家时送自己赶车的情景、父亲生病对自己隐瞒病情等故事，体现了父母对自己默默的付出和深深的关爱。而在困难和病痛面前，作者毫不犹豫与父母共同面对，主动为父母分担，将恩情反哺落到了实处。

1.8 推荐阅读

1. 朱自清等著、赵一主编：《温暖一生的亲情：感恩父母最新典藏版》，汕头大学出版社 2011 年版。

2. 茅盾等著：《父爱如山母爱如水——93 篇温暖心灵的亲情故事》，哈尔滨出版社 2005 年版。

3. 傅雷著、高山编：《傅雷家书》，中国文联出版社 2017 年版。

4. 采桑子主编：《世界上最疼你的人——让你感动一生的亲情故事》，哈尔滨出版社 2008 年版。

5. ［英］克莱尔・弗莱德曼：《暖房子绘本・关于爱的故事》（亲情篇），中央编译出版社 2010 年版。

“大学生讲思政课”
优秀案例展示

2. 爱国篇

2.1 本篇概述

2.1.1 实践主题设计背景

千百年来，爱国主义就像一条奔腾不息的长河，滋润着一代又一代中华儿女的心田。它鼓舞了中国人民团结奋进，成为中华民族凝聚融合的精神纽带和推动我国社会前进的精神动力。正是在这种爱国精神的鼓舞和激励下，我们伟大的祖国才能够消除内忧外患，屹立于世界民族之林。

在经济全球化潮流日趋加快的今天，世界各国之间的经济联系日渐紧密，它们在各领域的交流与合作不断扩大，我国也通过对外开放而日益成为全球化链条中坚实的一环。但我国的国家安全也因对外开放的扩大而日益面临巨大的挑战。我们依然应当继承中华民族的爱国主义优良传统，做一个坚定、忠诚的爱国主义者。

当前我们要完成中华民族的伟大复兴，实现中国梦，必须弘扬中国精神。中国精神就是以爱国主义为核心的民族精神和以改革创新为核心的时代精神。爱国主义是增强中华民族凝聚力、把中华民族团结在一起的精神纽带。大学生要担当起中华民族复兴的历史重任，最重要的是要努力做忠诚的爱国者和勇于创新的实践者，用实际行动展现出弘扬中国精神的青春风采。

通过本章的学习，使大学生在正确理解爱国主义的内涵基础上，激发出爱国主义情怀，增强对祖国的荣誉感与自豪感，在新时期做忠诚的爱国者；大学生将自己的远大抱负与对祖国的高度责任感、使命感结合起来，继承、发扬中华民族爱国主义的优良传统，坚持爱国主义和社会主义的统一，弘扬以改革创新为核心的时代精神，努力践行社会主义荣辱观，把爱国之情、报国之志外化为报效祖国之行。

2.1.2 实践主题设计内涵

本篇实践主题设计注重通过实地走访、影视资料和摄影照片，开启学生的心灵视窗，引发其思想上的共鸣，从内心深处埋下热爱祖国的种子；进而通过实践作业引导学生倾诉对革命先烈、对祖国大好河山的热爱之情，深刻展示其热爱祖国、热爱社会主义的豪迈情怀，阐明其勇于在实践中报效祖国的决心。每一实践主题的具体内容设计层层递进，逻辑严密，自成一体，能使学生在实践活动中充分地受到爱国主义教育。

1. **“参观爱国主义教育基地”实践主题设计**。参观爱国主义教育基地要求必须亲临现场，通过现场展示使学生深深地领略到革命烈士们英勇无畏的革命精神，体会到抗日战争胜利、新中国诞生的来之不易，反思自己在学习和生活中的懒惰与懈怠，进而把爱国主义精神外化为努力学习，热爱中国共产党、社会主义和祖国的外在行动。

2. **“红色经典影片赏析”实践主题设计**。观看经典电影不仅要求精心选好爱国影片，用酣畅淋漓的影视视频使学生目不转睛，心灵深处产生震撼，还要求通过观后感倾诉他们观影时的所思所想。一纸观影心得，承载着他们对影片中最感兴趣部分的特写，记录着他们在观影时的心灵碰撞和思想升华，刻录着他们观影后的人生启迪。

3. **“‘家乡美’摄影大赛”实践主题设计**。“家乡美”摄影大赛要求用照片来展现家乡的美，用照片来记录祖国美丽河山的点点滴滴，用照片来传递自己对祖国大好河山的爱。在摄影实践活动中，学生在领略、欣赏、刻写“家乡美”的同时，他们的内心会涌起对祖国的热爱之情。

2.2 本篇目标

本篇目标在于使新时代大学生充分认识爱国主义的内涵，继承和发扬中华民族的爱国主义优良传统，做到爱国主义与爱社会主义和拥护祖国的内在统一。其基本要求有三个方面。

1. 通过了解中华民族爱国主义的优良传统，使学生掌握基本的爱国主义优良传统，了解历史，了解祖国的灿烂文化，进而培养爱国主义情感；通过了解新时代中国发展对爱国主义的时代呼唤，使学生充分领会到爱国主义的时代价值，成为爱国勤学的优秀大学生。

2. 通过对新时代爱国主义的掌握，使学生了解爱国主义与爱社会主义和拥护祖国统一的关系、爱国主义与经济全球化的关系、爱国主义与弘扬民族精神的关系、爱国主义与弘扬时代精神的关系。

3. 通过了解如何做忠诚的爱国者，使学生认识到自觉地维护国家利益、促进民族团结和祖国统一的重要意义，进而增强国防观念，以振兴中华为己任。

2.3 实践项目一：参观爱国主义教育基地

2.3.1 实践目的与意义

通过参观歌乐山烈士陵园、烈士墓、白公馆、渣滓洞、红岩村、三峡博物馆、南山抗战博物馆等爱国主义教育基地（任选一个），引导学生感受革命烈士们的革命激情和爱国情怀，学习他们的革命精神，增强民族自尊心和自豪感，努力做到立报国之志，增建国之才，践爱国之行。通过参访实践活动，培养大学生的爱国意识，激发他们的爱国热情，激励大学生们要珍惜今天的幸福生活，用自己的实际行动表达对祖国的热爱之情。

2.3.2 实践难点

如何组织学生进行参观实践活动，如何对学生参加实践活动后的效果进行评估，以及如何引导学生将自己的学习感受转化为实际行动。

2.3.3 实践方法

实地参观考察法

2.3.4 学时安排

3学时

2.3.5 实践要求

1. 将各班分成几个小组，每组成员自由组合（6~8人），实践教师通过课堂或QQ、电话、微信等网络工具，讲解的前期准备以及参观途中需要注意的事项，并提前布置好参观完成后应当完成的作业。

2. 每组指定一名班委作为小组长，负责该小组参观时间、地点和具体流程的策划以及课后作业的收集工作。实践老师在此基础上完成各班实践小组分组名单。

3. 参观前实践教师要给各小组开会，要求各小组组长负责此次参观活动的组织、纪律、安全等问题，敦促班委在实践活动过程中要切实履行班干部职责，保证实践活动的顺利开展。

4. 各小组组长提前一周，设计出参观路线、参观内容等，并提交实践教师审阅。

5. 实践教师应注意考查学生设计出的参观路线是否合理，安全措施是否到位，参观内容是否科学，并提出相应的整改意见。

6. 学生根据实践教师提出的整改意见，对相关内容进行商讨并相应整改。

7. 学生按照计划进行参观，要求在参观过程中将有意义的瞬间拍照留存。实践教师可以视具体情况决定是否进行现场指导。

8. 各组同学在完成参观后，在其所在小组的小组长的召集下，进行讨论与总结。

9. 每位同学在参观结束后，完成参观报告一篇。其要求如下：第一，报告要有明确的主题；第二，能够表达对革命烈士的怀念；第三，能够充分体现出自身的真切感受；第四，字数在 800 字以上，不允许抄袭。如需要制作参观相册，要求：第一，小组的每位同学出镜；第二，根据相片内容写出当时最真挚的感受和感悟；第三，装订成册，每位小组成员各一份。

10. 要求每小组制作 PPT 汇报材料、视频等，开展分享会，每个小组选派代表依次上讲台展示，交流参观感受。

11. 选择较好的参观报告，在学生中交流观摩，学习先进，弥补不足。

2.3.6 考核评估

此次实践活动的成绩评定，采取师生互助型评价模式，由学生和老师共同完成，其中学生评定权重为 60%，教师评定权重为 40%，成绩评定要求参考小组汇报交流情况。成绩评定为百分制。具体评分标准如下：

表 2-1 实践考核评分表

得分	等级	具体指标
90 分及以上	优秀	主题突出、论述清楚、分析透彻、感受真切、结构合理、文字流畅、有自己的见解

续表

得分	等级	具体指标
80—89 分	良好	主题明确、论述较清楚、分析较深刻、感受真实、结构较合理，文字表达能力较强
70—79 分	中等	主题基本明确、内容单薄、分析较深入、论述有一定层次、语句通顺、感受较为真实
60—69 分	及格	主题基本明确、内容简单、能进行一般分析、论述有一定层次、语句较通顺、部分感受较为真实
60 分及以下	不及格	主题不明确、观点不正确、分析不能清楚地说明问题、结构层次混乱、语言不通顺，或属抄袭他人或由他人代写之作

附录：

表 2–2　参访报告设计样本

<table>
<tr><td>姓名</td><td></td><td>学号</td><td></td><td>班级</td><td></td></tr>
<tr><td colspan="6">参访时间、路线：</td></tr>
<tr><td colspan="6">参访心得体会

（此页不够可另附稿纸）</td></tr>
<tr><td>成绩评定</td><td colspan="2"></td><td>成绩评定人</td><td colspan="2"></td></tr>
</table>

2.3.7 学生实践案例

实践案例1 参观报告

表2-3 “参观报告”示例一

<table>
<tr><td>姓名</td><td>×××</td><td>学号</td><td>201422202</td><td>班级</td><td>14财管二班</td></tr>
<tr><td colspan="6">参访时间、地点：2015年11月21日，重庆红岩魂陈列馆</td></tr>
<tr><td colspan="6">参访心得体会
红 岩 魂
2015年11月21日，我们来到了“11.27惨案”的发生地——重庆歌乐山。歌乐山，一个如此动听的名字，一个风景如画的地方。然而，在解放战争时期，这里却是阴森恐怖的人间地狱，几百名戴着脚镣手铐的共产党员、革命志士、妇女甚至小孩遭受到国民党军统特务惨绝人寰的折磨和屠杀。想到这里，我的心情十分沉重。我不禁想起江姐、叶挺、张学良，还有在我们的小学课本里、让我们敬佩不已的“小萝卜头”宋振中，他们的英勇事迹在我们的脑海中一一浮现。
站在广场中央，抬头是迎风飘扬的五星红旗，面前是庄严的红岩魂陈列馆。我怀着敬佩的心情走进陈列馆。一段文字深深地吸引着我：“红岩魂——忠诚与背叛。忠诚与背叛，在政治上做出选择的人必择其一。理想、信念、党性、作风是忠诚的核心内容，贪婪、享乐、腐化、堕落是背叛的根本原因。生活态度、价值取向，决定着一个人在政治上的忠诚与背叛。”我细细品读着这段话的一字一句，一种敬仰之情油然而生。在严酷、残忍的审讯下，革命烈士并没有低头，没有背叛组织和同志，没有失去信念。他们凭借着顽强的意志，对革命的崇高追求，克服了无数磨难。其中，我印象最深的是渣滓洞的开办者——程尔昌。渣滓洞原是一个煤矿，因渣多煤少而得名。1909年程尔昌变卖了田产，开办了“德记”商号，经营了很多企业，渣滓洞煤窑就是其中之一。程尔昌一生不仅致力于实业救国，并且投入资金兴办教育，倡导文明的民风民俗，深受当地的老百姓爱戴。我认为在当时中国的状态下，依然有这样伟大的爱国人士站出来，引领良好的社会风气，给老百姓们指明方向，这是极为重要的。他大力兴办教育，可以看出他开明的思想。他是为老百姓做实事的人，我内心十分敬佩程尔昌，他的爱国精神将会一直</td></tr>
</table>

续表

留存在我心中。此外，我还参观了战争时期留下的枪、弹壳，还看到了“小萝卜头”像，我在心里默默地向“小萝卜头”致敬。当我看到脚镣手铐的时候，顿时感到不寒而栗，但与此同时，我的内心又在为这些革命烈士鼓掌。

“有的人活着，他却早已死去；有的人死了，他却永远活在我们心中。”参观完红岩魂陈列馆，我对这句话有了更深刻的理解。生命的意义在哪里，就是在党和国家需要你的时候，毫不犹豫地奉献出自己的一腔热血。我们要不忘历史，坚定理想信念，牢记使命，敢于担当，坚持刻苦学习。我们要把对革命英烈的缅怀之情转化为学习的强大精神动力，努力学习，艰苦奋斗，为实现中华民族伟大复兴的中国梦，贡献自己的青春力量，奉献自己的聪明才智。

（此页不够可另附稿纸）

成绩评定	95	成绩评定人	×××

表 2-4 “参观报告”示例二

姓名	×××	学号	201524317	班级	15 审计三班
参观时间、地点：2015 年 11 月 21 日，重庆红岩魂陈列馆					

扫墓有感

这是一个山城雾都——重庆适合出行的日子。伴随着融智“专车”的轰鸣声，我们从学校出发，从巴南区跨过渝中区和九龙坡区，目的地直指沙坪坝区的烈士墓。

在 2015 年 11 月 21 日星期六上午，我们审计三班在马班长的带领下来到了红岩魂广场，去缅怀革命先烈。红岩魂陈列馆建成于 1963 年，上下分为两层，原址为“中美合作所”阅兵台。其馆名在建馆之初为“重庆中美合作所集中营美蒋罪行展览馆”，随着《红岩魂》展览在全国影响不断扩大，1999 年馆名改为“红岩魂陈列馆”。展览馆内分为七大部分：1. 禁锢的世界；2. 从来壮烈不贪生，许党为民万事轻；3. 愿我以血献后土，换得神州永太平；4. 失败膏黄土，成功济苍生；5. 血与泪的嘱托；6. 烈火中永生；7. 烈士血凝万代心。

当我们通过安检，进入陈列馆，昏暗的灯光和各种暗色调瞬间给人一种庄严肃穆的感觉，一件件当年特务用来拷打革命烈士的刑具，也给我们内心带来深深的震撼。陈列馆用翔实的文字介绍了一位位革命烈士的生平和他们感人的革命事迹。这一个个为中国新生而牺牲自我、默默付出的革命志士纷纷陨落在这里，但很少有人会想到过他们为革命成功立下的丰功伟绩。虽然大多数面孔我以前没有见过，但其中一个人我在读小学时从课本中就认识了，他就是“小萝卜头”。因为狱中的伙食条件太差，从小营养不良的他得到了“小萝卜头”的外号。在狱中，他非常渴望上学，但是因环境所限，他只能通过大人在手心画的字形识字，可怜的“小萝卜头”一天学都没上成，就被敌人杀害。

走出陈列馆，踏上一级级台阶，走过五星红旗、共青团旗、少先队旗和党旗，我们看到了一排排烈士雕像和伟人铜像，烈士墓出现在了我们的面前。在烈士墓这里有一种精神叫作红岩魂：这是一种坚贞不屈、追求自由的斗争精神；也是一种信仰，一种坚信共产主义必胜的信仰。“红岩魂”，一个不朽的传奇，正穿越时空，绵延传递。“红岩魂”体现了大无畏的革命精神，使我们懂得了在逆境中要永不退缩。

续表

当我走近烈士墓，看见那一排革命烈士的头像和他们的生平，更令我感动的是一些烈士甚至连照片都没有能够留下一张，他们的头像处只有一朵红玫瑰贴在上面。看完这些正值青春年华的革命者在最美的年华将青春奉献给了祖国，我想我们这次来到这里的目的已经达到了。作为祖国的未来，我们年轻一代更应该为祖国的富强和中国梦而奋斗。 勇哉我红岩烈士！ 壮哉我红岩精神！ 强哉我华夏红岩！ （此页不够可另附稿纸）			
成绩评定	95	成绩评定人	×××

观红岩村

今天的我们拥有现在的生活，都是因为那些英勇的革命烈士用他们的鲜血打造的。所以这周我们怀着敬畏的心态来到了红岩村。

一到红岩村，就有一大块牌子，也许是告诉我们革命烈士为了胜利的不容易，让我们铭记历史的艰辛，也让我们珍惜现在的生活。

进入纪念馆，心中就不由自主地激动了，感慨着革命烈士的伟大。看到了他们当时所用的毛毯被子，那么薄，那么破，却仍然坚持，他们是怎样度过那寒冷的冬天的？还有那周恩来在临终前打电话痛斥何应钦为中华民族的千古罪人，看着那个古老的电话和毛笔、砚台，就仿佛看到了当时周恩来痛斥何应钦的场面，更有一幅幅斗志昂扬的油画，数万人民群众在广场上大喊"打倒日本帝国主义"的情景，也有时局艰辛，两个人相依相扶的饥寒交迫，为了革命的胜利，它断了古老人的白头偕老，让老人得以白发人送黑发人。他们也是有亲情、爱情的，但在战争胜利面前，他们都选择去战斗。也正因为他们的大无畏精神，才有了今天幸福的生活。我们活在了这个最好的时代，我们又有什么理由不去爱护这个和平的时代呢？

中国共产党的决心是坚定的，在"七七事变"中，全国同胞发出了《中国共产党为日军进攻卢沟桥通电》，号召全国人民、政府及军队团结起来，筑成民族统一战线的坚固长城，表明了中国共产党在民族危难时的鲜明态度，尽管失败，但其精神永远让人铭记。

当看到一幅照片时，我的心颤抖了一下。那个烟雾笼罩着的地方，一眼望去，全是黑烟，没有一丝的生气，那正是重庆大轰炸。这又让多少的人失去他们的儿子、丈夫、父亲。仿佛看到在那朦胧的烟雾中，有失声痛哭的婴儿，他们都永远沉

LOVE FOREVER…

寂在这一片烟雾中。战争总是那么的残酷，但共产党仍然是那么义无反顾[illegible]抗战，他们正是为了和平，让他们的子孙能够幸福地活在没有硝烟的[illegible]

也许这就是红岩精神吧。江姐在连续的严刑拷打下，都宁死不屈[illegible]一位伟大的革命烈士。也有许多忍辱负重，忠贞不屈，不顾形象的装疯卖傻为革命作出重大的贡献。小萝卜头，一个不满9岁就被遇害的小男孩，[illegible]人做秘密工作……红岩精神激励着一代又一代的青少年。共产党[illegible]和鲜血捍卫党的事业和机密，正因为他们的努力，才有我们今天的繁荣。

而作为当代大学生的我们，更有责任去弘扬红岩精神和铭记历史。我[illegible]了这个幸福的年代，也仍然要像革命烈士学习他们那些优良品德，要[illegible]地为自己的目标奋斗。我们不需要像革命烈士那样经历生死的考验，但[illegible]样也需要经历成长的考验，所以我们应学习红岩精神，在遇到困难时不[illegible]弃的、坚持不懈。也许这就是现代的红岩精神吧。

此行，我受益良多

2015．11．

图 2-1 参观报告示例三

94

观重庆市渝中区红岩革命纪念馆有感

红岩革命纪念馆位于重庆市渝中区红岩村。刚下车就可以感受到一种肃穆的气息。首先是红岩广场，几个遒劲有力的大字映入眼帘，体现革命烈士的气概。

顺着一段山路，爬上去之后就看见了革命纪念馆和馆门前的组雕。组雕的内容是毛泽东在重庆，其中有伟大领袖毛泽东的雕像和宋庆龄、张澜、郭沫若等名人的雕像，让我们对毛主席在重庆的历史有了更进一步的了解。

"红岩"本是重庆的一处地名。1939年，中共中央南方局和八路军重庆办事处在这里落成。从此，红岩就与中国革命的历史紧密联系在一起了。在红岩，以周恩来总理为首的中共中央南方局高举抗日民族统一战线旗帜，从政治上、思想上、组织上巩固和加强党的组织。红岩，还承载了共产党人为了民族独立和人民解放不畏艰险、勇往直前的战斗历程；红岩精神，正是因为他们在国统区复杂艰难的条件下所表现出来的思想意志和"同流不合污，出淤泥而不染"的精神风貌而形成。而我们展现了他们崇高的思想境界、坚定的共产主义信念、巨大的人格力量和浩然的革命正气，这些都是没有到红岩革命博物馆之前我不曾有过的感受。

在第一层展馆，看见了毛主席的题词"一切为着战胜日本帝国主义"。百十年间，日本帝国主义在我们这大地上做尽烧杀掳掠的事情，毛主席带领着部队冲着这一个目标，竭力地完成着、奋力拼搏着。为了战胜日本帝国主义，他们作出了重大的牺牲。另一个不得不提的人物就是周恩来周总理。1939年春到1946年5月，是周总理在重庆的日子，这段时间中，周总理遵照中共中央的指示代表中国共产党同国民党进行国共合作，促蒋抗日的谈判，领导南方局、国统区和南方党组的工作、宣传工作、统战工作以及文化教育工作，为取得抗日战争胜利作出了巨大贡献。关于周总理的谈判，有四条原则至我们当今也可以继续保持下去的：第一，有利的应该立即肯定，不该拖延将来会有更好的；第二，无利的应该争取接近；第三，让步的应有止步；第四，可能发理的应该适时提出自己的要求，不应该回避矛盾。

在中国新历史的道路上，除了轰轰烈烈的大事之外还有很多可能平常我们都[illegible]

不易接触，不被我们了解的革命先烈。"宁可苦自己，不拔公家"，王璞，平常的我们可能是不会了解，但是她的精神值得我们敬佩和学习。1943年，她到延安时，发现经费少了一万元，她主动承担责任，后利用自己的工余时间保存数目，填上了这一万元的亏空。但是事后查明这亏空的一万元与她并没有关系，但她依然拒绝了组织退给她的一万元。她说，这钱虽然不是她丢的，是错的责任却在她，她的工作，她的责任。从她的事迹中，我们可以学习到的是"敢于承担自己的过错"。另一件让我感触颇深的对话是1945年10月时邓颖超重返山城，与杨维于老同志的对话。其间杨维于的一件回忆是"当时新开的伙食开支账目都由邓老核查，有一次，有十几块钱的账平不了，邓老在大会上作了检查，后来在党中央写了检讨。"后我于杨维于的话，唤起了邓颖超的回忆，她不无感慨："那时为了十几块钱要我都作检讨，现在我们有些干部动辄就浪费国家几十万，几百万，甚至上千万都不心疼啊……！展览柜中还陈列有许多文物，其中让我感触很深的是一件衬衣，在临刑时穿着于刘德彬的衣衣，内衬已经破得不成形了，然而我们的革命先烈们却没有抱怨……还有一面满是补丁的毛毯……

参观完之后，就想起了好好珍惜这来之不易的太平盛世，无数的革命先烈用自己的生命换取了这我们的安宁，继续发挥勤俭节约的优良传统，和发扬红岩精神，让红岩精神永[illegible]放光辉！

2015年11月23日

图 2-2 参观报告示例四

姓名 [illegible] 学号 2015244[illegible]21 班级 审计4

观红岩革命烈士后有感

怀着沉重的心情，看着陈列馆的一幕幕，历史如亲身经历般在脑海中浮现。

从歌乐山的介绍上看到：歌乐山，[illegible]，人以为上古仙乐，不知那山是何响，查看"大禹会诸侯于涂山，宴众宾歌乐于此"，因以得名。由此可知，歌乐山在古代是一个文人墨客赋诗抒怀的地方。但在1939年，国民党特务机关——军事委员会调查统计局进驻歌乐山，从此，歌乐山成为"谈虎色变"的神秘禁区。在抗日战争时期，无数英雄烈士牺牲在此地，歌乐山，是他们最后的家。

小时候，就经常听到江姐和小萝卜头的故事，其实，后来才知道，拥有"红岩魂"的不仅是他们，而是绝大多数的中国人，我们千千万万的同胞们。面对[illegible]，他们毅然、决然地选择了忠诚，选择了理想、信念、气节、作风。

在那一时期，惨绝人寰的事数不胜数，当然，还是数大屠杀最令人悲痛。1949年9月至11月，国民党反动派在撤逃前夕，对关押在重庆渣滓洞集中营的共产党人和爱国民主人士实施了系列大屠杀，制造了震惊中外的大血案。屠杀始于9月6日，止于11月29日。在这一系列屠杀中，尤以1949年11月27日至28日的屠杀最为惨烈，而遇难人数也最多，共有200余人殉难。在中华人民共和国成立之初，他们却惨遭屠杀，如果不是这场战争，他们也一定可以见到新中国的未来。

走在陈列馆里，看着那一张张介绍，大都是年轻英俊的面孔，有着炯炯而又坚定的眼神，仔细深思，我仿佛能从他们的眼中看出他们的想法。他们说：最大的耻辱是背叛，[illegible]；[illegible]是来源于自己的选择，江竹筠受刑前后三次，她说："毒刑是太小的考验！""共产党员的意志是钢铁！"；坚定理想信念和价值取向，王朴烈士在狱中所著《自强》中开篇明义道："出身贫苦，不可[illegible]；[illegible]，不可[illegible]；[illegible]，不可受辱。故以廉、健、勇三字为立身之本所补来之不足；以[illegible]、奋、进三字为终身之戒，而作一个'健全之国民'"；巨大人格力量是绝不能污蔑的[illegible]，许晓轩在牺牲前深情地口述他对党组织的"唯一意见"：希望组织上能够切实研究，深入发现问题的根源。经常注意党内的教育、审查工作，决不能容许任何非党的思想在党内潜伏；[illegible]的革命思想追求，陈然在他发表于《挺进》报上的《我的"自白"书》中说道：[illegible]时能安贫乐道，坚守自己的岗位；在富贵荣华的诱惑下能不动心志；在狂风暴雨袭击下能坚定信念，而临危不惧，以至于临难毋苟免，以身殉真理，这种精神决不是一朝一夕所能养成的，需要高度的理性，这就是值得崇尚的、一种真正伟大的气节。面对革命烈士坚定的信念，我自愧不如，不过，我坚定一点，他们的精神值得学习。

在刑场上面临生与死的选择，烈士们大义凛然，高唱国际歌，深刻反映了他们的革命乐观主义精神。他们的历史虽然已经结束，但他们的红岩精神却才刚刚开始。缅怀你，为新中国而牺牲的烈士！缅怀你，1949年11月27日！

图 2-3 参观报告示例五

实践案例 2 手 抄 报

图 2-4 手抄报示例一

图 2-5 手抄报示例二

图 2-6 手抄报示例三

图 2-7 手抄报示例四

2.4 实践项目二：红色经典影片赏析

2.4.1 实践目的与意义

红色经典影片，是中国先进文化的代表，是传承中华民族精神的纽带，是启迪美好心灵的火炬，对塑造民族文化、弘扬正气有着重要意义。优秀的红色经典影片具有生动、直观、感染力强的特点，有着健康向上、催人进取的思想内涵。因此，红色经典影片往往是很好的爱国主义教育题材。

本实践项目通过组织学生观看红色经典影片对大学生进行思想政治教育，通过红色经典影片传递正确的人生观、价值观和世界观，增强学生的民族自尊心和自豪感，培养大学生以爱国主义为核心的民族精神和以改革创新为核心的时代精神，激励学生珍惜幸福生活，树立感恩意识，进而激励他们为社会主义现代化建设和中华民族的伟大复兴而努力学习。

2.4.2 实践难点

如何组织大量学生有序认真地观看红色经典影片，如何引导学生将他们观看红色经典影片后的爱国感受升华为实际行动。

2.4.3 实践方法

观看法、问题讨论法

2.4.4 学时安排

3 学时

2.4.5 实践要求

1. 教师可以从以下红色经典影片中选择 1~2 部影片组织学生观看：《东京审判》、《南京审判》、《红河谷》、《小兵张嘎 》、《南京大屠杀》、《英雄儿女》、《我的 1919》、《开天辟地》、《建党伟业》、《太行山上》、《南京！南京!》、《重庆谈判》、《大决战》、《开国大典》、《冲出亚马逊》、《湄公河行动》、《百团大战》、《战火中的芭蕾》、《诱狼》、《根据地》、《开罗宣言》、《穿越硝烟的歌声》、《镇海保卫战》、

《浴血雁门关》、《横空出世》、《抵抗！抵抗!》、《我的战争》、《铁流1949》、《东方中国梦》、《勇士》、《周恩来的四个昼夜》、《人民的名义》（电视剧任选一集）、《中华文明——青铜的光辉》（纪录片）、《中华文明——英雄时代》（纪录片）、《中华文明——礼乐与争霸》（纪录片）、《中华文明——铁血帝国》（纪录片）等。影片尽量选择贴近新时代大学生，最新在各大影院上映的红色经典。

2. 活动开始阶段，学生在观看红色经典影片过程中可能会感到比较枯燥。为了调动学生观影的积极性和增加活动的人气，实践教师可以提早组织学生安排一些互动活动进行穿插。

3. 学校尽量在国庆节、11 月 27 日（红岩革命先烈纪念日）等重大纪念日里，举行红色经典影片的观影活动。

4. 实践教师要做好组织、协调工作，责任落实分配到个人，以保证活动有条不紊地进行。

5. 实践教师组织学生认真观看影片，按秩序，守纪律，讲卫生。要求学生在观影结束后要交流心得感受，完成观影心得。观影心得可以以观后感等形式写出来，要求结合所看红色经典影片，能反映和传递自己内心深处的真切感受。

6. 要求红色经典影片赏析实践作业一律手书于规定的实践手册上，注明学生所在的班级、学号与姓名。在观影后一周之内上交至各班学习委员处，由各班学习委员统一收齐后交给实践教师批阅。

7. 在观看红色经典影片期间，要求同学们积极参与，不允许出现中途离场、高声喧哗等现象。

8. 要做好对突发安全事件的预案，将责任落实到个人，使责任人明确自己具体负责的事务及处理所负责事务的办法。如若找不到合适的处理方法可找老师协商解决，切忌遇到突发事件临场慌乱。

2.4.6 考核评估

成绩评定根据学生观看影像以及小组讨论的情况由小组长和教师评定，其评分权重为小组长占 70%，教师占 30%。小组长的成绩由组员和教师评价，其权重为组员占 70%，教师占 30%。

表 2–5 实践考核评分表

得分	等级	具体指标
90 分及以上	优秀	能够清楚、完整、比较简练地归纳出影片内容；结构清楚，“观影”与“感受”的结合点明确；能够围绕“观影”与“感受”的结合点具体、真实地倾诉自己的感受；语言表达通顺、有条理，书写规范
80—89 分	良好	能够比较清楚地归纳影片内容；结构清楚，“观影”与“感受”的结合点明确；能够围绕“观影”与“感受”的结合点比较具体、真实地表达出自己的感受；语言表达比较通顺、有条理，书写较规范
70—79 分	中等	能够大致归纳影片内容；结构基本清楚，有“观影”与“感受”的结合点；能够围绕“观影”与“感受”的结合点基本表达出自己的感受；语言表达基本通顺、有条理，书写大体规范
60—69 分	及格	影片内容归纳不完整；结构不够清楚，“观影”与“感受”的结合点不够明确；围绕“观影”与“感受”的结合点有自己的感受；语言表达不够通顺、条理不够清楚，书写不够规范

续表

得分	等级	具体指标
60分及以下	不及格	不能归纳影片内容；结构不清楚，没有“观影”与“感受”的结合点；不能围绕“观影”与“感受”的结合点写出自己的感受；语言表达不通顺、条理不清楚，书写不规范

附录：

表 2-6 红色经典影片观影赏析实践作业设计样本

姓名		学号		班级	
观影名称				观影时间	
观影心得					
成绩评定			成绩评定人		

2.4.7 学生实践案例

表 2-7 “红色经典影片赏析”示例一

<table>
<tr><td>姓名</td><td>×××</td><td>学号</td><td>201414206</td><td>班级</td><td>14 投资二班</td></tr>
<tr><td>观影名称</td><td colspan="3">《南京！南京!》</td><td>观影时间</td><td>2014. 10. 3</td></tr>
<tr><td colspan="6">观影心得</td></tr>
<tr><td colspan="6">观《南京！南京!》有感
上周老师给我们布置了爱国电影观后感作业，我选择了给我印象最深的一部电影《南京！南京!》。整部电影虽然只有 130 分钟，但是电影里承载了太多让人心情沉重的信息。摇晃的镜头让我直想吐，很长时间都没有过这种窒息的感受了。在电影刚开场的时候，我就被枪声、炮声吓住了。那惨不忍睹的杀戮，血流成河，生灵涂炭，整个南京城都成了一座死城，这深深地震撼了我，整个视线里都充满了鲜红的血色。
我想起了莎士比亚的名句：“To be or not to be, that is a question.”但是在这部电影里，上百名妇女举手自愿牺牲自己做慰安妇，为安全区的民众换取过冬的物资。那是一个震撼人心的场面。每一只上扬的手，都像一支灼灼闪耀的火炬，放射出民族尊严的光辉。每一位举手的妇女，燃烧自我，救助他人，令 70 多年后的我们动容、惊心、泪流满面。她们的牺牲与毅然走入刑场、高喊“中国不会亡”的中国士兵的牺牲一样高贵而沉重，像两记重锤捶打着历史的鼓面，动人心魄，回音荡荡。教堂妇女举手一幕是《南京！南京!》继中国军人江边就义后的第二个高潮。这令这部电影荡气回肠，渐入佳境。
在电影放映时，很多人跟我有同样的质疑：姜淑云居然没有举手？尽管她声音颤抖，泪落双颊，但是如果她也能举手，是不是能和妓女小江一起携手走进那片神圣的光辉里去？是不是能给角色一个更加完美的收场？举手，还是不举手？牺牲，还是苟活？随着电影的继续进行，我的问题终于有了答案。在教堂里面百名妇女举手时，姜淑云已经做出了选择。在我们的文化里，更容易被牺牲的壮烈感染，而对“理性的拯救”感到陌生。在小江等妇女选择“牺牲拯救”时，姜淑云选择的是另一种“拯救”，尽管她最后的牺牲同样令人黯然神伤。</td></tr>
</table>

续表

如果不是这一次作业，我想我是不会看这部电影的，当然我不会再去看第二次，不是不想，而是不忍。《南京！南京！》里透露死亡讯息的场景之多，尤其黑白画面的处理更让每一种形式的死亡都有身临其境之感，这种真实的氛围已经让人觉得内心超出了对残酷的忍耐负荷，因为每个中国人都曾看过那些触目惊心的老照片。但最可怕的还是那些没有直观画面的死亡讯息。女儿被日本鬼子从窗口扔下去，观众看到的只有唐先生奔去窗口的崩溃呼喊，还有一车车从军营运出去的女子裸体。日本士兵杀人时的表情，走向死亡的人群的眼神，在黑白不见血的银幕上，你只能读到两个字，绝望——这是地狱最底层的绝望。我印象最深刻的就是一个穿长褂戴瓜皮帽的男子被推到土坑里活埋的那一刻，他紧紧闭着双眼，没有反抗，也没有歇斯底里。如果看过那些老照片，你会相信这就是真实的地狱。 影片中，最让我动容的是唐先生的一句：“我老婆怀孕了！我老婆又怀孕了！”之后，他英勇就义了。这句话，透露了生命的气息，还让那些侵略者知道：“中国人杀不尽！中国人的生命是顽强的！”生和死，在这一刻，都透露着命的尊严。 在看完电影后，心中总有一股气，那是民族的尊严，是民族的耻辱。铭记国耻很重要，比铭记国耻更重要的是认识你自己。最后我还想说，它就是一部电影，因为只有电影才会以那样的方式结尾，留一点阳光与希望，并且浓妆重彩地将小豆子的照片放那么大，题注下他还活着。这静止的画面远比那句“中国不会亡”来得更有力量。 南京！南京！那是中国不屈的灵魂！ （此页不够可另附稿纸）			
成绩评定	95	成绩评定人	×××

表 2-8 “红色经典影片赏析”示例二

姓名	×××	学号	201514229	班级	15 投资二班
观影名称	《太行山上》			观影时间	2015. 10. 4

观影心得

观《太行山上》有感

这部电影是在大学军训期间学校组织我们看的，虽然时间已经过去很久了，但至今我仍然记忆犹新。《太行山上》主要讲述了八路军三个主力师东渡黄河，奔赴抗日前线，开辟建立太行山根据地等敌后抗日根据地的光辉历程。它让我们重温了这段光辉历史，给了我深深地震撼。

这部影片给我留下印象最深的是一位中国军官在奄奄一息的时候，看见一名日本军官在肆意杀害我们的战士时，他努力站起来，举起手中的刀向那名日本军官砍去，没有想到却被敌人从背后刺了一刀，鲜血猛地流了出来。他再次倒下，却又再次站了起来，手颤巍巍地举着刺刀，怀着八路军对侵华日军的仇恨、中国人对侵华日军的大恨，使劲向那名日本军官刺去。这个画面把中国人对侵华日军的仇恨淋漓尽致地展现出来。我不禁为那位中国军官气吞山河的壮举所感动，从心底里为他叫好。正因为有了无数名像这位军官的英雄壮举，才造就了我们今天的幸福生活。

在这部电影中，我领会到什么是真正的“将有必死之心，士无贪生之意”。这些无名战士的前仆后继，战死沙场，就是为了实现自己祖国的和平，为了让家人、老百姓过上安稳的生活。他们不惜抛头颅、洒热血，艰苦抗日，誓死保护国家，时刻把国家利益、集体利益放在第一位的事迹，让我们感到多么的骄傲和自豪。

在整个中华民族危急的紧要关头，中国共产党站在了最前面，带领中国人民英勇作战。中国共产党领导八路军和太行儿女同仇敌忾，浴血奋战，谱写了中华民族抗击日本侵略者的光辉篇章，铸就了光耀千秋的太行精神。太行精神是中国共产党领导太行儿女展现的不怕牺牲、不畏艰险的精神，是在极其艰苦的条件下展现的不屈不挠、艰苦奋斗的精神。广大共产党员在抗日战争中展现的英雄气概，为民族精神的振奋和中华民族的崛起注入了新的活力。

续表

看一部电影，并非只是单纯去看，而是要思考我们能从这部作品中学到什么，或从中发现值得我们借鉴的东西。在这部影片中，有许多当时优秀的共产党员所具有的基本素质在当今共产党员的身上仍然适用。他们的大智大勇、吃苦耐劳、临危不惧、勇于向前的精神仍然是我们大多数大学生所缺乏的，他们分析问题的客观、理智也是我们所应学习的。

身处和平年代的我们，不能忘记那段腥风血雨的岁月，永远缅怀那些千千万万不留姓名却前赴后继为中华民族解放事业献身捐躯的革命先辈。我们如今的生活是多少仁人志士浴血奋战，用鲜血和宝贵的生命换来的，我们每个人应该倍加珍惜，特别是我们作为一名学生更应该努力学习，学好知识，掌握本领，长大了把我们的祖国建设得更好。

（此页不够可另附稿纸）

成绩评定	93	成绩评定人	×××

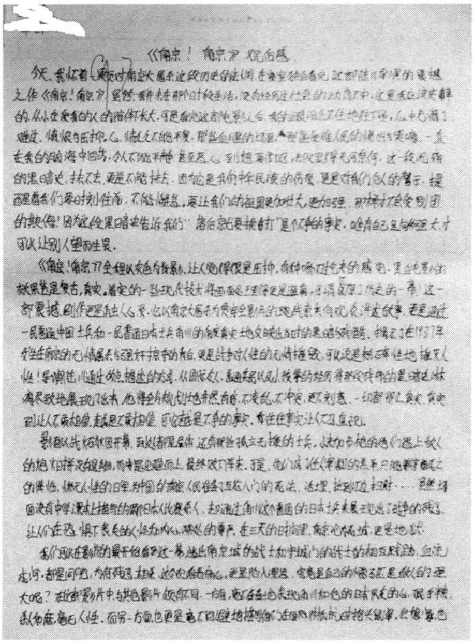

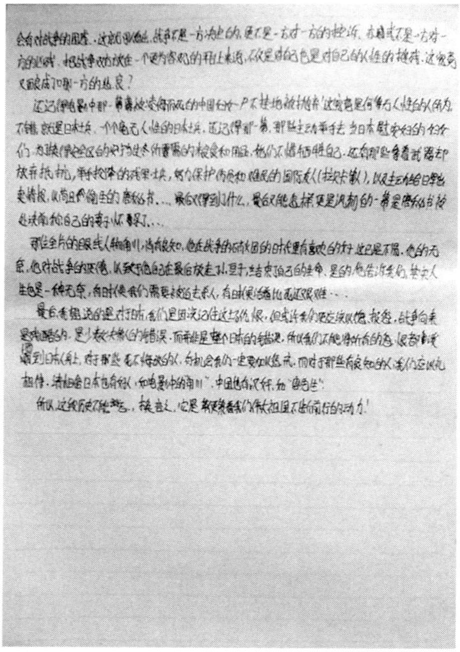

图 2-8 “红色经典影片赏析”示例三

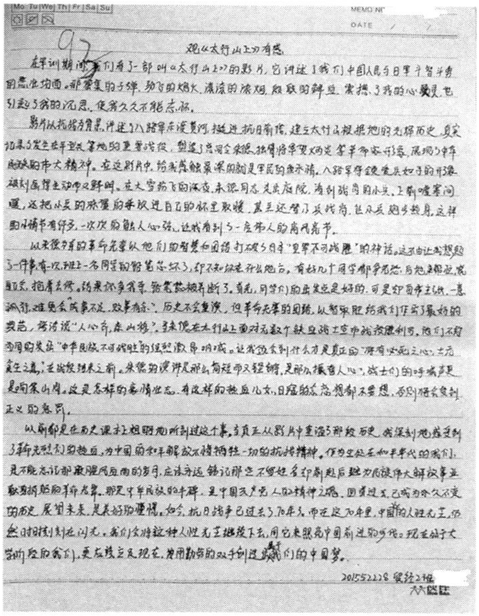

图 2-9 “红色经典影片赏析”示例四

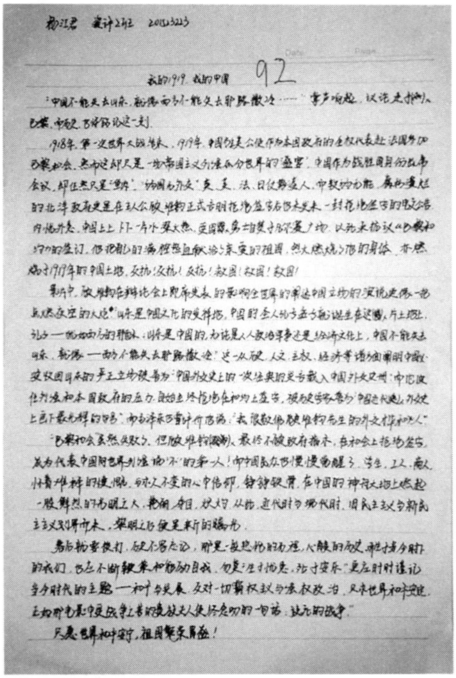

图 2-10 “红色经典影片赏析”示例五

2.5 实践项目三：“家乡美”摄影大赛

2.5.1 实践目的与意义

通过开展“‘家乡美’摄影大赛活动”，让同学们切实发现自己家乡风景的美，发掘出家乡文化的独特之处。通过展出同学们的摄镜作品，让各地不同的文化得到有效宣传。这有助于培养同学们热爱祖国、热爱家乡的情怀，使同学们更充分地了解中国的传统文化，令中华文明得到更好的传承与发展，进而映现出同学们对幸福生活的憧憬和向往，反映出他们对祖国日新月异的面貌的赞美和讴歌，折射出他们满怀激情奔小康的豪迈之情，并提升新时代大学生的审美情趣和道德情操。

2.5.2 实践难点

如何组织学生开展摄影活动，如何把一次普通的学生摄影活动上升为一场爱国主义教育实践活动。

2.5.3 实践方法

实地考察摄影法

2.5.4 学时安排

3 学时

2.5.5 实践要求

1. 每位同学必须提交作品，最多可上交 5 份作品。作品要求：

（1）由作者本人拍摄，且从未在其他平面媒体上公开发表，不得借用和冒用他人作品；

（2）作品大小，数据量不超过5M，像素不得低于200万；

（3）作品仅接受数码照片（含手机拍摄），格式要求为JPEG，彩色、黑白不限。

2. 合成及拼接照片以及其他增加或删减影像内容等影响了作品真实性的照片不予参选。作品不得人为去除原始拍摄信息，不得添加LOGO、水印、修饰性边框。

3. 作品应当紧扣主题。其主题内容主要有：

（1）通过自然风光、建设成就和农村新风貌，展现新时代以来我国农村和城镇发生的巨大变化；

（2）用摄影作品反映我国农村和城镇的新发展和农民的幸福生活，记载农村和城镇物质文明、精神文明和生态文明等建设的新成就；

（3）以一个表情、一张全家福或者一个场景，映现普通群众的幸福生活；

（4）以身边的好人好事，弘扬传统道德文化，展现新时代普通群众的"真善美"。

4. 要求所提交的作品编写相应标题和相应的文字说明，图片真实、形象，主题鲜明，文字简练。

5. 作品拍摄形式与风格、摄影器材（可以是专业相机、普通相机、手机等）不限，拍摄角度自由把握。

6. 面向对象：思想道德修养与法律基础（简称"思修"）课程全体学生。

7. 摄影作品由各班学习委员向所在班同学收取电子文档，再由学习委员传送至实践教师邮箱。规定作品上交截止时间为10月23日24：00前。

8. 组织"思修"实践教师进行评分并初选一定比例的优秀作品，

汇集优秀作品举办摄影展。

（1）进行展前准备，确定并冲洗入展作品，备齐摄影展所需物品。

（2）在图书馆展出初选入展的优秀作品。

（3）组织同学有序地参观作品，保证作品不受损坏。

（4）参展学生可交流，在留言簿留言提出宝贵意见。

（5）摄影展览期间，安排相应人员轮流坐岗，维持现场秩序，以保证作品不被损坏。

（6）摄影展览结束后，安排相关人员负责整理展览作品及展览设备，打扫展览场地卫生。

9. 摄影展览结束后，评比出优秀作品，以资奖励。举行颁奖典礼对获奖者发放荣誉证书及相应物质奖励，并对获奖作品进行存档。

10. 奖项及奖品设置：

一等奖 2 名，每人获荣誉证书、精美礼品一份。

二等奖 5 名，每人获荣誉证书、精美礼品一份。

三等奖 8 名，每人获荣誉证书、精美礼品一份。

优秀奖 20 名，每人获荣誉证书、精美礼品一份。

要求获奖作者提供获奖作品原片。逾期未能提交原片，或所提交原片无法达到相应要求者，将失去获奖资格。

11. 默认学生作品版权归摄影作者本人，如其作品存在版权归属问题，由作者自行负责解决。所有获奖作品和所提交的摄影作业，学院在校园范围内有使用复制摄影作品的权利。

2.5.6 考核评估

一、主题内涵（40 分）

评分依据：

1. 主题明显且紧扣比赛主题，准确表达主题内容、寓意。（40~

30分)

2. 主题较为明显，与比赛主题联系较紧密，能引起欣赏者一定共鸣。(30~20分)

3. 主题不明显，与比赛主题相差较远。(20~10分)

4. 主题涣散、不集中。(10分以下)

二、创意构图(30分)

评分依据:

1. 构图较完美。整个作品看起来均衡、稳定、有规律，有明显的视觉美。(30~25分)

2. 构图和谐，轮廓清晰，主题突出，线条分明。(25~20分)

3. 构图杂乱、头重脚轻、主题过多，整个作品给人以混乱的感觉。(20~10分)

4. 基本没有构图规划，布局杂乱，主题模糊，没有视觉焦点。(10分以下)

三、视觉效果(30分)

(一) 色彩饱和度(15分)

1. 色彩鲜艳、饱和、丰满，层次分明，有较强的感染力，能深入契合作者所要表达的主题和内涵。(15~12分)

2. 色彩多样，较能表达作者的创作意图，也不乏搭配不合理之处。(12~8分)

3. 色彩单调，基本没有运用什么色彩搭配技巧。整个画面不能给人以视觉上的享受。(8~4分)

4. 没有色彩方面的技巧运用，光线昏暗，照明效果较差，照片灰暗，缺乏亮度。(4分以下)

(二) 对焦、曝光(15分)

1. 对焦清晰，曝光正确。主题突出，细节明了。(15~12分)

2. 对焦比较清晰，曝光良好。主题相对突出。(12~8分)

3. 对焦效果较差，曝光不准。整个作品呈现“散焦”。(8 分以下)

2.5.7 学生实践案例

表 2-9 “家乡美”摄影作品示例一

姓名	×××	学号	201441113	班级	14 物流一班
作品主题	山城落日				
 另附文字说明：一座古老的希望城，追求中笑迎新征程！ ——涪陵					
成绩评定	96	成绩评定人	×××		

表 2-10 “家乡美”摄影作品示例二

姓名	×××	学号	201421124	班级	14 会计一班
作品主题	有那么一群勤劳、淳朴的人				
成绩评定	94	成绩评定人	×××		

表 2-11　“家乡美”摄影作品示例三

<table>
<tr><td>姓名</td><td>×××</td><td>学号</td><td>201421311</td><td>班级</td><td>2014 会计三班</td></tr>
<tr><td>作品主题</td><td colspan="5">云亮负数</td></tr>
<tr><td colspan="6">
另附文字说明：再强的黑暗也抵挡不住明亮的阳光</td></tr>
<tr><td colspan="2">成绩评定</td><td>95</td><td>成绩评定人</td><td colspan="2">×××</td></tr>
</table>

表 2-12　“家乡美”摄影作品示例四

<table>
<tr><td>姓名</td><td>××</td><td>学号</td><td>201423117</td><td>班级</td><td>2014 资评一班</td></tr>
<tr><td>作品主题</td><td colspan="5">生命不息</td></tr>
<tr><td colspan="6"> </td></tr>
<tr><td colspan="2">成绩评定</td><td>94</td><td>成绩评定人</td><td colspan="2">×××</td></tr>
</table>

2.6 教学拓展案例

拓展案例1 兼职中的间谍陷阱

境外间谍策反大陆学生搜情报 涉及重点航空高校

一、案例文本

广东省安全机关2014年5月4日公布一起境外情报机构通过网络策反境内人员，窃取中国军事机密的案件，案犯李某被判处有期徒刑10年。《环球时报》记者从国家有关部门获悉，同一境外情报机构近年针对中国大陆学生实施了数十次网络策反活动，境外间谍以金钱诱使涉世未深的大学生甚至中学生参与情报搜集、分析和传递。来自权威消息源的案例显示，多数学生在网上求职或网聊过程中被境外间谍盯上，他们最初提供信息时并不知情，但部分人在觉察对方身份的情况下仍因贪利而持续配合，直至被国家安全机关依法处理。

帮助求职的学生、调研邀请、计件发酬，策反总是在看似合情合理的场景中揭开序幕。2012年4月，当广东省某航海学校专科生徐鹏考入该省某重点大学时，他在QQ群里发了一条求助帖。徐鹏的父母都在农村，家里生活不宽裕，他在网上“寻求学费资助2000元”。

不久，一网名为“Miss Q”的人回帖，询问了徐鹏的全名、手机号、就读院校和专业，然后表示愿意提供帮助。徐鹏喜出望外，把银行卡号告诉对方，第二天就收到2000元人民币汇款。徐鹏按这名“好心人”的建议，写了收条，用手机拍了照，然后通过QQ传给对方。徐鹏当时知道的是，Miss Q是“一家境外投资咨询公司的研究员”，需要为客户“搜集解放军部队装备采购方面的期刊资料”，希望徐鹏协助搜集，作为资助学费的回报。徐鹏痛快地答应了，但他没能在航海学校的图书馆找到相关资料，而 Miss Q 也未强求。

这么好赚的钱，让当时正在实习的徐鹏心理发生变化，他开始觉得实习“又苦又累钱又少”。2012 年 5 月，徐鹏主动联系 Miss Q，对方向他提供了一份“田野调研员”的兼职，月薪 2000 元。徐鹏所在的广东某大城市有一个军港码头和一家历史悠久的造船厂，他的“调研”工作就是到军港拍摄军事设施和军舰，到船厂观察、记录在造在修船舰的情况，并将有船舰方位标识的电子地图做成文档，提供给 Miss Q。双方约定的传送方法是，手机短信约好时间，这边徐鹏把加密文档上传至网络硬盘，那边 Miss Q 立即从境外登录下载。

一年后案发时，徐鹏 23 岁。徐鹏后来承认，做“调研员”不久，他就意识到对方是搜集我军事情报的境外间谍。他曾因内心极度不安主动放弃学校的一些荣誉，但利诱巨大，又难以拒绝对方。2013 年 5 月，徐鹏被国家安全机关依法审查。

有权威匿名人士告诉《环球时报》记者，境外情报机构最初与学生接触时，只提简单要求，如到图书馆查找资料、订阅学术期刊等，这些公开信息大多难以具备情报价值，但持续联系的过程，尤其是定期酬金支付极易让年轻学生形成依赖。随着要求具体深入，多数学生会觉察到对方身份，一些学生主动终止联系，一些人被威胁，也有人因贪利而继续配合。

该境外情报机构重点选定大陆一些地区和高校，引诱策反特定专业在校生。在涉及北方某重点航空航天院校的一起策反案中，该校一名大四学生在校内论坛找兼职时，看中一则待遇不错的“网络兼职”信息，并主动发邮件联系“雇主”。之后 5 个月里，这名学生多次向网名为“吉娜”和“Roby”的两名境外间谍提供航天、航空、船舶、武器装备类学术资料，并帮助他们订阅和翻拍内部学术期刊。

资料来源：《境外间谍策反大陆学生搜情报 涉及重点航空高校》，《环球时报》2014 年 5 月 7 日。

二、案例思考

1. 在国外间谍机关对我国在校大学生的收买案例中，如何理解国外敌对势力对我国的颠覆与破坏活动？

2. 结合案例谈谈，大学生应如何防范被国外间谍机关收买和利用？

三、案例分析

历史和现实告诉我们，一些国家的一小部分敌对势力仍然存在。他们无时无刻不在窥视中国，千方百计地对我国进行破坏和颠覆活动。多年来，国外敌对势力为颠覆社会主义中国费尽了心思。面对综合国力日渐强大的中国，境外敌对势力在对社会主义中国保持“和平演变”攻势的同时，千方百计地对中国进行刺探等情报收集活动，图谋“扳倒中国”。他们伪装成非政府组织和公司企业，以民间往来和经济交往等形式进行渗透，打着“帮助弱势群体”的人道主义名义开展间谍活动，其手法越来越具有隐蔽性和欺骗性，这在一定程度上蒙蔽了一些不明真相的群众。随着这些拙劣伎俩不断地被揭穿，他们将逐步丧失在中国社会的活动空间。在13亿中国人正满怀信心地走向实现中华民族伟大复兴的征程中，任何企图危害中国国家安全、破坏社会安全稳定的图谋都注定会遭到失败。

国家安全问题事关国家安危和民族存亡。在国家安全形势越来越复杂的今天，大学生要增强国家安全意识，对境内外敌对势力的渗透、颠覆、破坏活动保持高度警惕，切实履行维护国家安全的义务。

新时代大学生需要增强国防意识。强大的国防是国家生存与发展的安全保障。我国宪法明确规定，保卫祖国、抵抗侵略是中华人民共和国每一个公民的神圣职责。大学生既是社会主义现代化建设的有用人才，也是国防建设的后备人才，必须具有很强的国防观念和忧患意识，自觉接受国防和军事方面的教育训练，始终关心国防、了解国防、热爱国防、投身国防，积极履行国防义务，成为既能建设祖国、又能保卫祖国的优秀人才。

大学生要切实履行好维护国家安全的义务。我国宪法明确规定了公民维护国家安全的基本义务，国家安全法、保守国家秘密法、国防法、兵役法、反间谍法等法律明确规定了公民维护国家安全的各项具体的法律义务。大学生应自觉遵守国家安全法律，履行维护国家安全的法律义务，依照法律服兵役和参加民兵组织的义务，保守国家秘密的义务，为国防建设和国家安全工作提供便利条件或其他协助的义务，在国家安全机关调查了解有关危害国家安全案件时如实提供有关证据、情况的义务，及时报告危害国家安全行为的义务，不得非法持有、使用专用间谍器材的义务，不得非法持有国家秘密文件、资料和其他物品的义务等。对每一项责任和义务，每位大学生都应当勇于担当，尽职尽责。

拓展案例 2　中外媒体谈抵制肯德基事件：理性爱国是最正确选择

一、案例文本

上周，所谓的“南海仲裁”结果出炉，在中国民间掀起波澜。

7 月 17 日上午，河北乐亭县一家肯德基遭不明身份民众打横幅围堵。横幅上写着：“抵制美日韩菲，爱我中华民族，你吃的是美国肯德基，丢的是老祖宗的脸。”

作为外资企业代表的肯德基，又一次被推上了风口浪尖。

肯德基“中枪”

继乐亭肯德基遭围堵事件后，7 月 18 日又有大量“爱国人士”在多地发起类似活动。据网友发布的图文消息，至少有长沙、郴州、杭州、扬州、连云港、滁州、临沂等 11 个市县的肯德基店家遭遇堵门或抗议。

社交媒体上流传的一些视频信息显示，有人在麦当劳与肯德基店内滋扰顾客，斥责消费者不爱国。

网友拍摄的现场照片显示，多家肯德基店面门前聚集着大量民众，他们或手举小国旗呐喊，或打出写有“肯德基、麦当劳滚出中国”字样的大横幅。为维持秩序，多地警方前往现场协调，并呼吁群众理性爱国，“别把愤怒发泄到自己的领土之上”。

对于这种抵制行为，许多网友表示不认同。有人呼吁“我们可以理智的，不用盲目抵制日货美货”，也有人直斥“这不是爱国，这就是闹事”，“打着爱国的名义，伤害自己的同胞”。

抵制“洋企业”理由不一

事实上，作为本次风波中的“主角”，肯德基不是第一次遭遇抵制，原因也不尽相同。

早在2003年，全球最大的维护动物权益组织“善待动物组织”就披露过肯德基的有关养鸡内幕。据当时的消息，肯德基的鸡全被养在拥挤不堪的笼子里，导致许多鸡骨折、残废。

事情曝光后，善待动物组织不断对肯德基进行公开谴责。

在经济全球化的背景下，不只是肯德基，不少其他跨国公司也曾体会过“被抵制”的感觉。

2016年5月16日，韩国女子组合AOA发布新专辑主打歌《Good Luck》，MV作品上传几小时后，经纪公司便删除原本，据悉，MV原画面中曾露出日本“战犯企业”品牌。

韩国女星宋慧乔曾拒绝为三菱代言，因为在“二战”期间三菱是制造过87艘军舰并强征大量朝鲜半岛劳工的“战犯企业”。

今年6月初，因不满虔诚信奉的神灵被印上门垫“踩在脚下”，全球各地的印度教教徒在推特（Twitter）等社交媒体上发起抵制国际电商巨头亚马逊的运动。迫于压力，亚马逊将相关门垫下架。

中外媒体呼吁理性对待

《人民日报》发表评论员文章指出，只有当现代化及于精神层面时，才是真正的现代化；只有国民心态成熟健康了，才能成为一个名副其实的大国。超越自卑自傲，保持从容自信，让我们这个时代的爱国主义更加“理性、务实、包容”，是历史对于我们的期待。有主张有定力，有激情有理性，这是我们成为大国国民、走向民族复兴的题中应有之义。

新加坡《联合早报》指出，爱国是一种高尚的情操，用理性成熟的法治思维去反驳仲裁结果，或者民间把这股对南海争端前所未有的关注热情投入到推进改革的转型发展中，或许更能赢得国际社会的认同与支持。与其伤害他人财物，涉嫌故意寻衅滋事，砸了同胞的饭碗，破坏大国人民的整体形象，部分民众还是尽早平复心情，回归生活本位为好。

美国《侨报》指出，这次围堵肯德基事件的本质与爱国无关，只是一次排外行动。这种异化的“爱国”事件屡屡发生，必须引起中国政府和社会各界的警惕。中国经济社会发展取得今天的成就，得益于改革开放，在国际交往中，中国难免和其他国家发生摩擦，但面对这些摩擦，中国必须坚持开放，而不是转向排外。

爱国的“正确打开方式”

近年来，类似的“抵制”活动往往也引发较大争议。

由于跨国企业与跨国生产行为的增多，经济链条复杂化，一个企业、一个产品的背后关联着国家税收以及本地员工利益等诸多要素。

以肯德基为例，据了解，北京市畜牧局是肯德基刚进入中国打入北京市场时最早的中方股东，后来中国银行等中方单位也陆续成为其股东。时至今日，肯德基在中国一些分公司还和中资进行合作，其加盟店更是如此。

肯德基母公司百胜集团在中国拥有7000家左右的门店（包括肯德基、必胜客等品牌），雇员绝大部分是中国人，肯德基的主要供应商多数也是中国企业。

在这轮抵制风波中，闹事人群干扰了合法门店的正常经营，威胁到了消费者和企业员工的人身安全，势必会受到执法机关的制止。

4 年前，西安掀起“反日”游行。一个名叫蔡洋的青年将一位日系车车主打成重伤，最终以故意伤害罪被判处有期徒刑十年，这样的悲剧不能不引起国人的警惕。

类似“砸烂苹果手机”“不吃肯德基”绝对不是爱国情感的“正确打开方式”。无论是什么理由，都不能突破法律边界、为所欲为。

资料来源：中国网新闻，2016 年 7 月 20 日。

案例延伸丨抵制肯德基事件：“空有一颗爱国心是不够的”

“抵制肯德基”活动从键盘上蔓延到了现实中。7 月 17 日，唐山乐亭“夏日购物”大楼，几名市民在肯德基门口拉起印有“你吃的是美国的肯德基，丢的是咱老祖宗的脸”的横幅，以此来抵制肯德基，随后几天全国各地又发生十余起抵制肯德基事件。无独有偶，2008 年奥运会前，中国发生短暂的抵制法国家乐福活动；2012 年在西安的反日示威中，一位日本车车主被抗议者砸击头部，造成瘫痪。针对这样的“爱国行为”，市民这样说：

李叔叔，67 岁，城市服务站志愿者：

“现在各个国家都是你中有我我中有你，你如果想要抵制什么东西，像这样一刀断，根本断不清楚。”

“这几天国内一家公司通知员工买苹果 7 将开除，你抵制苹果，美国那边还可以抵制在美国卖的华为。”

“国家间是有一条红线在的。”

“如果国与国冲突变激烈了，过了那个底线，我觉得抵制是合适的。”

“现在这个环境下，我觉得最爱国的行为就是支持我们的政府，相信政府的话。”

武先生，23 岁，即将出国：

“我觉得他们的行为出发点是好的，都是出自本心的想法。”

“但很多人在这件事上不够理性，有些人对国际关系和国际市场不够了解。”

“这种情况下的一些爱国举动可能反而会对国家造成一定伤害。”

“不是所有人都是理性的，这种情况下爱国行为更多的是要靠媒体引导，以及保证普通人获取信息的渠道。”

“我觉得理性的爱国首先应该保持对政治的关注。”

“个人来讲也应该要有专业知识的支撑，只有有专业知识的支撑才能真正地为国家做出贡献。”

“其实我觉得提到爱国本身就是要有冲动在这里的，理性和不理性的爱国是并行的，应该要相互影响。”

陈先生，28 岁，餐饮店老板：

“太盲目了，没有必要去抵制。”

“肯德基虽然是美国的品牌，但是在中国开了很多年，员工都是中国的。”

“这种没有实际的意义，这只是部分人的想法，起不了多大的作用。”

“每个人爱国的方式不同，每个人对爱国的理解也不同。”

“他们可能觉得我们不抵制，我们就不爱国。”

“从当时抵制家乐福、日本货，到现在的肯德基都没有意义。”

“中国的肯德基属于百胜餐饮，都是中国人在赚钱。”

徐同学，大学生，大四：

“我觉得抵制肯德基这种事情很傻。”

“这件事情相当于暴民骚乱事件，但是由于举着爱国的旗号，所以很难对他们进行监管。”

“这件事情的出发点很大一部分原因是那些人的无知。”

“我认为需要在爱国这方面加强大家的素质，不要再让更多人顶着爱国的旗号盲目地进行一些骚动事件。”

“其实受损的是中国，和美国一点关系都没有。”

“我认为他们的爱国方式是错的。”

“我觉得爱国是为自己的国家尽一份力，做一些贡献。而不是像他们这样想方设法地扯后腿或者想要扯美国的后腿，结果让中国产生了损失。”

“空有一颗爱国心是不够的，要提升自己的素质，要理智。”

“对一件事进行判断时，要综合多方面来考虑，不要盲目地追随一个声音。”

“可能出发点是爱国，但是很容易起到反方面的作用，或者被别有用心的人利用。”

资料来源：围观丨抵制肯德基事件：“空有一颗爱国心是不够的”，澎湃新闻网，2016 年 7 月 20 日。

二、案例思考

1. “抵制肯德基”“抵制日货”到底是不是爱国行为？我们应如何理性爱国？

2. 什么是理性爱国？理性爱国与我们的爱国热情矛盾吗？我们应如何处理好理性爱国与爱国情感的关系？

3. 结合案例，谈谈当代青年学生应怎样做理性的爱国者？

三、案例分析

1. 答：这些行为绝非爱国行为。

爱国要有“发乎情”的强烈诉求，更要有“止乎理”的大局意识、法治意识，以及有容乃大的宽广胸怀。爱国需要激情，同时更需要理性。当前，我国党和政府的任务就是一心一意搞建设，同心同德谋发展，同时，行使公共权力打击一切侵害人民利益、破坏祖国建设的违法犯罪分子；人民的任务就是将爱国主义感情转化为自觉地建设祖国的道德力量，埋头做好自己的本职工作，使自己的祖国更加强大，从而在根本上使得一切反华势力不敢推行其强盗和霸权行径。我们需要做到理性爱国。理性爱国主要包含了以下内容：

理性爱国就是用理性的态度来维护国家的利益，表达爱国情感的方法要从根本上有利于国家的利益和大局。

理性爱国是一种胸襟，是一种对民族负责的态度。而不是口头上的豪言壮语，一时的激情冲动。它需要强烈持久的行为，即自觉地把爱国之情、报国之志化为报国之行。

理性爱国要防止和克服狭隘的民族主义倾向；要防止和克服闭关自守、妄自尊大、盲目排外的倾向。

理性爱国就是坚持把经济发展作为第一要务，放至维护国家稳定，全面构建和谐社会这一国家发展战略上。

2. 答：什么是理性爱国？理性爱国最重要的是理性，理性就是考虑问题、处理问题不盲目，不冲动，在问题的实质上找解决方法，沉着冷静是关键。爱国，维护国家利益为先，不做有损国家利益的事，热爱自己的祖国。理性爱国，用正确又智慧的方法对待国家冲突问题，而不是以蛮横暴力的方式表达爱国热情，虽然我方利益受到威胁，但是我们却不能以损害国家形象的方式对待不公。

理性爱国与爱国热情并不矛盾。在法律的框架下，在道德的范畴内，以国家和民族的核心利益为着眼点，合法有序地表达，就是理性。

爱国既需要情感的基础，也需要理性的认识，更需要实际的行动。爱国不是简单的情感表达，应当是一种理性的行为，要讲原则、守法律，以合理合法的方式来进行。我们在表达爱国主义情感时要以理性爱国为基准，在表达爱国热情和诉求的同时，要着眼于国家利益的大局，选择恰当的方式和方法。力求通过交流、对话、谈判、沟通、协商的和平方式解决问题。最终形成良性互动的机制。具体而言，就是需要站在国家和民族整体利益的高度思考问题。认真地考虑爱国主义与狭隘民族主义的区别，清醒地认识国际形势，明白现代国际关系的特点，这样才能理性地面对国际纠纷和民族矛盾，维护好国家的根本利益、核心利益。将国家的安全、荣誉和利益放在高于一切的地位，始终做到爱国的深厚情感、理性认识和实际行动相一致，与祖国同呼吸、共命运。

3. 答：新时代青年学生是最具有活力与朝气的群体，是血气方刚，胸怀爱国报国之志的群体，我们不能随意参与一些无正当组织的游行等活动。因为一些青年学生在这些活动中很容易受到蛊惑、煽动，从而做出一些不该做的事。作为新时代大学生，我们更要身体力行，以实际行动做理性的爱国者。我们应从以下方面做到理性爱国：

（1）自觉维护国家利益，坚定政治信仰，不断提高政治觉悟；

（2）讲究方式、方法和策略，将自尊、自信、自强的理性爱国主义发扬光大；

（3）在法律的框架下、道德的范畴内表达爱国情怀；

（4）拥护政府的外交行动；

（5）遵守国家法律，尊重同胞财产；

（6）团结广大同胞，正确理性地表达爱国热情，捍卫国家主权和领土完整；

（7）努力学好科学文化知识，提高综合素质，致力科研，把更多的爱国热情转化为做好本职工作，为中国的科技创新、为实现中华民族的伟大复兴贡献自己的力量。

拓展案例 3　全球化时代的爱国主义

一、案例文本

什么是爱国主义？它是个体或集体对其祖国的爱戴与支持。用列宁的话说，爱国主义是千百年来形成的对祖国的深厚感情。由此而言，爱国主义是一种神圣的不可亵渎的情感和行为。中华民族之所以生生不息，特别是每到生死存亡的危急关头，都是爱国主义精神起中流砥柱的作用。

中华民族的伟大复兴离不开爱国主义，这便决定着对爱国主义的本质特征与现实表现给予深刻认识十分重要，特别是对弘扬爱国主义面临的挑战予以深刻把握十分重要。那么弘扬爱国主义面临何种挑战？首先是时代变迁与社会环境变化的影响。中国的改革开放与信息化和全球化，都在改变着我们的国家观，从而对爱国主义也产生重大影响。

爱国情感犹如乡土情结。在传统的农业经济社会，人们皆被封闭在一个狭小的环境中，个体相对自然软弱无力，因而相互依赖，正是依赖形成了一种浓得化不开的族情、乡情。随着科学技术的进步、社会的开放和市场经济的发展，以及人口流动速度加快与城市化水平提高，社会关系、人际关系发生了巨大变化，族情、乡情逐渐淡化。这具有不可逆性。

爱国主义呢？在国门关闭的年代，在世界处于动荡或由冷战形成一个个“柏林墙”的状态下，国民对国家的依赖性很强，因而爱国主义有着坚实的社会基础。随着国门大开，人们知道了世界上许多与我们迥异的价值观、国家观，这些价值观开始与我们持有的价值观产生碰撞。特别是随着经济全球化和贸易自由化深度改变着世界，我们看到了申根协定下的欧洲国家，国界竟然是那样模糊；一些联盟国家，面对过去靠战争来解决的国家体制，一次国民投票便可在平静中改变。比如，苏联往往一次全民公投即可决定某一共和国是否留在联盟内，这种情况还反映于其他一些国家中。再加上移民队伍的扩大，“地球村”“地球人”“双重国籍”的话语及其背后的新的国家观念逐渐形成。

进一步分析，中国崛起的状态和背景，也对爱国主义产生影响。现在全世界都在谈论中国的崛起，尽管我们还不敢言中国已经实现了崛起，但中国正在影响世界却是无疑的。如何才能让世界接受我们？很重要的一点是，在世界上担负更多的道义责任。这样，评价我们的行为与爱国主义表现形式就需要变化和调整。

正如我们在谈论钱学森之时，可以说他代表着一个时代，并且其行为最大限度地张扬着爱国主义精神，但放在当代，我们又不能不说，虽然钱学森的精神依然值得弘扬，但其行为不一定能够完全复制，至少不能完全以那一种尺度来评价今天的爱国主义。因为，中国既然已经开放，同时走向世界，作为崛起之大国，就必须承担更多的国际义务，那么，回国搞建设是一种爱国行为，而走向世界为中华民族争光，未必不可以展示爱国情怀。仅仅以回国或出国判定爱国与否，有些狭隘，刻板的结果有可能抑制一个民族的成长和拥有广阔的胸怀。

当然，对爱国主义影响更为深刻的还是世界政治生态的变化，以及人权超越主权等西方思想的冲击。国家是一个政治概念，其与意识形态联系紧密，至少一百年来在世界热战冷战交替，政治制度对抗激烈的情况下是这样。进入 20 世纪 90 年代，社会主义阵营瓦解，建立于意识形态基础上的爱国主义必然发生变化。又由于反恐已成为世界所有国家的共同使命，这就为人权超越主权提供了生长的土壤。两大存在决定了，不能顺应时代的变化，重新界定爱国主义的内涵与表现，难免不流于符号化而无质感。

此外，对爱国主义的影响比较大的，还包括文化传统及其差异。在这方面，我们和西方社会区别很大。在大一统思想深入民众心理的情况下，我们认为国家很重要的是反映在版图上，而不是人的价值取向上，但西方人则更多的是强调群众的国家认同，不认同就分家，没有太多的留恋。文化的差异处于各自独立存在的状态下时，相互都不影响，而在文化交流加强的情况下产生文化碰撞则在所难免。这种文化碰撞一定包括爱国主义。

以加拿大人的国家观和行为为例，他们的国家观念较我们似乎要弱得多。以不太久远的魁北克省闹独立为例，当时加拿大就进行过一次公投，假如那次投票超过法定数，今天的加拿大已经是两个国家了。再如 2010 年年底笔者到加拿大访问时，曾经追问其军方人士对英法殖民史、朝鲜战争史的看法。他们的回答十分轻松："那只是个历史事件!"以这样的观念与我们交往，必发生冲撞。

到这里，我们谈论爱国主义的时代特征，就必然有一个与世界精神脉动同频共振的问题，这是必需的。如孙中山先生说："世界潮流浩浩荡荡，顺之则昌，逆之则亡!"我们要很好地借助爱国主义的力量，就必须与时代对接，不能把爱国主义带向民族主义的泥潭。在这个过程中，有一个平衡点需要把握，即发展和丰富我们的爱国主义一定要处理好与现实精神系统和文化传统的关系。中国的政治制度有其特色，中国的文化传统也有其特色，中国的精神大厦更有其特色。

以后者为例，西方世界所谓的信仰指的是宗教信仰，虽然其社会运行高度依赖资本的自身发展规律，但他们在无法跳出资本对社会和人的规范的情况下，尽可能通过宗教把人引向善。正是这一原因，美国的每一个美元上都印有"我们信仰上帝"。我们强调的信仰则主要是指政治信仰，这就产生了特有的话语系统。比如我们认定爱党与爱国是一码事，比如我们把西方人性和职业属性的思想和行为，都以政治属性来解读和发挥，等等。

至少到目前为止，我们还没有或不必改变自己，甚至无法改变自己。从人文传统上讲，我们更主要的是借助儒家伦理来规范社会行为，而非借助宗教。这就意味着，我们的爱国主义的发展完善并不能完全照套别人，而必须关照政治理念和人文传统。否则，有可能把自己置入紊乱或历史虚无中。也就是说，每一个民族都有自己赖以成长的文化基础和人文精神，虽然我们强调在中国处于大国崛起的过程中，价值观念上必须借鉴人类文明的优秀元素，保证自己不断创新和超越，但与此同时，也需要强调，一个民族过于剧烈地改变自己，以适应世界的发展，带来的不一定是融入世界，而可能是摧毁自己的同时冲击世界。比如，中国也像西方那样让某一块土地上的人们自由投票以决定是否留在中华大家庭，那么中国人心灵深处必将更无精神寄托，因为原本我们的精神空间就已经虚无。

除了在弘扬爱国主义过程中把握好基本原则，我们也要针对现实存在的矛盾和问题改善自我。诸多内容中，最重要的大概是如何提升民族内聚力的问题。其实，爱国主义的根本目的就是提升民族向心力和凝聚力。处在当今时代，任何一种主义都无法以强制的方式让人接受，只能以自身具有的吸引力来实现。这就如同西方世界从基督教一统天下解放出来后，人们有了选择的余地，这就迫使宗教改革以适应现实。爱国主义到了今天，要保证得到张扬，并不是无条件的，至少需要给出让人信服的理由。让国民认同并热爱国家，并不是无条件的，而需要国家和它的政府对国民给以有效关照。

以色列与巴勒斯坦伊斯兰抵抗运动组织达成交换俘虏协议，以色列政府以释放上千名巴勒斯坦囚犯换回士兵沙利特，这具有强烈的精神冲击力和启示意义。这个看似赔本的买卖，以色列实则大赚一笔。因为，它告诉每一个以色列人，国家和政府在任何情况下都会不惜代价关照国民，特别是对那些为国奉献者。试想，当每一个国民在国外遇到危难之时，总能感知国家意志，感知政府的存在，国民必因此而为祖国而骄傲，由此加深爱国情感。放到社会生活层面也是这样，当病床上的父母、成长中的学童，在他们无力自救之时，看不到政府的影子，得到的只是冰冷的市场经济的所谓优胜劣汰的丛林法则，那么他们也便没有了爱国的理由。即使不是这样，假如出现严重的两极分化，小部分人享有了改革开放和经济发展的成果，而绝大多数人不能享有或较少享有，这时让其爱国也是奢谈。为什么西方社会的福利制度常被诟病为养懒汉的制度，却并不会因此而改变，而是仍然把大多数政府收上来的钱放到了民生上，就在于他们因此而获得了政府与民众间的纽带。到这时，民众便知道国家和自己究竟存在着什么关系。这也是在正式场合，包括狂放不羁的美国西部牛仔也会在国歌声中把自己的右手放在左胸心脏处，表现出一种虔诚的重要原因。

甚至我们也需要在这里提醒，爱国主义是要与时俱进的。我们面对的世界已经不再是从前的模样，我们在保持自身特色的同时，也需要融入世界，即在维护自身利益的同时，还应维护世界共同的利益；在强调自己祖国的同时，还需要容忍别人爱他自己的国家，包括允许原本是国人，后移居海外加入了他国国籍的人，重新融入他的国家和爱他所属的国家。我的一个朋友说过，他的一个12岁的侄女出生在加拿大，她去美国旅游，在边境线上回答提问时说“我是加拿大人”。这听起来让我们感觉不爽，而事实上这才是正确的价值观。中国人如果想让世界接受自己，那么，要么保证坚守自己的中国国籍，要么融于自己国籍的所在国，倘若因为黄皮肤、黑眼睛，就要求几代前移民美国的驻中国大使骆家辉不能效忠美国，而应效忠中国，就太不靠谱了。这种所谓的爱国只能堕入民族主义的泥潭，不仅没有达到真正的爱国目的，并且还会把中国变成不受世界欢迎的国家。至少，如果让那些已经成为他国国民的人，一定要身在曹营心在汉，那么只会造成他们的人格背离，而不会收获更多。

说了很多，无非想说明，没有了爱国主义，一个国家将不再拥有凝聚力、向心力，我们的灵魂世界也会缺少许多，但爱国主义一定是随着时代的发展而发展的，以便保证其坚守于民众之中。

资料来源：公方彬：《全球化时代爱国主义怎么讲》，光明网-理论频道。

二、案例思考

1. 有人说，随着世界各国在经济领域中的经济全球化，世界正日益成为一个地球村，不宜过分提倡爱国主义。这种观点正确与否，为什么？

2. 当代大学生需要树立什么样的爱国观念来应对经济全球化？

三、案例分析

1. 答：题目中的观点是错误的。

经济全球化是当今时代发展的重要趋势。它的发展使世界各国在经济上的联系日益紧密，同时影响到世界各国的政治和文化，对爱国主义也提出了挑战。在经济全球化背景下，科学技术的发展和利用是跨国界的，商品在全世界销售，资本跨国界流动，信息跨国界共享。各国经济交往中需要遵循共同规则，跨国公司本土化的程度不断提高，不仅利用当地的自然资源，而且还充分利用当地的人力资源。各国公民在世界范围内流动，一个国家的公民可能工作和生活在另一个国家，并对另一个国家产生感情。因为这种情况使有的人对自己的归属感产生了困惑，甚至认为爱国主义在今天已经过时了。

事实上，爱国主义并没有也不会过时。经济全球化是一把双刃剑，既是机遇，又是挑战。现实情况表明，在经济全球化背景下，发展中国家在获益的同时，也要面对经济、政治和文化等多方面的挑战。西方发达国家利用经济、科技和军事等方面的优势，竭力输出自己的政治观、价值观、文化观和生活方式，力图主导经济全球化进程，把发展中国家纳入西方的发展模式和发展轨道。在经济全球化的条件下，只有勇于和善于参与经济全球化的竞争，才能加快我国经济的发展，不断增强国家的经济实力和综合国力。在这种情况下，更需要大力弘扬爱国主义，以宽广的眼界观察世界，以积极而理性的姿态参与经济全球化进程，实施互利共赢的开放战略，促进国民经济又好又快发展。爱国主义不是狭隘的民族主义，也不是大国沙文主义。要正确处理热爱祖国与关爱世界、为祖国服务与尽国际义务、维护世界和平与促进共同发展的关系。

2. 答：要想科学把握经济全球化趋势与爱国主义的相互关系，我们就要树立以下观念：

（1）人有地域和信仰的不同，但报效祖国之心不应有差别。在经济全球化背景下，各国公民在世界范围内流动，但作为中华儿女，不管你身在哪里，也不管你的政治立场和信仰如何，都应当以自己的方式来报效祖国。

（2）科学没有国界，但科学家有祖国。科学无国界，但科学事业的发展和科学家的命运都与自己的祖国有着密切的关系；科学知识是无国界的，但科学知识的运用却不能离开具体的国家。被评为“两弹一星”元勋的钱学森，既是著名的科学家，又是心系祖国发展的赤子。

（3）经济全球化过程中要始终维护国家的主权和尊严。在经济全球化背景下，西方某些国家打着经济全球化的旗号来推行他们的政治制度和价值观念，别有用心地伤害他国的主权和尊严。当今世界政治制度和价值观念呈现多元化的特点，企图用一种政治制度、价值观念和意识形态去同化他国，统一世界，是根本行不通的，只会危害世界的和平和发展。对此，我们一定要保持清醒的认识，一方面我们要利用全球化带给我们的机遇，加快社会主义现代化的建设步伐，另一方面我们要始终维护国家的主权和尊严。

2.7 推荐阅读

1.《习近平在中共中央政治局第二十九次集体学习时强调：大力弘扬伟大爱国主义精神　为实现中国梦提供精神支柱》，《人民日报》2015年12月31日。

2. 习近平：《在第十二届全国人民代表大会第一次会议上的讲话》，载《习近平谈治国理政》（第一卷），外文出版社2018年版。

3. 胡锦涛：《发扬伟大的爱国主义精神　为建设有中国特色社会主义努力奋斗——在五四运动八十周年纪念大会上的讲话》，《人民日报》1999年5月5日。

4. 江泽民：《爱国主义和我国知识分子的使命》，载《江泽民文选》第 1 卷，人民出版社 2006 年版。

5. 邓小平：《中国大陆和台湾和平统一的设想》，载《邓小平文选》第 3 卷，人民出版社 1993 年版。

6.《中共教育部党组关于教育系统深入开展爱国主义教育的实施意见》，教党［2016］4 号。

7.《中共教育部党组 共青团中央关于在各级各类学校推动培育和践行社会主义核心价值观长效机制建设的意见》，教党［2014］40 号。

8.《爱国主义教育实施纲要》，载《十四大以来重要文献选编》（上），人民出版社 1996 年版。

9. 中央宣传部宣传教育局、教育部思想政治工作司、国家民委政策法规司：《民族团结教育通俗读本》，学习出版社 2009 年版。

“大学生讲思政课”
优秀案例展示

3. 诚信篇

3.1 本篇概述

3.1.1 实践主题设计背景

“诚信”即诚实守信，作为一个道德范畴，是人类社会千百年传承下来的道德传统，也是当前社会主义道德建设的重要内容。它强调诚实劳动、信守承诺、诚恳待人。2013 年中共中央办公厅印发了《关于培育和践行社会主义核心价值观的意见》（中办发〔2013〕24 号），其中明确要求诚信是社会主义核心价值观在个人层面的一个基本准则。由此可见诚信的重要性。诚信在学习方式、人际关系、职业生活等多方面均能得到体现，诚信是社会能否良好运转的基础，是中华民族的优良的文化传承，也是现今提倡的社会主义核心价值体系的基本内容构成。诚信作为人类普遍性的道德要求，是社会成员应具有的基本德行，无疑，大学生作为社会的高知群体，诚信之德则是其应有的基本道德素质。

3.1.2 实践主题设计内涵

本篇采取抽样调查的方式，在了解大学生诚信状况的基础上，有针对性地开展一系列实践活动：

1. **“校园诚信杯”实践主题设计**。学校开展“校园诚信杯”学生党员风采展示活动，通过“读、学、展”等步骤来展示学生党员的风采，号召学习先进人物，确保先进学生党员的带头作用。

2. **“至诚则成、立信于行”班级实践主题设计**。通过诚信宣传、研讨的活动使同学们认识到诚信对于人生的重要性。加强和改进学生诚信思想教育和诚信意识，提高大学生的思想道德素质。

3. **“诚信演讲比赛”实践主题设计**。开展班级诚信主题演讲比赛实践活动，通过实践活动，对当前大学生诚信产生新的思考与认识，引导学生正确认识诚信、养成良好的诚信道德品质。同时帮助大学生树立正确的道德观念，在面对是非问题时，明确应采取的处世态度和行为方式；增强大学生的规则意识，提高自我觉悟。

3.2 本篇目标

通过对诚信问题的分析、追根溯源，提出有针对性的四个实践项目，在实践中使同学们认识到诚信对于人生的重要性：诚信是做人的一种品质，是职业道德的根本，是个人成就事业的根基。加强和改进学生诚信思想教育和诚信意识，培养学生的诚信品质，以全面提高大学生的思想道德素质，引导学生树立诚信理念，养成“诚信待人、诚信处事、诚信学习、诚信立身”的良好习惯，做一名具有诚信美德并能为建设诚信社会做贡献的高素质大学生。

3.3 实践项目一：“校园诚信杯”学生党员风采展示活动

3.3.1 实践目的与意义

学校开展“校园诚信杯”诚信学生党员风采展示活动，通过“读、学、展”等步骤来展示诚信学生党员的风采，号召学习先进人物、确保先进诚信学生党员的带头作用。

3.3.2　实践要求

1. 读——读名家名作

通过系统学习名家名作尤其是党史，让学生深刻理解中国共产党的诚实守信的经典楷模，用科学的理论知识来武装自己的头脑，成为思想上的进步者、行为上的守信者。具体步骤可细化为读经典、写感悟、办比赛、评优秀四个步骤。

2. 学——学先进模范

通过挖掘、培养和锻炼一批优秀学生党员，让学生党员不断增强主人翁意识和社会责任感，成为诚实守信典范。具体步骤可细化为开展学习雷锋等优秀共产党员的主题活动和以先进事迹引导，做诚实守信的时代青年，参加志愿者服务的实践活动。

3. 展——展示诚实守信学生风尚

突出诚实守信学生的新风采。开展诚实守信学生风尚活动，具体通过展板、大屏幕播放等多种方式宣传基层党组织建设情况。每个学院可推举两名诚实守信学生参加学校举行的风采展示大赛。

3.3.3　学时安排

4学时

3.3.4　考核评估

学生参与投票，票多者为优秀。

3.3.5　学生实践案例

"读、学、展"诚信专题讨论

本次实践活动，让学生自己主动去读、去学、去展，使之参与其中，调动学生积极性，培养其树立诚信意识。

图 3-1　诚信展报

3.4　实践项目二：至诚则成，立信于行

3.4.1　实践目的与意义

通过诚信宣传、研讨等活动使同学们认识到诚信对于人生的重要意义。加强和改进学生诚信思想教育和诚信意识，提高大学生的思想道德素质。

3.4.2　实践要求

实践过程分为四个步骤：一是以小组为单位制作诚信警示性标语；二是在各教室、校园张贴诚信警示性标语；三是以大学生诚信为话题进行小组研讨；四是提交作业，包括小组警示性标语成果照片，小组研讨照片（至少 2 张），研讨发言记录（每人必须发言），以小组为单位形成一份研讨总结报告。

3.4.3　学时安排

3 学时

3.4.4 考核评估

实践评分标准分为两个部分，一为诚信警示性标语，占 20%；小组研讨总结报告及材料，占 80%，以实践成绩为基础，此活动可评选三个优秀班级。

3.4.5 学生实践案例

表 3-1 诚 信 宣 言

<table>
<tr><td>姓名</td><td>×××</td><td>学号</td><td>201554244</td><td>班级</td><td>15 经济统计 1 班</td></tr>
<tr><td colspan="6">小组成员诚信警示性标语</td></tr>
<tr><td colspan="6">段春吉：“人无信不立。”我们拒绝短暂的虚荣！我们拒绝作弊的恶俗！
滕曦：“人而无信，不知其可。”有信是做人的根本！我要坚持诚信做人。
廖敏：我诚信，所以我自豪。以诚信考试为荣，以违纪作弊为耻，弘扬求实学风，维护知识尊严！
杨浪：“若有人兮天一方，忠为衣兮信为裳。”我要坚持诚信做人！
龚彪：诚信是人最美丽的外套，是心灵最圣洁的鲜花。我诚信做人！我自豪！
周川：说实话，做实事，言行一致，勇于负责；不贪便宜，明辨是非，为人诚信。
张颖：我不会用我的诚信与慈善做交易，也不会拿我的尊严与人性去交易！
</td></tr>
<tr><td>成绩评分</td><td colspan="2">98</td><td colspan="2">成绩评定人</td><td>×××</td></tr>
</table>

实践案例点评： 该实践小组制作诚信警示性标语并张贴在教室、

校园等地。该小组成员展示的诚信宣言内容积极向上。

3.5 实践项目三：诚信演讲比赛

3.5.1 实践目的与意义

开展班级诚信主题演讲比赛实践活动，通过实践活动，对当前大学生诚信状况产生新的思考与认识，引导学生正确认识诚信、养成良好的诚信道德品质。同时帮助大学生树立正确的道德观念，在面对是非问题时，明确正确的处世态度和行为方式；增强大学生的规则意识，提高觉悟。

3.5.2 实践要求

1. 将全班学生分为若干小组，确定各组组长；
2. 确定比赛筹备人员安排并选定演讲比赛主题；
3. 指定学生评分小组。

3.5.3 学时安排

3 学时

3.5.4 考核评估

此次实践活动的成绩评定分为两个部分：一为实践活动环节，根据活动过程中学生的参与情况评定平时成绩，占 30%；二为实践心得汇报，占 70%。成绩采取百分制，具体评分标准如下：

表 3–2 实践考核评分表

得分	等级	具体指标
90 分及以上	优秀	主题突出、内容充实、感受真切、结构严谨
80—89 分	良好	主题明确、内容合理、感受真实、结构完整

续表

得分	等级	具体指标
70—79 分	中等	主题基本明确、内容单薄、感受较为真实
60—69 分	及格	主题基本明确、内容简单、部分感受较为真实
60 分及以下	不及格	主题不明确、内容空泛、存在杜撰和抄袭现象

3.5.5 学生实践案例

姓名		学号		班级	

人，以诚为本，以信为天，社会需要诚信，我们大学生更需诚信。

朋友，也许你只是路旁一株普通的小草，无法如鲜花般灿烂迷人，也许你只是芸芸众生中一平常之人，无法如伟人般惊天动地举世瞩目，朋友，你可以如此普通，平常默默无闻，但绝不可以丢掉诚信这做人之本，立身之根，要让诚信与你同行。那么，就让诚信变成清晨一缕温暖的阳光，让诚信成为烈日下头顶的一片绿荫，时刻伴随你和我，与我们同行。如果春天没有七彩的阳光，就不会有蝶儿的漫天纷飞；如果人间没有诚信，那就是一个苍白而荒芜的世界。诚信，如同一轮明月，她普照大地，以她的清辉驱尽人间的阴影，她散发出了光辉，可是她并没有失去什么，仍然那么皎洁明丽。诚信待人，付出的是真诚和信任，赢得的是友谊和尊重；诚信如一束芬芳的玫瑰，能打动有情人的心，无论时空如何变幻，都闪烁着诱人的光芒。

在中华民族五千年的历史中，流传着无数感人的美德故事。他们追求“富贵不能淫，贫贱不能移，威武不能屈”的道德境界；他们恪守诚信，与人为善，今天，重温我们民族优秀的道德文化传统，并在这丰富资源中，汲取通中华民族腾飞的持久动力，俗话说：“人无信不立，国无信不国。”没有诚信的个人是社会的危险品，没有诚信的民族是民族的悲哀。诚信，是中国古代社会人际关系的精神纽带，也是人际关系的最高原则，是我们中华民族宝贵的财富，不难理解，诚信是人们立身、修德、处世的根本。拥有诚信，一根小小的火柴，可以燃亮一片星空；拥有诚信，一片小小的绿叶，可以倾倒一个季节；相信诚信的力量，它可以点石成金，融木为玉

让我们手挽手，真心帮助每一个需要帮助的同学，让诚信遍布学校的每个角落，同学之间互相学习，取长补短，拒绝考试作弊等不良习气，让诚信扎根我们的心灵，牢记国旗下的誓言：努力学习，报效祖国。

“赠人玫瑰，手留余香。”让我们带着诚信，与诚信同行吧！当我们真正拥有诚信时，才能告诉自己：因为我诚信，所以我美丽！

成绩评定		成绩评定人	

图 3-2 诚信演讲比赛演讲稿示例

图 3-3 诚信宣讲誓言现场照片

图 3-4 诚信演讲比赛现场照片

此次演讲比赛在大学校园呈现出“守诚信观、讲诚信事、做诚信人”的良好氛围，涌现出众多反映诚信事迹、表达诚信观点的优秀作品。

3.6 教学拓展案例

拓展案例 1 以小见大说诚信

据《玉泉子》记载，吕元膺任东都留守时，有位处士常陪他下棋。有一次，两人正对局，突然来了公文，吕元膺只好离开棋盘到公案前去批阅公文，那位棋友趁机偷偷挪动了一个棋子，最后胜了吕元膺。其实吕元膺已经看出他挪动棋子了，只是没有说破。第二天，吕元膺就请那位棋友到别处去谋生。别人都不知道辞退他的原因，他自己也不知道为什么被辞退。临走时，吕元膺还赠送了钱物。

吕元膺之所以要辞退这位棋友，是由于他从这位棋友挪动一个棋子、做了一个奸诈的小动作中发现了他的不诚信。诚信者，真诚守信之谓也。诚信，是人生的无形资产，是思想道德的重要组成部分。“人无信不立”，不诚信的人，不可能做好人，也难处世。与没有诚信的人交往，是十分危险可怕的。

挪动一个棋子，看起来是一件微不足道的小事，似乎不值得认真。但小事不小，小中可以见大。诚信，是一种美德，是一种可贵的善良；而不诚信，却是一种恶德，世间的无数不幸和灾祸，无不是由恶德所滋生、引发的。小与大，并没有不可逾越的鸿沟。

1. 试讨论诚信的体现方式。

2. 学生自由讨论对案例的感触。

拓展案例2 立木为信与烽火戏诸侯的对比

战国时期，秦国的商鞅在秦孝公的支持下主持变法。当时处于战争频仍、人心惶惶之际，为了树立威信，推进改革，商鞅下令在都城南门外立一根三丈长的木头，并当众许下诺言：谁能把这根木头搬到北门，赏金十两。围观的人不相信如此轻而易举之事能得到这样高的赏赐，结果没人肯出手一试。于是，商鞅将赏金提高到五十金。重赏之下必有勇夫，终于有人站起将木头扛到了北门。商鞅立即赏了他五十金。商鞅这一举动，在百姓心中树立起了威信，而商鞅接下来的变法就很快在秦国推广开了。新法使秦国渐渐强盛，最终统一了中国。

而同样在商鞅“立木为信”的地方，在比它早400多年以前，却曾发生过一场令人啼笑皆非的“烽火戏诸侯”的闹剧。

周幽王有个宠妃叫褒姒，为博取她的一笑，周幽王下令在都城附近二十多座烽火台上点起烽火——烽火是边关报警的信号，只有在外敌入侵需要召诸侯来救援的时候才能点燃。结果诸侯们见到烽火，率领兵将们匆匆赶到，弄明白这是君王为博美人一笑的花招后又愤然离去。褒姒看到平日威仪赫赫的诸侯们手足无措的样子，终于开心一笑。五年后，西夷犬戎大举攻周，幽王烽火再燃而诸侯未到——谁也不愿再上第二次当了。结果幽王被逼自刎，而褒姒也被俘虏。

一个“立木取信”，一诺千金；一个帝王无信，戏玩“狼来了”

的游戏。结果前者变法成功，国强势盛；后者自取其辱，身死国亡。可见，“信”对一个国家的兴衰存亡都起着非常重要的作用。

1. 讨论两个案例之间的差异，以此凸显诚信的重要性。

2. 谈谈自己对诚信的看法。

拓展案例3 良 心 秤

在武汉新洲区邾城街的一条小巷里，有一个“做秤世家”。江氏秤沿袭了两百多年，如今传到第五代江玉珍、江远斌姐弟俩手里。几代人下来，江家人不赚昧心钱，没做一杆缺斤少两的短秤，他们出产的秤被当地人称为“良心秤”。

江玉珍说，江家做秤有一条原则：不做计量有偏差的“劣秤”，更不做缺斤少两的“短秤”。

这些年，不断有商贩找到江玉珍，要她做短秤。20世纪80年代，当地一位卖鱼商贩，愿意多给钱，要江玉珍做短秤，被江玉珍一口回绝。1990年，镇上一位收猪商人找她做短秤被拒绝，竟恼羞成怒，骂江玉珍“苕掉了”。

江玉珍告诉记者：“老一辈传我手艺的时候就讲，千万不能昧良心。昧着良心，落不到好。”

祖祖辈辈两百多年的坚守，为江家赢得了信誉。在电子秤还没普及的年代，江家的手工秤成为新洲、麻城等地小商贩们的必备品。如今，两位老人的做秤手艺难觅继承人，但他们还是教育后代：“祖上是做秤的，做人就像做秤一样，要守规矩，不越线。”

“两百年了，江家老字号口碑不败，靠绝活，更靠诚信。不改这种操守，传承这样的价值观，既是一个家族的使命，也是我们这个社会的责任。”江玉珍、江远斌姐弟因秉持打造分毫不差的“良心秤”的家风，被评为第五届全国道德模范。

1. 试论诚信在现代社会的作用。

2. 试用实际事例说明诚信在大学生日常生活中的体现。

3.7 诚信调查问卷

诚信调查问卷 1

亲爱的同学：

你好！为了准确了解当前大学生在学习、生活等方面的诚信状况，便于探寻诚信教育的对策，提高大学生诚信教育的效果，更好促进大学生的人格健全发展，特设计此份问卷。请你选择认为合适的答案。问卷采取匿名形式，回答无正确与错误之分。十分感谢你的支持！（请在你所选的一个答案前面打“√”）

一、基本信息：

1. 性别：A. 男 B. 女

2. 年级：A. 大一 B. 大二 C. 大三 D. 大四

3. 政治面貌：A. 中共党员 B. 共青团员 C. 群众

4. 是否担任过学生干部：A. 担任过 B. 正在担任 C. 未担任过

5. 是否是独生子女：A. 是 B. 否

6. 家庭所在地：A. 大城市 B. 中小城市 C. 城镇 D. 农村

二、调查内容：

1. 你认为大学生不诚信现象的发生完全是学校的问题吗？

A. 赞同，大学生都是在学校接受教育，完全是学校没有教育好。

B. 反对，子不教，父之过，是家庭教育没做好。

C. 不完全，是社会大环境不好。

D. 学校、家庭、社会都有责任，但最主要的是个人的问题。

2. 你如何看待市场交易中某些缺斤短两的事情发生？

A. 市场交易要有序，商家要保证信誉，才能长远得利。

B. 社会不诚信现象太多，学生的校园环境相对纯洁，学生在社会中容易吃亏。

C. 对于这些问题，认为很正常，不缺斤短两小贩怎么能生存？

3. 你认为当前大学生诚信教育效果如何？

A. 学校诚信教育形式枯燥，停留于表面，引不起学生重视。

B. 诚信乃做人之本，常被提醒，有教育效果。

C. 在学校里大多学生值得信赖，受教育效果较好。

4. 同学欠你钱，过了还钱的期限，你会催吗？

A. 如果不按时还，我也不好意思催。

B. 会催，态度强硬，而且再也不会借钱了。

C. 因人而异，要看对象是谁。

D. 会婉转地提醒对方。

5. 你一个人在教室，不小心把椅子弄坏了，你会怎么做？

A. 趁没人在，悄悄离开，装作自己不知道。

B. 主动找相关工作人员和老师说明情况。

C. 把事情告诉自己的好朋友，听取别人的意见和建议。

D. 看看周围是否有人发现，被发现了就去面对自己的过失；没有人发现了就一走了之，省得麻烦。

6. 在考试中，你是否有过作弊行为？

A. 会带小抄进考场，但是视情况而定是否拿出来抄。

B. 有，每次都想方设法看旁边同学的试卷或者抄小抄、看手机。

C. 从来没有想过考场作弊，考前认真复习，考试就不会挂科。尽管拿不了高分，但是我问心无愧。

D. 从来没有过考场作弊，是因为觉得如果被逮住了，不但丢人，而且被记入档案。

7. 你觉得以下哪种情况下你自己最容易说谎？

A. 当涉及自己的切身利益，而说谎可以使自己得利的时候。

B. 说谎可以保护自己及别人的时候，即善意的谎言。

C. 当需要指出别人的缺点，但是害怕别人生自己气的时候。

D. 不会撒谎。

8. 运动会或学校表演需要借用别人的衣物，承诺一结束就归还。用完之后，你一般会怎么做?

A. 一直记得这事儿，比赛一结束立马归还。

B. 一直记得这事儿，比赛一结束马上告知对方已清洗，衣物晾干后马上归还。

C. 归还校服与参加活动相比是小事，就算晚点归还，也都可以被别人理解吧。

D. 太较真了，早还晚还都不是事儿。就是忘记了也没关系，一件校服而已嘛!

9. 你出去买东西，结账时售货员多找你钱了，你会怎么做?

A. 把多余的钱还给售货员。

B. 立马收起来装进口袋，离开超市。

C. 如果被周围人看到了就如数归还；如果没有被发现，就装作不知道马上离开超市。

10. 走在你前面的路人的钱包掉了，你捡到后会怎么做?

A. 立马追上去还给他，不是自己的东西不能拿。

B. 如果钱包里有很多现金，就会占为己有；把证件和卡放到他能找到的地方。

C. 如果钱包里没有太多现金，就直接追上还给他。

D. 如果周围有人也在，就还给失主；如果周围没人在，就看看情况再做决定。

11. 每次和父母打电话聊到你的生活、学习的时候，你会怎么回答?

A. 如实告诉他们自己的学习、生活状态。

B. 为了少听唠叨，就算学习自由散漫也告诉他们在学校好好学习了。

C. 少量润色自己生活，只报喜不报忧。

D. 在大学花销比较大，会以要生活费为理由向父母要钱去玩网络游戏。

12. 在同学面前，如果你的家庭经济情况比较不好，你怎么做？

A. 如实告诉他们家里的经济情况，贫或富都是可改变的，没有必要隐瞒。

B. 自己家经济情况不太好，就避开话题；家庭经济相对不错，就有意显摆一下。

C. 打肿脸充胖子，给别人感觉自己家还是比较殷实的。

D. 好坏都不谈家里，交朋友不是交家庭情况。

13. 在大学里，你觉得以下哪种情况最真实地反映了你的学习生活？

A. 与辅导员交流得多，在单独与他（她）谈心的时候，会告诉他（她）自己真实的心理、学习、生活等情况。

B. 与某个任课老师交流得多，有不懂的问题会请教他（她）。

C. 与父母或者某个好朋友交流得多，遇到问题了会寻求亲人或者好朋友的意见。

D. 与所有的人都不交流，自己调节自己的心理、学习、生活等问题。

14. 对于助学贷款的还款问题，你怎么看？

A. 必须按照合同按时还款，签了合同就有了法律效力。

B. 贷款的学生一般家里经济比较困难，学生又没有收入来源，到期了还不上可以理解。

C. 如果还款没有强制性，能拖就拖，能不还就不还。

15. 毕业找工作时，你会怎么做简历？

A. 如实填写，诚实应聘。

B. 为了顺利应聘，不得不伪造荣誉和工作经验。

C. 从网上复制粘贴优秀简历模板。

16. 运用 QQ、微信等网络聊天工具的时候，你会发送虚假的信息吗？

A. 经常发送；反正只是打字而不是面谈，所以把自己塑造成良好的形象。

B. 偶尔发送；当涉及自己重要利益的时候会说谎。

C. 从不发送；没有说谎的习惯，包括在网络上。

17. 你和认识的人的交流与和陌生人（如网友）的交流，有何区别？

A. 与认识的人交流时会更真实地袒露自己。

B. 与陌生人聊天时会更真实地宣泄自己的真实情感，寻求释放压力。

C. 无论和认识的人还是和陌生人网上聊天，表露真实情感的程度基本相同。

18. 在面对助学金资助的时候，你会怎么做？

A. 先争取得到，再有计划地花这笔钱。

B. 先真实地考虑个人情况，再考虑要不要去争取。

C. 申请、筛选、评定等一系列过程太麻烦，所以不愿参与。

19. 正在路上走，你看到一个老人突然摔倒了，你会怎么做？

A. 不顾一切，立马跑过去把老人扶起来。

B. 先用手机录像，证明老人不是自己撞倒的，再扶起他。

C. 绕开走，不去扶起他，当作没看见。

D. 视情况而定，随大流，看看别人怎么做就怎么做。

20. 考试不及格时，你会怎么办？

A. 托熟人说情。

B. 到时候补考。

C. 乞求任课老师加分。

诚信调查问卷 2

一、访谈对象基本情况

姓名

学校

年级

专业

生源地

是否是独生子女

二、访谈问题

你是如何理解诚信的？你认为什么是诚信？

你认为诚信对于当前大学生来说有什么样的价值？

你认为哪些因素会促使大学生讲诚信？

你如何评价身边大学生的诚信水平？

诚信调查问卷 3

一、访谈对象基本情况

姓名

学校

年级

专业

生源地

是否是独生子女

二、访谈问题

根据“诚信”一词，自由联想并写出自己认为与诚信相关的 10 个词语（词性不限）。

1.

2.

3.

4.

5.

6.

7.

8.

9.

10.

3.8 推荐阅读

1. 王淑芹等：《大学生诚信伦理研究》，人民出版社 2012 年版。

2. 张体勤、牟思伦主编：《大学生诚信修养概论》，山东人民出版社 2009 年版。

3. 李开复：《做最好的自己》，人民出版社 2005 年版。

4. ［美］保罗·詹森：《诚信的种子》，杨毅宏译，机械工业出版社 2005 年版。

5. ［英］昂诺娜·奥妮尔：《信任的力量》，闫欣译，重庆出版社 2017 年版。

4. 情感篇

4.1　本篇概述

4.1.1　实践主题设计背景

时下的大学生们有多种渠道接收各种价值观，各种不同的价值观彼此间相互碰撞，使大学生在爱情观念上产生了较大的困惑。大学生正值花样年华，既是学习成才的黄金年龄，也是树立正确感情取向的关键时期。大多数学生来到大学校园，远离家人管束，开始学习独自生活，在此期间，他们容易由于各种原因，升起对于爱情的渴望甚至尝试。他们正处于青春发育期，生理和心理正趋向成熟，但价值观体系尚未完善，缺乏对事物做出正确判断的能力。面对懵懂的情感，面对爱情这种强烈、深刻、自我的感情，最容易因为好奇心产生过度的冲动行为；加之他们涉世不深，缺乏社会经验，遇到事情容易冲动丧失理智，进而做出错误的选择。面对这些情况，学校和教师有责任引导他们明确爱情不仅涉及一个人与异性间的人际关系，属于私德的范畴，也涉及周围环境，带有公德的性质。

大学生作为祖国未来的建设者，他们的感情价值判断，人生观如何，能否成为综合性高素质人才，等等，都能够直接影响祖国的前途命运。因此，在正式步入社会之前，大学生接受关于爱情的教育，理解爱情的真谛，树立健康的恋爱价值观，正确处理学业与恋爱的关系，既是十分必要和大有益处的，又是高校学生教育工作者及教师不可推卸的责任。

4.1.2 实践主题设计内涵

张耀灿教授在《现代思想政治教育学》中谈及的婚恋教育：大学生思想政治教育应从社会需要论范式向以“现实的个人”为出发点范式转变，这是思想政治教育的重要维度，而婚恋教育核心是婚恋道德教育。情感教育是我们在教育中的“非智力因素培育的任务”。为了强化情感教育这项重要的“非智力因素培育的任务”，更好地了解大学生的恋爱观，本篇首先采用了《大学生恋爱观调查问卷》形式，从大学生恋爱态度、大学生表白途径、如何承受失恋等数据来分析总结大学生恋爱观，从而得出当代大学生浪漫性、易变性、多元性、突击性的恋爱特点。在此基础上寓教于乐，采取一些有针对性的实践项目，树立大学生正确的恋爱观。

1. **“相机定格爱情姿态”实践主题设计**。本次实践活动通过相机定格爱情姿态，力图再现大学生情侣的互动行为，让学生通过这些恋爱行为现象来看待身边的情侣互动，提倡文明恋爱，有礼有节，倡导良好的恋爱风气。反对在校园中过度亲密等不文明行为。

2. **“读经典，感爱情”实践主题设计**。结合古今中外的著名爱情故事，组织学生进行课堂讨论。通过让大学生搜集古今中外的爱情故事资料，可以发现不同的学生所选择的事例也是不一样的。通过课堂讨论和案例分析，告诉同学们什么才是正确的爱情观，什么样的行为才是值得我们学习的榜样。

3. **“公主和王子游戏”实践主题设计**。通过游戏这一生动的教学形式，课堂讨论如何认识爱情与事业、爱情与人生。体验爱情建立、发展及质变的过程，感悟恋爱，感受失恋的失落。有助于学生正确处理恋爱困惑，失恋但不绝望，提升失恋后快速走出伤感的能力。

4. **“恋爱辩论赛”实践主题设计**。结合课堂互动，了解大学生的价值取向，探索影响、形成其价值取向的客观因素与主观因素，特别是新环境、新形势下，大学生的价值取向以及价值取向的变化情况。选择与之相对应的辩题，每个班级确定一个辩题，展开辩论赛，通过辩论赛的形式，让每位同学都对相关问题进行思考，从而帮助大学生树立正确的人生观、价值观和婚恋观。

5. “观看爱情影片”实践主题设计

通过 PPT、优选爱情影片观赏、分组讨论这些直观的实践方式，促进大学生形成正确的恋爱态度并树立正确的恋爱观。

4.2 本篇目标

将大学生培育成为具有正确爱情观的优秀学生。恋爱观是人们对待择偶和爱情的基本看法和态度。恋爱、婚姻是人生的必经之路，也是人生中的关键。不同的人由于成长环境、生活历程各不相同，所以他们在对待恋爱和婚姻的态度上也有差别。有相敬如宾和举案齐眉等幸福结果，也有感情破碎、相互埋怨的不幸结果。而当学生进入大学，不少同学都热情地渴望爱情的到来，甚至是积极地投身于其中，在大学恋爱好似变成了一种流行，正如有的学生所言，大学就得谈恋爱，谈恋爱是主流，不谈恋爱才是不正常、非主流。因此，大学生恋爱是应该引起重视的热点话题。大学生正处于青春期阶段，在恋爱上有着迫切的感情需要，如何正确认识爱情、两性甚至是未来即将进入的婚姻生活，树立正确的爱情和婚姻观，非常重要。千千万万个小家庭构成了祖国这个大家庭，所以，大学生的婚恋观甚至与一个国家、一个民族的未来有着密切的关系。本篇旨在通过对大学生恋爱观的调查与研究，帮助大学生树立正确的人生观、世界观和价值观，从而使他们能够健康成长，成为社会的建设者和接班人。

4.3　实践项目一：相机定格爱情姿态

4.3.1　实践目的与意义

“相机定格爱情姿态”主题实践，是一种大学生情侣的互动再现，让学生正确看待身边的情侣互动，提倡文明恋爱，有礼有节，反对在校园中过度亲密等不文明行为。

4.3.2　实践要求

教学准备：

1. 全班同学分为若干小组，确定各组组长。

2. 准备机器设备、下载后期合成软件。

3. 展示恋爱情侣照片，为了保护个人隐私，可以对被拍摄者面部进行处理。

教学过程：

在拍摄前，要提醒各小组成员，作品要精美、切入点要小、清晰度要高、立意要明确；在拍摄过程中，要选择具有较高价值和意义的场景，尽量以校园作为背景，发散思维，探索有意义的恋爱情景剧以表达对校园爱情的理解。在拍摄后，要注意后期的合成，体现美感。

4.3.3　学时安排

3 学时

4.3.4　考核评估

此次实践活动的成绩评定分两个部分：一为实践活动环节，根据活动过程中学生的参与情况评定平时表现成绩，占 30%；二为实践心得汇报，具体评分标准如下：

表 4-1 实践考核评分表

得分	等级	具体指标
90 分及以上	优秀	主题突出、内容充实、感受真切、结构严谨
80—89 分	良好	主题明确、内容合理、感受真实、结构完整
70—79 分	中等	主题基本明确、内容单薄、感受较为真实
60—69 分	及格	主题基本明确、内容简单、大部分感受较为真实
60 分及以下	不及格	主题不明确、没什么内容、感受不真实、写作混乱

图 4-1 校园不文明恋爱行为

4.3.5 学生实践案例

男女同学在恋爱期间注重有礼有节，在校园里不要过度亲密，有碍观瞻，要倡导校园文明，和谐校园文化。

情侣以积极的形式交往，培养共同喜好，彼此尊重，保持合理空间，倡导文明恋爱，共建和谐校园文化。

图 4-2 校园健康恋爱行为

4.4 实践项目二：读经典，感爱情

4.4.1 实践目的与意义

结合古今中外的著名爱情故事，组织学生进行课堂讨论。通过让大学生搜集古今中外的爱情故事资料，可以发现不同的学生所选择的事例也是不一样的，通过课堂讨论和案例分析，告诉同学们什么才是正确的爱情观，什么样的行为才是值得我们学习的榜样。

4.4.2 实践要求

1. 让大学生搜集自己感兴趣的古今中外的爱情故事，通过资料分析大学生所认同的不同的爱情观。

2. 探讨什么才是正确的、值得大学生效仿的爱情观，就资料进行分析。

3. 搜集这些资料只有一个目的，那就是这些爱情故事都有一个主题——男女双方彼此爱恋，彼此忠诚。如何用这些故事引申出伟大的爱情观，这是本次实践课的难点。解决重点难点的方法：我们知道，自古以来，无数个爱情故事吸引着我们，令人百听不厌，也促使着我们每个人都去追求那真诚的、刻骨铭心的爱情。教师在课堂上讲解为同学们所普遍熟知的爱情故事，如范蠡与西施的爱情故事、三国时诸葛亮的爱情故事、孔雀东南飞的爱情故事、梁山伯与祝英台的爱情故事，等等；还有诸如毛泽东与杨开慧、周恩来与邓颖超以及其他革命领袖的爱情故事，又有诸如国外马克思的爱情故事、居里夫人的爱情故事，等等。在今天看来，这些爱情故事有些是应该唾弃的，有些则是让我们感慨万千的。通过分析这些爱情故事，让同学们表态赞同哪种爱情行为，并随时对大学生加以引导，认识正确的爱情行为，树立正确的爱情观。

4.4.3 学时安排

3 学时

4.4.4 考核评估

本实践的思考题：

1. 谈谈你的感情观。
2. 什么是爱情，你的爱情观是什么？
3. 如何守住自己的爱情，度过美好的一生？

4.4.5 学生实践案例

该学生由亲情、爱情和友情这三种主要的人类情感来剖析自己的感情观，较为真实，在自我认知上也有一定深度。对同学们而言，有一定的借鉴意义。

姓名		学号		班级	

亲情！爱情！友情！

人自一出生，就被各种各样暖暖的温情所包围。当我们呱呱坠地之时，我们便拥有着这世界最贴心的礼物——亲情。亲情是一首唱不完的歌，对于亲情账，这是我们无法偿还的一笔账单。家是我们温馨的港湾，失意之时，我们最先想到的就是回家寻找慰藉。谢谢给我温情的家人们。

随着年龄的增长，我们的需求也在增加，而你要增加，我们渴望拥有一份甜美的爱情。爱情是美好的，但也带刺。完美的爱情好比一株盆景，需要我们好好的经营，它偶尔也像一棵树，需要阳光、水和空气。两个人在一起需要彼此信任和宽容。此刻，我想起一句我最喜欢的歌词，用恋长的初恋能够共渡各种困境。

关于友情，这应该是从我们沟通开始的吧！尤其是学校和工作岗位上，友情是沙漠的绿洲，在绝望处给予希望。有些困难，我们可能无法向家人开口寻找帮助，但朋友之间，我们很随性，口无遮拦地谈天说地，朋友不曾孤单过，一声朋友你会懂，还有伤还有痛，还要走还有我，风也过雨也走。

在我所理解的情感中，这三种类型的感情，是相互关联的。在我心中，亲情至上，让爱情和友情升华至亲情是最完美的。无论是哪一种感情，我们都应包容和坦诚，学会珍惜身边的人，懂得感恩。一直以来，有一个小小的目标在心中，我盼望有朝一日我能合理的分配我陪伴家人、爱人和朋友的时间，多聚一聚，多笑一笑，像很多年前一样，谈天说地。

在我们的生命中，做一个有温度的人，好好对待人和事，情感顺利，心态平和，万事方可成功。

成绩评定		成绩评定人	

图 4-3　爱情感悟示例

4.5　实践项目三：公主和王子游戏

4.5.1　实践目的与意义

通过游戏的形式，课堂讨论如何认识爱情与事业，爱情与人生。体验爱情建立、发展及质变的过程，感悟恋爱，并感受失恋的失落，失恋但不绝望，提升失恋后快速走出伤感的能力。

4.5.2　实践要求

环节 1：打动“公主”的心

1. 6 名女生、12 名男生参与此环节，两名男生和 1 名女生为一组，进行游戏。

2. 屏幕上有6种表白方式，女生从中任选3种自己喜欢的表白方式，选好后，两名男生按照要求进行告白。女生选择自己喜欢的表白方式，并把手中的红心送给那个男生。

3. 表白方式演绎完，获得红心多的男生与该女生配对成功，成为“情侣”并参与下一环节的游戏，被淘汰的男生下场休息。

环节2：默契行动大考验

1. 配对成功的6对“情侣”参与此环节活动，分两组进行。

2. 环节开始前，6对“情侣”要进行抽签选取默契行动大考验的题目：甜言蜜语猜猜猜。

甜言蜜语猜猜猜的规则：选中该题“情侣”要根据一方的手势比画及语言交流猜出题板上的词语，在3分钟内猜出最多且答案正确的一对获胜。

环节3：失恋——爱情保卫战

1. 将第一环节中的6对“情侣”请上台，并请在环节1中被女生淘汰掉的6名男生上台，作为此环节中的“野兽”，与“王子”进行公主争夺战，进行智商、情商大考验（每组5道题目），“公主”静静等待“王子”的到来；

2. 两边各设3个格子，“王子”与“野兽”站在两边的起点，题目给出后，两名男生要以最快的速度跑到指定地点回答问题，先回答正确的可获得向前走一格的机会。

3. 5道题答完后，最先到达“公主”面前的将获得把玫瑰送给“公主”的机会，成为今晚真正的“王子”。若两人中无一人能够到达“公主”的面前，则该名“公主”最后为单身。

4.5.3 学时安排

4学时

4.5.4　考核评估

每个环节3分，共9分，活动结束后参与同学互相打分。对对方表现认可的打1~3分，不认可的不打分。评分依据是学生在每个游戏环节中的出彩程度。

图4-4　“甜言蜜语猜猜猜”游戏示例一

图4-5　“甜言蜜语猜猜猜”游戏示例二

4.5.5　学生实践案例

实践建议：场地选择在校园操场草坪上，同学们席地而坐。气氛活跃，互动性良好，活动后学生应写下自己参与此次活动后对爱情的感悟。

姓名		学号		班级	

在美好的大学时代，很多人都期待一份美好的爱情，这对于正值青春年华的我们来说，是很正常的心理。然而爱情却不止是甜蜜，它也有苦涩、苦恼甚至是绝望，我们要学会正确处理在爱情中遇到的问题。

如今的我们，很多都有自己的爱情，但大多数人都没有明白爱是怎么产生的，爱的真谛是什么，就匆匆闯入爱情，从而上演一幕幕爱情悲剧。产生爱情会有这样几个因素，精神的需求，找一个志同道合的伙伴；亲密关系需要，步入大学我们都远离了亲人朋友，有烦恼时也不能向家人倾诉，有时则是不愿向长辈吐露，于是大多数人发现，如果没有一个可以相互吐露心声的亲密知己，那日子将会难过，对亲密关系需要导致爱情出现：即把亲密关系需求与爱情混为一谈；生理因素，性冲动也是促使大学生投入恋爱活动中的重要因素。

无论我们恋爱是出于何种原因，一但确立关系，就要对自己的选择负责，但最好是自己能区分好感动、喜欢、友谊与爱情，不要让别人产生误会，同时也应有拒绝爱的能力，要诚恳委婉，但也绝不可拖泥带水让别人抱有希望。

既然有恋爱的甜蜜，那么失恋的痛苦也是难免的，走出失恋的痛苦，我们需要进行适当的调适，比如，倾诉，将自己的苦闷记录下来，使自己的心理负担得到释放；转移情感注意力，听音乐，看电影，打球……；学会积极的自我暗示，把悲伤化为力量，把因失恋而产生的挫折感、压抑感升华为奋斗的动力。

大学生的恋爱受多种因素的制约，在追求爱情的过程中遇到各种挫折是在所难免，恋爱心理挫折对大学生的心理承受能力是一种考验。同时我们也应具备爱的能力，这样才能真正地爱他人、爱自己，能真正体验到带给人的快乐和幸福，为了更好地爱，我们首先要塑造自己，培养爱的能力。

成绩评定		成绩评定人	

图 4-6　“甜言蜜语猜猜猜”感悟

4.6　实践项目四：恋爱辩论赛

4.6.1　实践目的与意义

结合课堂交流，了解大学生的价值取向，探索影响、形成其价值取向的客观因素与主观因素，特别是新环境、新形势下，“90 后”大学生的价值取向以及价值取向的变化情况。选择与之相对应的辩题，每个班级确定一个辩题，展开辩论赛，通过辩论赛的形式，让每位同学都对相关问题进行思考，从而帮助大学生树立正确的人生观、价值观和婚恋观。

4.6.2　实践要求

1. 提前一周选出正、反双方辩手（一、二、三、四辩）、主持人、评委、计时员。征集有录影爱好的同学，全程录影，选取精彩片段进行剪辑留档。

2. 辩论赛过程中，在自由辩论阶段，其他同学均可随机发言，针对辩题进行抗辩。

3. 各班随机选择出五名评委，对辩论赛的情况进行交叉评分。

4. 指导教师点评。

5. 学生撰写辩论赛参与感、观后感。要求如下：以辩论赛已定辩论主题为中心，表达自身对恋爱的认识，如何处理恋爱中可能出现的问题并对此次辩论赛进行点评。

部分选题展示：

（1）大学生谈恋爱利大于弊 vs. 弊大于利？

（2）大学生谈恋爱男性更需要关怀 vs. 女性更需要关怀？

（3）真正的爱情一定是天长地久的 vs. 真正的爱情不一定是天长地久的？

（4）实现男女平等主要应该依靠男性的努力 vs. 实现男女平等主要应该依靠女性的努力？

（5）恋爱中男生更容易受伤 vs. 女生更容易受伤？

4.6.3 学时安排

3 学时

4.6.4 考核评估

表 4-2 恋爱辩论赛评分表

个人评分标准		
项目		分值
语言表达（2.5 分）	普通话是否标准	0.5 分
	表达真切，思路清晰	1 分
	语言丰富，表达准确	1 分

续表

个人评分标准		
项目		分值
辩驳能力（6 分）	逻辑推理严谨	2 分
	辩论技巧得当	2 分
	临场应变能力强	2 分
综合印象（1 分）	精神饱满	0.5 分
	衣着得体	0.5 分
整体意识（0.5 分）	与队员配合默契	0.5 分
合计	10 分	

注：按同样的方法给双方每个辩手打分，最终得分最高的辩手被评为最佳辩手。

图 4-7　爱情沙龙辩论赛现场照片

4.6.5　学生实践案例

此次关于爱情的辩论赛，双方各派出四名辩手，围绕“大学生恋爱利与弊”展开了激烈的辩论。首先是立论环节，正方一辩从丰富大学生活、增加责任感、培养恋爱能力等几个方面切入，陈述己方“大学生恋爱利大于弊”的观念，反方则从经济不独立、精力与学业等方面进行层层剖析，论证己方“大学生恋爱弊大于利”的观点。在随后的攻辩环节中，双方更是针锋相对，现场气氛也迅速升温。正反方辩手清晰的思路和幽默的语言给辩论赛添上了亮丽的一笔。最后主持人对本次辩论赛做了精彩点评，并提出改进建议。通过这场活动，拉近了大学生之间的感情，增长了关于大学生恋爱的知识，有助于他们合理地处理恋爱问题。

4.7 实践项目五：观看爱情影片

4.7.1 实践目的与意义

通过 PPT、优选爱情影片观赏、分组讨论这样直观的实践方式，来促进大学生形成正确的恋爱态度以及树立正确的恋爱观。

4.7.2 实践要求

1. 分析大学生恋爱过程的特点：简单化、片面化、浪漫化和理想化。
2. 分析恋爱观存在的问题及形成原因。
3. 通过影片及讨论，引导学生们树立正确的恋爱观。

4.7.3 学时安排

2 学时

4.7.4 考核评估

指导教师和学生共同谈心得与感悟，以学生收获的大小程度评分。

4.7.5 学生实践案例

图 4-8 观看爱情影片

4.8 教学拓展案例

拓展案例 1 钱学森和蒋英的爱情故事

钱学森生于 1911 年，蒋英生于 1919 年，两人相差 8 岁。钱学森的父亲钱均夫与蒋英的父亲蒋百里早年是密友。钱学森和蒋英青梅竹马，从小一起长大。1935 年，钱学森赴美国攻读物理学博士学位，蒋英也前往德国学钢琴。钱学森在美国学习优异，年纪轻轻就拿到了博士学位，还与导师冯·卡门提出举世瞩目的“卡门-钱学森公式”。其间，蒋英则转到比利时学习演唱，并在 1946 年回国，举办了自己的演唱会。在求学的日子里，一个在美国苦攻航空机械理论，一个在欧洲畅游于声乐艺术的海洋之中，十多个年头，钱学森与蒋英彼此没有来往，只有艺术的种子孕育在各自的心田。两个人虽无书信来往，但是，长久的分离，并没有封冻两颗相爱的心灵，相反，更加深了他们之间的思念。他们都在无言地等待着对方。再次相见之时，两人就确定了对方是自己一生的伴侣。1947 年，钱学森与蒋英在上海喜结良缘。这年 9 月 26 日，钱学森与蒋英赴美国波士顿。钱学森送给新婚妻子的礼物是一架黑色大钢琴。在美国工作期间，钱学森为美国航空和火箭技术的发展做出了重要贡献。

1950 年 8 月，当得知钱学森要回国时，美海军部副部长立即给司法部打电话："无论如何都不要让钱学森回国，他太有价值了！"美国将钱学森软禁在美国长达 5 年，整整 5 年的软禁生活并没有消磨掉钱学森返回祖国的坚强意志。在这段灰暗的日子里，蒋英不离不弃，与钱学森琴弦相伴。钱学森常常吹一支竹笛，蒋英弹一把吉他，两人共同演奏古典室内音乐，以排除寂寞与烦闷。

1955 年，在周恩来总理的亲自过问下，美国政府终于准许钱学森夫妇回国。但美国政府又无理扣留、没收了钱学森在美国多年间积累下的研究笔记。而他们的结婚信物——黑色三角钢琴，在蒋英的据理力争下，最终与他们一起回到了祖国。这架三角钢琴也因此成为钱学森和蒋英历经风雨、沐浴幸福的见证。在回国以后的四十多年里，两人相濡以沫。钱学森欣赏蒋英的艺术才华，蒋英钦佩钱学森的学术才干。每当蒋英登台表演的时候，她总喜欢请钱学森去听、去看、去评论。每当听到蒋英的歌声，钱学森总能感到一种美好的赐予。于是，他自豪地对自己说：我是多么有福气啊！他甚至总想对人们高呼一声：让科学与艺术联姻吧，那将会创造奇迹！

1. 试讨论：这样的爱情有什么样的特点？（结合知识点引导：爱情的基本特征——专一性、平等性、持久性、互爱性。）

2. 学生自由讨论案例带来的感触。让学生相信爱情，树立正确的恋爱观，鼓励学生学习钱学森的爱情观，让学生有榜样可循。

拓展案例 2

吴某（男）和李某（女）在同一所大学又是同班的同学，刚开始，在班上寥寥无几的几个女生中，吴某也就是看李某比较顺眼，因此关注她也就相对多点。后来知道李某喜欢班上另一个男生，吴某对此虽然不是很开心，但并没有很大的感觉。只是从心里打消了那唯一的念头。可是后来事情不知道怎么发展了，李某和那位男生并没有成功。到了下学期，吴某与李某接触渐渐多了点，又加上两边朋友的一些爆料，两人互相喜欢的事实就这么被爆料了出来！于是，本来双方可能都没想过恋爱这个问题，现在就这样被拉到一起谈了恋爱。本来一切都是这么顺利地发展着，他们每天一起吃饭，一起散步，一起看书，也还拥有着他们的梦想……

本来一切是那么美好，每天都是那么简单而平凡地过着，这是一段平凡的爱情。并不轰轰烈烈，并不冲动，也没有任何曲折。可是事情真的发生了，或许得不到的总是美好的。突然间，另一个女人，她是吴某在认识李某之前出现的，因为各方面条件的限制，吴某从没想过和她会有可能。可是现实就是这样，就这样发生了。李某感到心痛，她没想到吴某这么快就有了女朋友；吴某也痛，这是怎样的缘分，怎样的纠结？一切来得是那么偶然，那么不经意，那些天吴某一直处于矛盾纠结之中。他不知道他的心里到底是爱着谁，两个女人他都有感情，谁也放不下。他把事实告诉了李某，他第一次感觉到李某是这么爱他，她哭了，哭得那么伤心……可是那个女人呢？她在远方，他的难受她看不到，她不知所措了，最后，中间经历两次选择，他果断地选择了那个身在远方的女人。而对李某，这样的打击使她受不了，她一直苦苦哀求吴某能回到她身边，可是吴某这次真的想跟着自己的心走，不想听任何人的意见，他感觉自己懂了什么是爱而什么是喜欢，可李某却说是他让她懂得了什么是爱，她一直不肯放手，接受不了这个事实，颓废了好久，那段时间两人都一直没心思学习，浪费了好多时间，就这样持续了好久。终于她又对吴某说，说要等他回心转意，可是不久觉得无望又受身边朋友的影响，最终放弃了这份等待。过程之中，李某由于冲动曾不成熟地做出了一些过激的事。

实际上，如今在大学校园，大学生恋爱较为普遍。他们在思想上已趋于独立，对待爱情更是有自己独到的见解，如果大学生能理智地对待爱情，就能较好地处理爱情与学习、生活等各个方面的关系。

上面案例中的爱情存在以下问题：

（一）吴某和李某的交往是仓促的，甚至有点盲目。两人在大学里的相处并不多，可以说交往时双方都不是互相了解的，只是各自看到对方好的方面而相互喜欢。在这种基础上产生的爱情是很容易出问题的。

（二）爱情的非理性观念。认为失恋是人生重大的失败，爱情靠努力可以争取到，即付出总有回报。

（三）未能正确处理分手后双方的感情以及客观对待关系的变化。

总之，这些问题的出现还应归结于大学生的心理不成熟。再加上冲动、做事不考虑后果等因素，从而导致大学生因恋爱产生的问题如今在大学校园里变得很常见。经常同寝室的人也会互相攀比，比如谁有女朋友了，而谁还没有，也会导致学生们因为这种心理而急于想谈恋爱，这完全是孤独寂寞时想要找一个人来陪而已，而不是真正的恋爱！由于大学生还没有接触社会，所以总把一切想得很美好，包括爱情。而一旦爱情出现问题便会一时接受不了，可能会做出一些偏激的事，导致以后又后悔。这一切也是因为大学生生活阅历少，对爱情生活了解比较少的缘故。

4.9 情感调查问卷

大学生恋爱观调查问卷

亲爱的同学：

你好！此问卷是为了解大学生恋爱观而进行的调查，感谢你的配合。本问卷采用无记名形式，请先仔细阅读每一道题目及答案，并在你认为合适的选项序号上打"√"。感谢你的支持和帮助！

1. 你的年级？

A. 大一　　B. 大二　　C. 大三

2. 你的性别？

A. 男　　B. 女

3. 大学期间你是否期待谈恋爱？

A. 期待　　B. 不期待　　C. 无所谓

4. 你认为大学生谈恋爱修成正果的多吗？

A. 很多　　B. 很少　　C. 不知道

5. 你希望恋爱对象的年级？

A. 比自己高　　B. 比自己低　　C. 同级

6. 你的恋爱经历怎样？

A. 正在恋爱　　B. 谈过恋爱　　C. 从没谈过

7. 你认为选择恋人最重要的因素是？

A. 外貌　　B. 人品　　C. 学历　　D. 地位

E. 金钱　　F. 性格　　G. 能力　　H. 家庭条件

8. 你将如何对待校园恋爱？

A. 倾尽全力　　B. 和谐友爱　　C. 朝三暮四

D. 只在乎曾经拥有，不在乎天长地久

9. 你认为谈恋爱会影响学习吗?

A. 积极影响　　B. 不良影响　　C. 无影响

10. 你认为大学生为什么谈恋爱?

A. 不谈一场校园恋爱会遗憾　　B. 过于寂寞　　C. 满足情欲

D. 为结婚这个目标

11. 你认为在大学里该谈几次恋爱?

A. 至少一次　　B. 两次或多次

C. 顺其自然　　D. 一次都不谈

12. 你谈恋爱的原因是哪方面?

A. 爱情　　B. 婚姻　　C. 寂寞　　D. 好奇

E. 单身　　F. 不想回答此问题

13. 你认为在大学谈恋爱哪方面负担最重?

A. 思想　　B. 身体　　C. 经济

14. 如果你爱上一个人，你会采取什么行动?

A. 暗示他（她）B. 主动追求　　C. 等待对方追求

15. 你用什么途径传递爱的信息?

A. 电话　　B. 网络　　C. 写信　　D. 当面表达

E. 单身　　F. 不想回答此问题

16. 你能接受网络恋爱吗?

A. 不能　　B. 能接受　　C. 看缘分　　D. 无所谓

17. 你对大学生恋人亲密举动的感觉是?

A. 能接受　　B. 厌恶　　C. 轻微反感　　D. 无所谓

18. 你对大学生同居行为的态度是?

A. 认可　　B. 不认可　　C. 无所谓

19. 你获取性知识的主要途径是?

A. 电视、报刊、书籍　　B. 网络　　C. 朋友

D. 学校教育　　E. 家庭教育　　F. 其他

20. 如果失恋了，你将会如何?

A. 还能维持朋友关系　　B. 不久再找一个

C. 以后不再往来　　D. 很尴尬

E. 伤心欲绝　　F. 我不知道

4.10 推荐阅读

1. 赖芳、季辉主编：《大学生恋爱与婚姻》，天津大学出版社 2012 年版。

2. 程晓玲、李颜编著：《恋爱、婚姻与职业——大学生心理学 16 讲》，浙江大学出版社 2012 年版。

3. ［哥伦比亚］加西亚·马尔克斯：《霍乱时期的爱情》，杨玲译，南海出版公司 2015 年版。

4. 张爱玲：《倾城之恋》，花城出版社 1997 年版。

5. ［美］玛格丽特·米切尔：《飘》，李美华译，译林出版社 2000 年版。

“大学生讲思政课”
优秀案例展示

5. 文明篇

5.1 本篇概述

5.1.1 实践主题设计背景

人类从蛮荒时期走入现代文明时代经历了数千年艰辛历程，继承和发扬人类文明是当代人必须要承担的历史重任，在这一过程中，学校担负着重要的职责。大学生是中国特色社会主义事业的建设者和接班人，肩负着中华民族伟大复兴这一艰巨的历史使命，其文明素养的高低对祖国未来的发展有着重要影响。

1993 年，联合国教科文组织在北京召开了“面向 21 世纪的教育”国际研讨会，参会成员在分析 21 世纪人类面临的挑战时，人的道德、伦理和价值观的挑战被列为第一位。专家指出，21 世纪人才的突出特征是：高境界的理想、信念、责任感、强烈的自立精神、坚强的意志力、良好的环境适应和心理承受能力，这也为中国教育指明了发展方向。文明是社会主义核心价值观重要组成部分，是社会进步的重要标志，也是社会主义现代化国家的重要特征。随着人类社会不断向前发展，文明的理念和内涵也不断丰富和深化，不仅具有时代性，同样也不失民族性。改革开放以来，紧跟世界发展步伐，我国大力发展科学技术，提升生产力，极大地增强了综合国力，为实现中华民族伟大复兴的中国梦打下坚实的物质基础，开创出中国特色发展模式。党的十八大以来，国家协调推进“五位一体”总体布局和“四个全面”战略布局，党的十八届五中全会提出了“创新、协调、绿色、开放、共享”的五大发展理念，党的十九大提出新时代我国社会主要矛盾的新变化，这些无不集中反映了我们党对经济社会发展规律认识的深化，极大丰富了马克思主义发展观，有助于人们清晰地认识到当前人类文明发展的根本落脚点。

当前，中国正处于大变革和社会转型时期，社会的发展越来越需要既有丰富科学文化知识，又具备良好品德素养的文明大学生。教育应从可持续发展出发，确立可持续发展教育理念。学校要从为学生的升学与就业做准备，转向为学生的未来发展各个方面做准备。全面的素质教育应包括智能、品德、价值观、态度、情感、社会参与能力、人与自然和谐相处意识等方面，而合格人才所具有的这种文明素质，正是家庭、学校、社会应共同担负的对下一代养成教育的历史使命。其中，学校承担着对大学生进行文明素质教育和文明礼仪教育的责任。

大学生文明素质教育是认知的养成教育，是指以高校为主体，在家庭、社会的积极配合下，根据大学生的身心形成和发展规律，运用多种途径和方法，对大学生施加系统的影响，促使其养成良好的行为习惯、意识和道德品质的活动。重视养成教育是目前国内外高校教育工作的基本共识，是大学生文明素质教育的重要理念，对于提高大学生的道德品质和素养，促进新时代大学生在传承中华优秀传统文化的基础上，培养道德规范意识，全面成长成才，推动科学技术的发展和社会主义现代化建设都起着重要作用。

大学生文明礼仪教育是一种行为培养教育，是建立在家庭教育基础上，学校开展全面系统教育的进阶性培养工程。实践证明，重视文明礼仪教育的高校，培养出的大学生具有学习主动性强、情感控制能力强、团队集体意识强、综合素质高的优秀品质。“90后”大学生步入大学前已经具备独具特色的个人品质，如何让他们尽快融入大学生活，与来自五湖四海的同学们融洽相处，是高校首先需要解决的问题。高校需要着力构建以行为养成为目标的大学生文明礼仪培养工程。

5.1.2 实践主题设计内涵

《中国大百科全书》(哲学卷) 对文明的解释为：文明是人类改造世界的物质成果和精神成果的总和；是社会进步和人类开化的进步状态的标志。我国自古就有“礼仪之邦”的美称，传承中华民族的优良传统是每一个大学生的责任和义务，加强大学生文明行为养成教育构建和谐校园是高等学校校园文明建设的重要环节，是大学生德育工作的重要内容，是践行社会主义荣辱观的重要举措，是人民教师的崇高职责和时代赋予的使命，是把大学生培养成为合格建设者和可靠接班人的重要保证。因此，高等学校要高度重视大学生文明行为养成教育，积极采取切实有效措施教育和引导大学生告别陋习，培养文明意识，加强自身修养，努力践行社会主义荣辱观，争做文明大学生，共同创建和谐校园。

本篇通过“文明之旅”这一专题，设计四个实践主题，旨在让学生懂得一个人不仅要有渊博的学识，同时要具备良好的道德素质。通过寻找我们身边存在的文明和不文明行为，引发学生思考，从而改变学生的道德认知，在此基础上改变学生的行为；其次，通过自我实践，完成大学生思想道德素质的自我提升，自觉抵制不文明行为，从我做起；最后，将文明行为养成中的他律转化为自律，从而形成良好的道德行为。每项实践项目都经过精心设计，既反映当前社会文明的主题，又与高校人才培养目标相符合，主题鲜明，内在逻辑紧密相连。

1. **“文明感悟”实践主题设计**。文明意识的养成教育对学生的成长具有非常重要的作用。中国是一个有着五千年历史的文明古国，拥有丰富的自然资源和底蕴深厚的人文文化。本实践活动通过参观历史名胜古迹、阅读经典名著、感悟人类创造的文明成果，旨在积极培育和践行社会主义核心价值观，倡导良好的社会风尚。

2. **“文明情景剧”实践主题设计**。在完成文明感悟实践主题之后，基于真实体会，学生以历史事件和现实反映为素材编写剧本，并以情景剧的形式展现出来。本活动着重让学生了解传统文明是现代文明的源泉及其对现代文明的影响，有助于更深刻更全面地了解文明的内涵，进一步把文明内化于心。

3. **“建设文明校园主题演讲”实践主题设计**。文明实践主题演讲旨在围绕社会主义核心价值观，搜集身边的文明事迹并以专题演讲活动方式展现出来。一方面进一步提升学生对文明的概念、内涵和外延的理解，另一方面也锻炼了学生的演讲能力和书面语言表达能力。

4. **“社会文明大行动——发扬传统美德”实践主题设计**。为推进社会主义核心价值体系建设，开展文明大行动，提升大学生文明素质和社会文明程度，弘扬中华传统美德，推进公民道德建设，本活动将组织学生到校外实践基地或偏远山区做志愿者，通过亲身实践一方面实现知行合一，另一方面培养他们勇于担当、奉献社会的责任心，从而把社会主义核心价值观与中华传统道德文明切实相结合，实现“外化于行”的目标。

5.2 本篇目标

本篇主要引导学生树立文明意识，明确在人类发展的历程中每一时代的文明阶段和程度。在思想文化交融、经济体制变化、利益格局调整的时代背景下，一些不良思想和价值观开始被大学生认同，从而导致诸多不文明行为的发生。为此，加强大学生传统文化教育、开设特定的文明修身课程、形成良好的外部环境，对大学生行为习惯的养成有积极作用。

5.2.1 大学生不文明行为原因分析

青年是每一时代最灵敏的晴雨表，时代的责任赋予青年，时代的光荣属于青年。但从目前实际情况来看，我国在校大学生文明素养还存在诸多问题和挑战，文明修身教育途径也有待于进一步改善。形成这些不良行为，主要原因有以下几个方面：

1. 大学生理想信念模糊，对自身要求放松

一些大学生没有树立远大理想和坚定信念，进入大学后就放松了对自己的要求，学习目的不明确，缺乏学习动力，不思进取，甚至学业荒疏，对父母辛苦的付出认为是理所当然，不珍惜学习机会，不考虑今后回报父母。还有些大学生自由散漫惯了，我行我素，凡事从个人意愿出发，反对规章制度对个人行为的约束。他们以自己为中心，全然不顾及别人，不顾及公众，自然无视必要的规章制度。另外，一些大学生由于在义利观问题上进入误区，对个人道德品质要求甚低，不再追求远大理想和高尚人格，而是“一切向钱看”，对于前途，也只是着眼于怎样去找一个可以多挣钱的工作而已，急功近利。在这样一种道德价值取向的指引下，其行为规范必然扭曲。

2. 学校对文明修身教育的实效性重视不够

大学生乱丢果皮、废纸等不文明行为，具有多种原因，它与基础教育密切相关。长期以来，我们的基础教育讲分数太多，讲空洞的理论太多，贯彻文明习惯的养成太少，以致出现中学教材内容过深，大学校园文明太差等现象。在一段时间里，有不少高校较多地注意了向学生传授科学文化知识，往往以考试分数高低来衡量教学的成败和学生的好坏，把“知识”作为评判教育教学质量的唯一标准，忽视了学生素质的全面提高，尤其忽视了培养学生学会“怎样做人”这一至关重要的问题，而且目前的教育体系中又缺乏行之有效的公德教育和身心健康教育评价机制。在中小学阶段，学校片面追求升学率，只重视

学生分数，使部分娇生惯养中长大的孩子，缺少文明自律意识和社会公德心。升入大学后，大学的文明修身教育也没能起到很好的补救作用，甚至有的高等学校师德建设落后，很多教师没有起到为人师表的表率作用，于是大学生的很多个人行为问题就暴露了出来。这些问题看似是学生个人的问题，实则折射出教育体制重智育、轻德育的现象。

3. 不良的社会环境影响

没有文明的环境，培养不出文明的人。环境对于一个人的成长具有潜移默化的影响。社会主义市场经济的确立使人们的思想发生了巨大的变化，但市场经济的负面效应对学生树立正确的世界观、人生观、价值观也造成了一定冲击。大学生面临着大量西方文化思潮和价值观念的侵袭，某些生活方式对大学生产生消极影响。在当前一片“知识经济”的呼声中，人们几乎已忘记教育的本质，忽视了道德的约束，过分推崇经济的价值观占据了绝对的主导地位，而“诚实”“正直”“关爱”等美德在一些人眼里却成了古董。由于社会竞争日趋激烈，由竞争衍生出来的损人利己、唯利是图、金钱至上以及享乐主义、极端利己主义在学生中产生了较大的影响，致使不少大学生价值取向扭曲，走上了违法犯罪的道路。

4. 家庭文明修身教育的缺失

当代大学生多数为独生子女，许多家长采用“小太阳”式教育方法，孩子基本上是衣来伸手、饭来张口，想要什么就买什么，想做什么就做什么，长期处于家庭的百般呵护之下。部分生活条件优裕的家长在教育子女的问题上存在某些错误的观念，他们明确表示要用金钱铺路，使孩子能够出人头地，只要子女学习好，其他都不重要。这些在娇纵中长大的大学生，缺乏文明修养的实践锻炼，他们常常以自我为中心，缺乏良好的个人生活习惯，缺乏公共道德意识和基本常识，缺乏文明意识和行为自律。因此，学生家庭环境不良影响和文明修身教育的缺失是造成学生道德品质不良和没有养成文明习惯的重要原因之一。根据某少管所对少年犯罪的原因的调查，这些走入歧途的青少年，来自父母行为不检点家庭的占27.5%，不廉洁家庭的占26%，不健全家庭的占30%，不和睦家庭的占70%。因此，可以说个人良好的素养与和谐的家庭环境就像人和影子一样密不可分。

5. 沉迷于网络带来的消极影响

目前网络生活已经成为大学生活的一部分，网络中丰富多彩的游戏、大量的信息极大地激发了大学生们的好奇心和探索欲，然而沉迷于网络却不利于大学生良好健康性格的形成。“网络社会”中人机系统高度自动化、精确化，但缺少人情味，容易导致人们对现实生活中的他人和社会漠不关心；网络文化中，诸如网络电影、游戏等许多充斥着暴力、凶杀和色情等不健康内容，痴迷于此的大学生容易形成冷漠、无情和自私的性格。加之缺乏有效的网络监控运行系统，享乐主义、拜金主义等腐朽的生活方式、价值观念大量涌入，色情、暴力和种族主义宣传、民族歧视、侮辱性言论等文化垃圾的倾销，侵袭着意志薄弱、信念不坚定的大学生的心灵，使他们的人生观、价值观、道德观发生扭曲和错位，最终可能导致一些人逐渐走向堕落。

自中共中央2001年颁布《公民道德建设实施纲要》（简称《纲要》）以来，全体社会成员的文明素质，特别是大学生的行为素养问题再次受到高度关注，《纲要》的颁布实施对形成追求高尚、激励先进的良好社会风气，保证社会主义市场经济的健康发展，促进整个民族素质的不断提高具有十分重要的意义。教育部2005年3月25日印发《高等学校学生行为准则》，对大学生不文明行为提出指导性意见，内容涉及个人服饰、卫生等外在形象要求和诚实信用、谦虚和善、待人有礼、举止得体等内在品质要求，涵盖行为礼仪、道德规范、法律制度三个层次。基层针对大学生文明修养开展教育活动已不是一朝一夕的事，如2011年中共云南省委宣传部依据“要把社会主义核心价值体系融入国民教育和精神文明建设的全过程”这一方针，结合大学生思想实际和肩负的历史使命，积极构建当代大学生核心价值观，努力把大学生锻造成为中国特色社会主义事业合格建设者和可靠接班人。然而，大学生不文明行为还普遍存在，并且目前已有的矫正方法大都没有显著效果。本篇将把文明的“知”与“行”切实落实。通过寻找我们身边生活学习中存在的不文明行为，引发学生思考，从而改变学生的道德认知，在此基础上改变学生的行为；其次，通过自我实践，完成大学生思想道德素质的自我提升，抵制不文明行为，从我做起。将文明行为养成中的他律转化为自律，从而形成良好的道德行为。

5.2.2 培养大学生文明行为意识

1. 责任意识培养

高校要运用多种途径把公民责任意识渗透到大学生日常生活中，并以“人人参与和谐校园文化创建”为抓手，开展责任感教育。一是通过高校课堂以理论为认知基础，明确责任重于山；二是通过开展社会实践活动，培养担当意识；三是通过进行活动总结和反馈心得体会，深化体验，强化责任感。

2. 独立学习意识培养

学生始终是高校工作的中心，有效调动学生自主学习的意识需要努力做好以下几方面的工作：一要创新课堂教学形式，教学内容的深入和可理解性、教学方法的创新等可以调动学生学习的热情和需要；二要坚持学院、系部、班级三级管理制度，有效开展学生评教、教师评学，以此作为了解学生学风动态的直观依据，建立良好的班风、学风；三要让学生明确学习任务，掌握科学的学习方法，增强自主学习的能力；四要帮扶团队，以独立自主性较强的学生带动自主性较差的学生，发挥榜样作用。

3. 自我管理和自主教育意识培养

大学生自主教育是指大学生为了形成良好的道德品质而自觉进行的思想转化和行为控制活动，是大学生为实现发展目标而进行的自主培养活动。自我管理和自主教育意识培养要按照大学生的身心发展阶段予以适当的引导，充分促进他们提高思想品德的自觉性、积极性，进行成就感和挫折感的激励教育，帮助学生树立高尚、理性的目标，引导他们把教育者的要求和道德教育的影响转化为学生个体的思想意识和道德规范。

4. 应用型高校大学生职业意识培养

要使学生能够与行业、企业实现无缝对接，就必须进行职业养成教育，这是应用型本科高校教学中不容忽视的一环。高校在理论教学中既要结合专业特色传输职业教育理念，也需要提供职业意识养成教育的环境和为学生创造更多的实践机会。高校可以借用互联网传递行业的前沿信息，引导学生了解最新动态；利用宣传栏、展板展示与行业相关的活动和知识；利用办公室和教室悬挂名人照片、语录，培养学生树立正确的人生观和价值观；利用课外活动机会邀请行业专家进行专题讲座；也可以利用社会资源，通过校企合作建立就业实习基地让学生参与社会实践，在实习岗位上将所学知识与工作紧密结合。

5.2.3 实践步骤

1. 首先让学生认真学习学校制定的学生手册，使同学们了解学校对于大学生文明行为的规定，然后针对要求写方案，了解方案的写作方法，认真制定方案，符合规范要求，且要有创新点。

2. 以小组为单位编写剧本。

3. 以组为单位相互讨论评选剧本，让学生理解道德在社会活动中的重要性。

4. 选择1~2篇优秀剧本组队进行编排。

5. 选送 1~2 组参加“播种道义，收获温馨道德”情景剧比赛。

5.2.4　实践的形式

1. 通过集中讲授的方式，给学生解读“文明之旅”的意义，明确本项目的内涵和外延，在实践过程中如何组织和操作及相应作业要求。

2. 以小组为单位进行“不文明行为大搜罗”——我的发现实践活动，要求同学在日常学习和生活中留意发生在身边的不文明行为，进行监督并用相机、手机等拍摄工具记录下来，同时也要提醒他们注重自身文明修养的培养和践行。

3. 通过“我的发现”这一环节，将自己收集到的典型文明案例和不文明行为向班级同学进行展示，在展示的过程中与同学分享自己的心得，并以书面的形式表达出来，由指导老师给予评定，以便在今后的行为中予以参考，进一步培养大学生的道德行为。

4. 通过“我的展示”这一环节，与校级德育特色活动“播种道义，收获温馨”相结合，发动整个年级的同学以小组的形式，根据实践主题及当前时事和社会热点编辑成各具特色的情景剧，既考查学生理论与实践结合的能力，也训练学生对社会的关注度和责任担当意识，同时培养学生的语言表达能力、表演能力和团队写作能力。

5.2.5　学时安排

6 学时

5.2.6　考核评估

具体要求为：

1. 各组长提交的实践主题材料真实有效，且有至少 3 次课外阅读记录。记录材料详实准确、严谨规范，优秀的予以加分，基本达到要求的不加减分，未达到要求的减分。

2. 感想内容必须是原创，字数不少于800字，且中心思想明确，内容上有独到的观点呈现，一定要表达内心真情实感。

3. 指导教师根据学生的感想内容给予成绩评定，成绩评定为百分制。成绩评定根据学生观看影像以及小组讨论的情况由小组长和教师评定，其评分权重为小组长占70%，指导教师占30%。小组长的成绩由组员和教师评价，其权重为组员占70%，指导教师占30%。

具体评分标准如下（表5-1）：

表5-1 文明之旅评价表

得分	等级	具体指标
90分及以上	优秀	中心突出、内容详实、感受真切、结构严谨
80—89分	良好	中心明确、内容合理、感受真实、结构完整
70—79分	中等	中心基本明确、内容单薄、感受较为真实
60—69分	及格	中心基本明确、内容简单、部分感受较为真实
60分及以下	不及格	中心不明确、没什么内容、存在杜撰或抄袭现象

5.3 实践项目一：文明感悟

5.3.1 实践目的与意义

文明是人类进步的象征，是传承民族精神的纽带，是开启人类智慧的钥匙。

“文明感悟”实践项目通过组织学生参观历史名胜古迹、直面人类文明遗址、学习经典名著等活动，深刻体会文化文明内涵，增强大学生的文明意识，培养他们的文明素养。

5.3.2 实践难点

1. 如何组织学生有序认真地参观历史名胜古迹。

2. 如何引导学生将这次活动真正内化于心、外化于行。

5.3.3 实践方法

参观历史名胜古迹、阅读经典名著、分组讨论总结。

5.3.4 学时安排

3 学时

5.3.5 实践要求

1. 指导教师可以组织学生参观历史名胜古迹，或介绍学校附近的人文古迹让学生自己组织参观，如重庆磁器口、中山古镇、乌江古镇等。推荐经典名著书目：《老子》《中庸》《孙子兵法》《西方哲学史》《人类理智研究》《论美国的民主》《正义论》《道德情操论》《理想国》等。

2. 实践教师要做好组织、协调工作，将责任落实到个人，以保证项目任务按时完成。

3. 实践活动后学生交流，并把感想书写于 A4 纸上，注明班级、学号与姓名。完成后，由各班学习委员统一收齐后交给实践指导教师批阅。

4. 活动一定要注意安全，提前做好安全预案。

5.3.6 考核评估

成绩评定根据学生实践活动的情况由小组长和教师评定，其评分权重为小组长占 70%，教师占 30%。小组长的成绩由组员和教师评价，其权重为组员占 70%，教师占 30%。

5.3.7 学生实践案例

表 5-2 文明感悟一

姓名	×××	学号	201422106	班级	会计一班

美丽山河

在我眼里，文明是一朵花，但我明白，一枝独秀不是春；在我眼里，文明是一棵树，但我知道，独木不成春，文明是靠大家共同努力创造出来的。

通过游历祖国各地的名胜古迹，我深切感悟到我国几千年来不仅有优美的地理环境，也创造了灿烂的人文文化，形成了高尚的道德准则、完整的礼仪规范，被世人称为“文明古国，礼仪之邦”。任何一个文明社会，任何一个文明的民族，人们都是十分注重文明，文明社会需要文明的我们，文明也时刻在我们身边激励和要求我们随手捡起被丢在地上的垃圾、坐公车时主动给老人让座等。

鲁迅先生在《文化偏至论》中说，中国欲存争于天下，“其首在立人，人立而后凡事举”。意思是说中国如果想要存活并且统领天下，必须要先完善百姓的思想和文明修养，只有百姓的思想和文明修养提高了，才能完成其他的事情。

国之欲立，必立人民，民之欲立，必修文明。只有培养高素质的国民，才无愧于“文明古国，礼仪之邦”之称。

成绩评定	92	成绩评定人	×××

表 5-3 文明感悟二

<table>
<tr><td>姓名</td><td>×××</td><td>学号</td><td>201422202</td><td>班级</td><td>14 财务管理二班</td></tr>
<tr><td colspan="6">文明的海洋
文明是经过漫长历史发展沉淀下来的人类优秀的物质和精神成果，能够加深人类对客观世界的适应和认知，符合人类精神追求，被大多数人认可并接受。
言谈体现一个人的风度，举止体现一个人的素质。礼仪是人类文明进步的重要标志，是适应时代发展，促进个人进步和成功的重要途径，礼仪也是中华民族重要传统成果之一，中国向来以礼仪之邦自居。随着改革开放的深入和经济的发展，中国与国际接轨的步伐越来越快，我们更应该并且需要展示文明之风，这就体现在与人交往的言谈举止中。
文明是水，流淌在那悠久的五千年历史中；文明是永不熄灭的火种，相传在代代炎黄子孙的手中。文明是发动机，正在推动社会的进步。作为大学生的我们不仅要专心于理论研究，也要付诸实践，践行社会主义核心价值观，为改掉社会的不良风气，树立清风正气，尽自己的责任和义务。因而我们无论在家、在校园还是任何公共场所都要时刻注重培养这种文明素养。
一个有素质、有道德、懂礼仪的人必定会引来旁人的赞许和祝福。即使你很平凡，你的文明举止也会为社会的文明带来正能量的效应。
社会的全面进步不仅体现在物质的发达、技术的先进上，而且需要陶冶完美的情操、高尚的人格。促进全社会成员健康人格的构建，需要重视礼仪，让人们心灵相通，友好相处，在和谐的社会生活中获得精神上的愉悦，心灵上的满足。这就需要我们在弘扬民族优秀的传统礼仪基础上，建设体现时代要求的文明礼仪，让中国在成为经济强国的同时，也成为新世纪的文明之邦。</td></tr>
<tr><td colspan="2">成绩评定</td><td>92</td><td colspan="2">成绩评定人</td><td>×××</td></tr>
</table>

表 5-4 文明感悟三

<table>
<tr><td>姓名</td><td>×××</td><td>学号</td><td>201422123</td><td>班级</td><td>14 财务管理一班</td></tr>
<tr><td colspan="6">

传统美德

文明美德就如一泓清泉，可滋润我们的心灵，给予我们心灵的慰藉。文明的社会需要文明的我们。中华民族自古以来都是一个讲究品德教育，注重个人修养的民族。一个甜美的微笑，一种执着的追求，一次慰藉人心的宽容，融汇成美德赞颂曲上一个个拨动人心的音符。

文明涵盖了人与人，人与社会，人与自然之间的关系，它的作用，一是追求个人道德完善，二是维护公众利益和公共秩序。

中国古语说：“百善孝为先。”意思是孝敬父母是在各种美德中占第一位的，很难想象，一个不热爱父母的人会热爱祖国和人民。“老吾老，以及人之老；幼吾幼，以及人之幼。”我们不仅要孝敬自己的父母，还应该尊敬别的老人，爱护年幼的孩子，在全社会形成尊老爱幼的淳厚民风，这是我们新时代大学生的责任。

“春蚕到死丝方尽，蜡炬成灰泪始干。”中华民族自古就有尊敬师长的优良美德，在我国历史上，最早开创私人讲学的孔子，据说弟子三千，学有所成的有“七十二贤”。作为新中国的伟大领袖毛泽东不忘师恩的故事，更给我们树立榜样，留下美谈。毛泽东回到阔别已久的故乡，请韶山的老人们吃饭，亲自把自己的老师让在首席，向他敬酒，表达自己对老师的敬意。

孟德斯鸠曾说：在一个人民的国家中还要有一种推动的枢纽，这就是文明美德。

</td></tr>
</table>

成绩评定	90	成绩评定人	×××

文明之旅

姓名	王蕊	学号	201621128	班级	会计一班

图一

图二

图一为张家界武陵源风景名胜区，武陵源地区在区域构造体系中，处于新华夏第三隆起带，在地质历史时期内大致经历了武陵—雪峰、印支、燕山、喜山及新构造运动，印支运动塑造了武陵源地区的基本构造地貌格架，而喜山及新构造运动是形成武陵源奇特的石英砂岩峰林地貌景观的最重要的内在因素之一。

图二为黔江区小南海，小南海原名小南海，位于黔江区境内，县城北32公里处，面积约30平方公里，是一个融山、水、岛、峡等风光于一体的高山淡水堰塞湖泊景区，人称"渝东明珠"、"人间仙境"，小南海是国内保存最完整的一处古地震遗址。

我觉得人的一生应该不停地出去走走看看，不断充实自己，而在旅游中我们也应该做到文明旅游，不随地乱扔垃圾，不在各处乱涂乱画这都只是基本的，我们更应该做到不随意投喂小动物，不在公共场合大吼大叫。文明旅游不仅开心了自己也方便了他人。

文明旅游，做一个合格的大学生，让我们的举手之劳使这些地方更加美丽！

成绩评定	81	成绩评定人	

图 5-1　文明感悟四

5.4 实践项目二：文明情景剧

5.4.1 实践目的与意义

文明情景剧实践项目组织学生在实践项目一的基础上，把文明这一主题以情景剧的形式展现出来。指导教师可以引导学生根据历史素材和现实事件编写剧本，再分角色进行表演。本实践旨在通过表演把文明内涵用生动的情景剧展现出来，以此更加形象地加深同学们对这一主题的理解。既锻炼了学生们的团队合作精神，又锤炼了学生们的语言表达能力和表演能力。

5.4.2 实践难点

如何组织学生选择具有价值和意义的情景剧主题，既不能过于娱乐化又要避免空洞化；如何引导学生将这次活动内化于心、外化于行。

5.4.3 实践方法

以历史经典事例、社会现象和自我修炼为主题，组织排练，最终比赛结果择优评选并给予奖励。

5.4.4 学时安排

5 学时

5.4.5 实践要求

1. 指导教师可以组织学生分组准备，指导主题选择、编剧和表演工作。

2. 实践指导教师要做好组织、协调工作，将责任落实分配到个人，以保证项目任务按时完成。

3. 以思政部为主办单位，与各院系协调合作，开展情景剧评比活动。

4. 活动一定要注意安全，提前做好安全预案。

5.4.6 考核评估

成绩评定根据学生实践活动的情况由小组长和教师评定，成绩评定采取百分制，其评分权重为小组长占 70%，教师占 30%。小组长的成绩由组员和教师评价，其权重为组员占 70%，教师占 30%。

5.4.7 学生实践案例

图 5-2（a）：历史情景剧《陶行知》

图 5-2（b）：历史情景剧《陶行知》

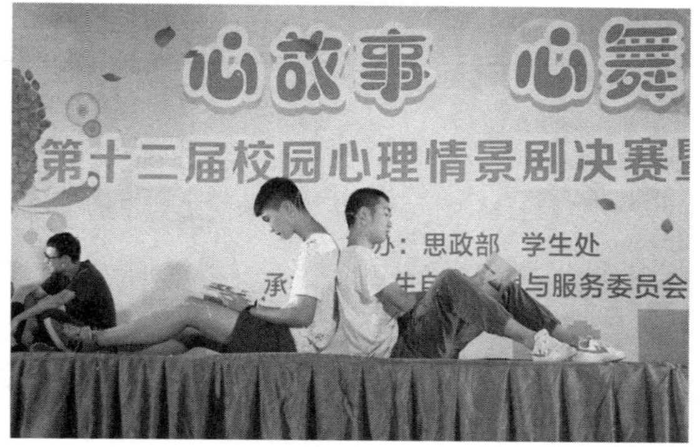

图 5-3（a）：心理情景剧《我的星空不下雨》

图 5-3（b）：心理情景剧《我的星空不下雨》

表 5-5　情 景 剧 三

姓名	×××	学号	201422202	班级	15 经统二班

道德情景剧《扶起他》

主要人物：

旁白：王美玲　任平察：唐杰　司机：霍桂李

路人甲：谭淇淋　路人乙：谭文路　霍磊峰：杨志丹

医生：张怡　总结：陈晓更

剧本：

旁白：某周五，下课后任平察匆匆地往家里赶。

续表

任平察（气喘吁吁）：“又是一个美好的周末，亲爱的 LGL 我来啦！”（动作夸张地跑） 旁白：一辆开得歪歪扭扭的车急速驶来，一心急着回家的任平察不幸被车撞上了。任平察倒地，转两圈，腿动两下。司机下车（醉醺醺，打嗝）：“你，你为什么撞我车？” 司机（突然清醒）：“是……是我撞人了??!!”（跑过去看一下，颤巍巍地）：“你……还好么？”（半晌没反应） 司机紧张地转圈，挠头：“这可怎么办？可能出人命了，我不能坐牢。家里还有房屋贷款呢！小兄弟，你人品不好，对不住了！”（咬牙跺脚走人） 旁白：不一会儿，第一个路人走过。 路人甲（书呆子，戴着眼镜，看着书，背书包，不慎被绊倒）：“哎哟——”回头（怒气冲冲）：“你怎么睡在马路上？你以为你是卧轨的孩子啊？”（起身拍拍，一看不对劲）：“哇！真是卧轨的啊？不不……是被人撞到啦！这可怎么办？送他去医院？家属赖上我怎么办？我什么都没看见，我什么都没看见……”（摘眼镜，扮盲人，伸手四处摸索下场） 旁白：又过了一会儿，第二个路人经过。 路人乙（戴耳塞，帽子）：“嘿，哥们儿，你在玩诈死吗？哟，一动不动的，蜡笔小新比你差远了。”（在旁边比画 hip hop，蹲下摆手）：“哟哟哟——你太专业了，嘿，我跟你说话呢。”（探头过去，惊坐地上）：“天哪！”（拿起手机想拨打，停下）：“不行，这样我脱不了干系。”（对任平察）：“兄弟，对不起，手机没话费，打不成 120。”（落荒而逃） 旁白：又过了一会儿，第三个路人经过。 霍磊峰（骑单车，转一圈）：“嗯？同学，你怎么了？你在证明你有多热爱这片土地吗？”下车，走近：“同学？同学？呀！被撞伤了！”（掏出手机） 旁白：霍磊峰拨打 120。忙音……旁白：霍磊峰拨打当地医院急救电话，空号。 霍磊峰：“搞什么啊？唉！救人要紧！”（扶起任平察） 旁白：不一会，他们来到附近的医院。 霍磊峰搀扶任平察，把任平察放在凳子上：“医生！医生！救命啊！”

续表

<table>
<tr><td colspan="4">医生（慢悠悠地走出来）：“我能为你做点什么吗?”
霍磊峰：“医生，快救救他！他被车撞了！”
医生：“是吗？哟，挺严重的嘛！”
霍磊峰：“医生你快救救他吧！”
医生：“你带钱了吗?”
霍磊峰：“没带。”
医生：“那我没办法了，医院规定，有钱才救人，没钱嘛……嘿嘿，抱歉了。”
霍磊峰：“医生，你先救人，我去取钱给你好不好?”
医生：“你要是跑了我不就白救了吗？我这工作还要不要了？一句话，见钱才救人!”
霍磊峰（愤怒地）：“你……你……好！我去取钱！要多少?!”
医生：“先取五千来吧，速度要快，要是来慢了，他可能就……”
霍磊峰下台。旁白：霍磊峰去银行把勤工俭学的积蓄取了出来。
霍磊峰：“医生，给你!!”
医生：“嘿嘿，好。开始工作!”
任平察被送进了手术室。
总结：道德是一种社会意识形态，是人们共同生活及其行为的准则与规范。道德虽然离不开行为，但行为总是由思想支配的。所以从根本上说，道德是人的精神境界。每一种道德体系总是围绕一种道德精神，道德精神是道德的灵魂，而传达道德精神的载体是道德原则，道德灵魂就存在于道德原则之中。伸出你的手，足以使一个生命苏醒，停住你的脚，足以使一份道德重现。</td></tr>
<tr><td>成绩评定</td><td>98</td><td>成绩评定人</td><td>×××</td></tr>
</table>

5.5 实践项目三：建设文明校园主题演讲

5.5.1 实践目的与意义

“建设文明校园主题演讲”实践项目通过组织学生收集社会和校

园文明行为或不良行为，让大学生自己去发现现实中的真善美和假恶丑等行为，进行演讲辩论、评比奖励，从而提高学生是非判断能力，践行良好的文明行为，提升自身的文明素养。

5.5.2 实践难点

如何组织学生正确地选择演讲主题，如何使学生通过本活动获得更加客观理性的评价意识，如何让学生避免主观认知的局限性，对现实中存在的不良现象不过于放大或极端悲观失望。

5.5.3 实践方法

选择主题、组织排练、最终比赛择优评选并给予奖励。

5.5.4 学时安排

5 学时

5.5.5 实践要求

1. 教师可以组织学生分组准备，指导学生恰当选择演讲主题。

2. 实践教师要做好组织、协调工作，每组指定一名小组长，将责任落实到每个成员并分工负责，以保证项目任务按时保质保量完成。

3. 以思政部为主办单位，与各院系协调合作，开展情景剧评比活动。

4. 活动一定要注意安全，提前做好安全预案。

5.5.6 考核评估

成绩评定根据学生实践活动的情况由小组长和指导教师评定，采取百分制，其评分权重为小组长占 70%，指导教师占 30%。小组长的成绩由组员和教师评价，其权重为组员占 70%，教师占 30%。

表 5-6 校园文明主题演讲评分表

得分	等级	具体指标
90 分及以上	优秀	主题突出、内容充实、感受真切、结构严谨、有创新性
80—89 分	良好	主题明确、内容合理、感受真实、结构完整、有一定的创新性
70—79 分	中等	主题基本明确、内容单薄、感受较为真实
60—69 分	及格	主题基本明确、内容简单、部分感受较为真实
60 分及以下	不及格	主题不明确、没什么内容、存在杜撰或抄袭现象

5.5.7 学生实践案例

图 5-4 校园文明主题演讲

图 5-5 校园文明宣传手抄报

5.6 实践项目四：社会文明大行动——发扬传统美德

5.6.1 实践目的与意义

“社会文明大行动——发扬传统美德”实践项目通过组织学生到校外实践基地和偏远山区传承和发扬传统文明美德，让大学生通过社会实践去践行中华文明的传统美德，培养敢于担当的责任之心，勇于奉献社会的高尚素养，从而树立大格局的文明意识。

5.6.2 实践难点

如何组织学生到各实践基地有效开展实践活动，使活动更具有价值和意义并客观理性地评价；学生在实践基地是否能够很好地配合基地工作人员开展工作；活动是否能收到长期成效。

5.6.3 实践方法

组织学生定期到实践基地做志愿者，假期到偏远山区支教，实现知行合一。活动结束后做学期宣讲汇报，让更多的大学生感受、分享、学习。

5.6.4 学时安排

5 学时

5.6.5 实践要求

1. 将全班同学分为若干个小组，教师指导学生选择主题、收集资料并进行汇报等。

2. 实践教师要做好组织、协调工作，每组指定一名小组长，落实责任到每个成员并分工负责，以保证项目任务按时保质保量完成。

3. 以思政部为主办单位，与各院系协调合作，进行社会文明大行动评比活动。

4. 活动一定要注意安全，提前做好安全预案。

5.6.6 考核评估

成绩评定根据学生实践活动的情况由小组长和指导教师评定，采取百分制，其评分权重为小组长占 70%，教师占 30%。小组长的成绩由组员和指导教师评价，其权重为组员占 70%，指导教师占 30%。

表 5-7 社会文明大行动评分表

得分	等级	具体指标
90 分及以上	优秀	主题突出、实践内容充实、汇报感受真切、结构严谨
80—89 分	良好	主题明确、实践内容合理、汇报感受真实、结构完整
70—79 分	中等	主题基本明确、实践内容单薄、汇报感受较为真实
60—69 分	及格	主题基本明确、实践内容简单、部分感受较为真实
60 分及以下	不及格	主题不明确、没什么内容、存在杜撰或抄袭现象

5.6.7 学生实践案例

镜头一：到社会实践基地开展义教

图 5-6 支教志愿者走进金鼎山镇中心小学

镜头二：在留守儿童之家支教

图 5-7　在留守儿童之家支教

镜头三：关 爱 老 人

图 5-8　去敬老院关爱老人

实践案例点评： 通过文明实践系列活动，同学们收获很大，对文明的认识有了进一步提升。文明不仅仅是对先人优秀文化和品质的传承，而且体现在现实社会中如何践行和发扬。随着时代的不断进步发展，文明的内涵和外延也在加深加宽，由以往的人与人之间的社会积极关系，到新时代的人与人之间、人与自然之间及人自身内在的关系。

建议指导教师可结合十九大提出的“政治文明、经济文明、文化文明、社会文明和生态文明”的五位一体进一步深化实践主题，引发学生更深层次的思考。

5.7　教学拓展案例

拓展案例 1　在新时代点亮爱的火把

一、案例文本

2013 年 12 月 5 日，国际志愿者日，华中农业大学两万余名志愿者收到一份沉甸甸的礼物。中共中央总书记、国家主席、中央军委主席习近平给华中农业大学“本禹志愿服务队”回信指出：“得知你们在徐本禹同志感召下，积极加入青年志愿者队伍，走进西部，走进社区，走进农村，用知识和爱心热情服务需要帮助的困难群众，坚持高扬理想、脚踏实地、甘于奉献，在服务他人、奉献社会中收获了成长和进步，找到了青春方向和人生目标，感到十分欣慰。”“历史和现实都告诉我们，青年一代有理想、有担当，国家就有前途，民族就有希望，实现中华民族伟大复兴就有源源不断的强大力量。”

徐本禹，1982 年 4 月出生于山东聊城的一个贫穷的农村家庭，他的父亲当了一辈子小学教师，最多的时候每月能拿到 270 元的工资，最少的时候一个月只有十几元，直到 2003 年转为正式教师后基本工资才到了 800 元。这点工资几乎就是全家的收入来源。

1999 年，徐本禹考入华中农业大学。他端过盘子，扛过书架，做过家教，也受到过许多好心人的帮助。“我一直告诉自己，别人给我一口饭，我一定要还别人一碗肉！”大学四年，徐本禹用自己的奖学金和生活补助资助了 5 名贫困学生。

做家教时偶然看到一篇对贵州岩洞小学的报道，这改变了徐本禹的人生轨迹。2002 年暑假，他和 4 名志愿者来到了岩洞小学。虽然只停留了 23 天，返回母校后，他却常常接到来自岩洞小学的信。孩子们的惦念让徐本禹“感到了一种被需要”。

2003 年，在得知考研成绩的当晚，徐本禹第一次失眠了。“当时成绩很好，是可以公费读研的。”当得知学校不能为他保留研究生入学资格时，徐本禹作出一个重要的决定——放弃读研，去岩洞小学当一名支教老师。“年轻的时候应该做自己想做的事情。”徐本禹说。

起初，父亲对于徐本禹放弃读研的选择“很生气”。说服了家人后，徐本禹带着自己省下的 2700 多元奖学金，踏上支教之路。让他惊喜的是，母校决定破例为他保留两年研究生资格，支持他去做一名全日制志愿者教师。

初到狗吊岩村，徐本禹住在村主任家。狗吊岩村没有通电，只有煤油灯和蜡烛陪伴徐本禹度过每一个黑夜。

此时，岩洞小学已经搬到爱心人士捐建的两层小楼。然而，和有所改善的硬件条件相比，孩子们的学习基础之糟糕让徐本禹焦急万分：“我真不知应如何教起。”

寂寞是支教生活最大的敌人。有时，徐本禹从睡梦中醒来，发现枕巾都被泪水打湿了。有一次因为实在“太孤独”，徐本禹提前一周跑回了武汉。但他并没有想过半途而废：“既然做了这个选择，就要坚持到底，不能做一个逃兵。”

慢慢地，徐本禹找到了排解寂寞的方式，比如写信、写日记、去学生家家访。“和学生在一起就会很开心，去家访他们还会给我拿很多好吃的。”徐本禹笑道，“当你的心融入当地，孤独寂寞就会少一些。”

2005 年 8 月 8 日，徐本禹的支教生活正式结束。这一天，孩子们流着眼泪，唱歌送别徐老师，“我走之前，学生把亲手采摘的野花送给了我，很多很多，我抱也没有抱完。”

2007年1月，徐本禹再次踏上志愿服务的征程，作为中国青年志愿者赴津巴布韦进行为期一年的志愿服务。2008年8月，徐本禹成为北京奥运会赛会志愿者。

徐本禹说，如果青春再来一次，他还是会这样选择。

“如果眼泪是一种财富，徐本禹就是一个富有的人，在过去的一年里，他让我们泪流满面。从繁华的城市，他走进大山深处，用一个刚刚毕业的大学生稚嫩的肩膀，扛住了倾颓的教室，扛住了贫穷和孤独，扛起了本来不属于他的责任。也许一个人的力量还不能让孩子眼睛铺满阳光，爱，被期待着。徐本禹点亮了火把，刺痛了我们的眼睛。”这，是2004年“感动中国”年度人物关于徐本禹的颁奖词。

徐本禹语录

“少说一点，多做一点。”

“我愿做一滴水/我知道我很微小/当爱的阳光照射到我身上的时候/愿意无保留地反射给别人。”

“希望自己像根火柴，点燃千千万万人的爱心。”

“别人说是我感动了很多人，其实是很多人感动了我。”

“首先是我自己想去做的，条件差才需要我，不想半途而废。”

“荣誉是我交公的，我把自己看成一个平常的人。”

“除了感动之外，更需要做的是行动。不仅要有爱心，也要有毅力！”

资料来源：百度百科；《徐本禹：支教改变人生》，《中国青年报》2012年8月28日。

二、案例诠释

徐本禹的事迹可感、可知、可学，既典型又鲜活。从他的身上，我们可以看到艰苦奋斗与自强不息，面对家庭的贫困，不抱怨，不消沉，始终保持积极乐观、昂扬向上的精神状态；也可以看到积极进取与勇于拼搏，在努力掌握专业知识的同时，积极投身社会实践，用自己的行动践行自己的誓言；更可以看到关爱他人与无私奉献，从繁华的城市，他走进大山深处，用自己稚嫩的肩膀，扛住了倾颓的教室，扛住了贫穷和孤独，自觉承担社会责任，积极为社会公益事业贡献自己的一分力量。

个人是社会中的个人，社会是个人组成的社会。作为新时代的青年，我们要正确认识个人与他人、个人与社会的关系，自觉承担社会责任，把自己融入现实世界之中，在奉献社会的同时实现人生梦想。徐本禹的事迹就是一个最好的诠释，他用自己的行动表明了当代大学生实现自己人生价值的方式。

拓展案例 2　大学校园十大不文明行为

一、案例文本

E 网情深。只怕狂热的冲动战胜理智，偏激的思想占据上风，网络从善解人意的朋友变成误入歧途的诱惑——通宵上网、沉迷于网络游戏、看黄色网站，都因痴迷上网而荒废了学业。遥想当初网络任我游是何等快意潇洒，等到期末考试盏盏红灯高高挂才知是得不偿失。

幕后语：网络是把双刃剑，正确使好，别伤了自己又伤害他人。

处处有情。大学校园成了孕育爱情的暖巢，孕育了无数对“鸳鸯”。无论何时走在校园里，只要你一抬头，一对对情侣便映入眼帘。晚自习进行中，一对情侣感情好到忘了场合，倾情而动，卿卿我我；教室、食堂等公共场所，也成了情侣们表达爱的“圣地”，只怕见着的同学都会好生尴尬吧！

幕后语：爱，但不要过火。

手机铃声交响乐。自习中，众人正捧着厚厚的课本苦读，突然，一阵急促的音乐响起：“你是电，你是光，你是唯一的神话，我只爱你……”，教室的气氛急转直下，接电话的人情急之下也是手忙脚乱，忘了还没出教室，边出教室边吼：“我在上自习呢！”图书馆中诸如此类的事也是屡见不鲜。哎，都快赶上电影《第601个电话》了！

幕后语：别忘了，手机是可以调成静音或振动模式的。

我为校园“添姿加彩”。在教室的课桌上、洁白的墙壁上以及学校的栏杆上处处都留下了学生的“杰作”，一些人把它们当作情感宣泄的河床。不仅如此，同学们丢弃的果皮纸屑也使课桌担当了“新型垃圾站”这一重要角色。

曾记否，那“意气风发”的太阳能热水读卡器，短短两年，“下岗”已过半，系统几近瘫痪。冬天来临时，幸存的热水供应点上，又排起了苦等的长龙。同病相怜的还有角落处的那些垃圾桶，饱受摧残，严重变形。

幕后语：雄才伟略勿乱用，愿君好好爱公物。

我的地盘我做主。大学素来都有占座的传统，尤其是年检逼近时。一番分析下来，有空调的教室为最优，地处阳面是其次，没暖气又位居阴面的作垫底。于是乎就有某君第一时间奔赴在前线，拎着一沓小册子，哗啦啦地占据一片座位。这还不算，如果你圈地完成，抓紧时间合理利用也罢，只是时间一分分过去，人也到齐了，那片“封地”却突然热闹起来——在聊天?!

幕后语：咱公平占座，资源合理利用！

抽自己的烟，让别人受去吧。校园里“吸烟一族”还不少呢，食堂、寝室、教室、会场……处处能见着他们的身影：嘴里叼着根烟，一阵烟雾缭绕，正在吃饭的无心思再吃饭，正在学习的无心思再学习，正在听报告的更没有心思了。不仅如此，调查表明，吸二手烟危害甚于吸烟，原来全校的师生都在接受香烟的毒害。

幕后语：损人损己之事，还是少干为妙。

你推我赶之挤车进行曲。当代大学生的英勇风采，在等车时可以一睹为快了。一辆公交刚驶来，几个勇猛的男生就以45度的角度向前冲，几乎都到马路中间了，车被迫停下，团团的人群立刻将车门死死围住，不时传来痛苦的呻吟和愤怒的责骂声。几个聪明的学生绕开人群，把车窗打开，将大包小包向车里扔，轻松地占到了位子……而不善于挤车的则被远远地甩在后面，此时哪还管得着女士优先、尊老爱幼！

幕后语：达尔文的“优胜劣汰”还真是应验了，互帮互助、谦让之事也被大家淡忘了。

当浪费成为一种习惯。洗手间里传来哗啦啦的水声，同学们你来我往却对此毫无反应，只留下脚步声为它“伴奏”；走廊上全天亮着的灯，教室里全部开着的灯光，似乎都默默地对当代大学生进行着讽刺——如今的学生节能意识竟是如此薄弱。

幕后语：从自我做起，倡导节能新风尚。

多出的记号，少了的页。问校园什么东西最沧桑，图书馆的书肯定在黯然自怜。一本书拿来，站的角度不同，各自认为的重点不同，你划一段，我划一段，顷刻间“斑马线”就形成了，更有甚者，直接在书上开起论坛，后面的人对“先驱”留下的笔记有异议，辩，又一段洋洋洒洒。还有些同学虽不好玩文字，但人家好复制粘贴，直接撕下心仪的那几页。所以，看书的时候，遇到前言不搭后语的内容，别急着怀疑自己的智商，先看看页码。

幕后语：常备铅笔，勿忘读书卡。

出口成“脏”。把脏话当口头禅的同学可真不少，似乎说脏话已成为一种习惯，甚至一种时尚。有的同学面对不文明行为时，为了表明自己持批判态度，便破口大骂，不曾想在鄙视不文明的同时也在制造不文明。还有些人在被问及为何吐“脏”时居然反问道：“你不觉得这样很酷吗?”吾国本为文明礼仪之邦，其大学生素质更应是高，然而，当你听到这些不和谐的声音时，又有何感想?

幕后语：别逞一时口舌之快，而夭折了校园文明之花。

二、案例诠释

泱泱中华，礼仪之邦。古老文明，当续辉煌。习惯对我们的生活有着重要影响，它在不知不觉、经年累月中影响着我们的品德。好的习惯可以成就一个人的美好未来，坏的习惯则可以改变一个人的命运。作为新时代的学子，我们要争当文明人，争说文明语，争做文明事，“以文明之行，兴文明之风”，让文明成为我们每个人的习惯。

古语云：“修身、齐家、治国、平天下”，文明不只是一种习惯，更是一种责任。“勿以善小而不为，勿以恶小而为之”，杜绝不文明行为同样是我们的责任。如果大家都对不文明现象熟视无睹，无形中将纵容不文明行为；如果大家都讲文明，关心和爱护校园文明，那么不文明的行为就会被孤立起来。为此我们倡议：文明学习，博学践行；文明守法，诚实守信；文明举止，言行得体；文明卫生，健康生活；文明上网，净化身心。

拓展案例 3　《狼图腾》里的人与自然

一、案例文本

电影《狼图腾》于 2015 年农历大年初一公映，再次让人们聚焦小说《狼图腾》。小说《狼图腾》2004 年出版后，10 年间国内再版 150 多次，正版发行近 500 万册（盗版估计千万册），被译作 39 种语言进入 110 个国家，创造了当今出版界的奇迹。《狼图腾》一出版就备受争议，表面看讲的是人与狼的故事，实际上更是关于人性、民族性的研究，特别是对人与自然关系的探讨，使小说更具现实性。小说结尾写道：“窗外突然腾起冲天的沙尘黄龙，遮天蔽日。整个北京城笼罩在呛人的沙尘细粉之中，中华皇城变成了迷茫的黄沙之城。”这就是近年来困扰华北尤其是京津冀的沙尘暴。这就是草原退化、沙化带来的恶果。加之近年的雾霾来袭，人们逐渐认识到人与自然和谐相处的重要与可贵。发达国家曾经走过的老路，我们正在走，竟然有人还没有认识到自己的可悲。

人与自然要和谐，草原的牛马羊与狼也要平衡，否则，受害的就是草原，就是草原的游牧民族。狼是不是草原游牧民族的图腾，或许还有待商榷。但是，狼在祸害草原的牛马羊时，也掌控着草原的生态平衡。没有了狼，草原就会失去生态平衡，草原就会陷入危机。在作家姜戎看来，草原铁骑正是学习了狼的战术、狼的精明，才能天下无敌。然而，人的疯狂、自我膨胀，甚至一些人已经没有了底线，根本不把自然规律放在眼里。人类正在遭受自然的惩罚，尝受自己造成的恶果。《狼图腾》写的草原退化、沙化及沙尘暴来袭，只是一个方面，如今有山皆秃有水皆污，生存环境越来越糟糕，生存的艰难，让人们越来越明白科学发展的重要与可贵。尊重自然规律，坚持科学发展，才是人类的生存之道。

资料来源：张魁兴：《〈狼图腾〉里的人与自然》，《湖北日报》2015 年 2 月 22 日。略有修改。

二、案例诠释

在大草原上，人与狼是一种相互依存的关系。狼维系着草原上的生物链与生态平衡，人向狼学习着生存技能。当贪婪的人类掠夺了狼群的储备食物之时，也就破坏了狼与人类之间的“默契”。种种平衡逐渐被打破，狼因为受到威胁与伤害而越发凶残，人们发誓要将狼群斩尽杀绝。最终，草原上的狼被剿灭了，人类胜利了，可是，他们也失去了自己的家园，不得不继续颠沛流离。

恩格斯就曾警告过：“我们不要过分陶醉于我们人类对自然界的胜利。对于每一次这样的胜利，自然界都对我们进行报复。”① 我们正在承受着这种恶果。生态兴则文明兴，生态衰则文明衰，在当代中国，建设生态文明，是一场涉及生产方式、生活方式和价值观念的深刻变

① 《马克思恩格斯文集》第 9 卷，人民出版社 2009 年版，第 559—560 页。

革。青年朋友们更应该明确，环境保护不仅仅是国家与政府的责任，也是我们每一个普通公民的责任。我们应提升环保意识，从自我做起，为促进人与自然的和谐发展做出自己的一份贡献。

5.8 推荐阅读

5.8.1 经典阅读1

红色文化：中国人的精神脊梁

大家都知道，在学习和日常生活中，我们几乎每天都能接触到这样一些词语和事物：红旗、红歌、红五星、红色电影、红色旅游、佩戴大红花，等等。由此不难领悟到：红色文化是一种以颜色标示其本质内涵的文化。从光学的角度说，红色是可见光谱中波长在630~750纳米的长波末端的颜色。由于它类似人体新鲜血液的颜色，所以中国人民往往赋予它以希望、热烈、勇敢、创造、奋斗、牺牲等象征意味。这种特定的颜色及其象征意味，恰好与我们党和人民的共同理想、品格情操、精神气质形成了异常完美的“同构”关系。中国人的思维和语言善用“比兴”，因而人们将中国共产党领导全国各族人民在长期革命、建设、改革进程中创造的以中国化马克思主义为核心的先进文化凝练地称为“红色文化”。显而易见，这一概念本身就是人民群众的一个伟大的文化创造！

应当说，红色文化较之于我们经常使用的革命文化、抗战文化、解放区文化、新民主主义文化、社会主义文化等，具有更加宽广的外延。在一些同志那里，一谈到中国红色文化，便仅仅与上海、嘉兴、南昌、井冈山、延安、西柏坡相联系，其实这是一种不全面的认识，因为那仅仅是历史上的红色文化。我们所说的红色文化，不仅上溯历史、涵盖现实，而且延伸到未来。这是一种大尺度的历史时代产生的蔚为大观的文化。它的上限，要追溯到五四运动爆发之前马克思主义传入中国的那一历史时刻。十月革命一声炮响，给我们送来了马克思列宁主义。从俄国人民的胜利，中国人民看到了实现民族复兴的希望。一时间，社会主义成了中国社会的一个热词。然而，并非当时所有谈论社会主义的人都是中国红色文化的创始者，也并非所有涉及社会主义的著述都是中国红色文化的滥觞。比如研究系的梁启超、张东荪，安福系的王揖唐，直至投机政客江亢虎、反动军阀陈炯明都在谈论社会主义。但是，他们或是虚与附和，或是貌合神离，或是有始无终，与后来形成的中国红色文化没有任何传承关系。真正可以被称为中国红色文化创始者的有两种人：一是当时中国先进知识分子的代表，如后来成为中国共产党早期领导人的李大钊、陈独秀等；二是从俄国归来的中国工人。真正可以被称为中国红色文化滥觞的有两个：一是先进知识分子的著述和演说，如李大钊的《庶民的胜利》《布尔什维主义的胜利》，陈独秀的《公理何在?》等；二是从俄国归来的工人在劳苦大众中对于俄国“穷人党”胜利一事的口头传播。至于中国红色文化的下限，目前还不能作出准确的估计，但是可以推断，即使是在实现中华民族伟大复兴以后，也要延续相当漫长的时日。这是中国历史上最为灿烂辉煌而且必将更加灿烂辉煌的文化，这是人类历史上夺人心魄而且必将更加夺人心魄的文化高峰！展望未来，即使人类社会到了阶级消亡、国家消亡的共产主义阶段，它作为人类走向真善美的一座巍峨的文化丰碑，也将千秋万代永存。在这座丰碑面前，后人将洒下感动、崇敬的热泪。

中国红色文化不是石头里面蹦出的神物，也不是凭空而降的天外来客。它的产生和发展有其深厚的文化来源和社会来源。其中，文化来源有三个：第一个是世界社会主义运动中所产生的先进文化。这种先进文化的核心无疑是马克思列宁主义，尤其是破解“历史之谜”的唯物史观、揭示资本秘密的剩余价值学说和告别空想的科学社会主义理论。核心之外，就是各国共产党人和其他革命者创造的无产阶级文化。《国际歌》自20世纪20年代初传入我国以后，就成为中国革命者为理想忘我奋斗的强大支柱。1931年中华苏维埃共和国成立时，曾把它作为国歌，可见它对早期中国共产党人的影响之深。而它的重译者瞿秋白以及其他许许多多的革命烈士，都是唱着这支歌走向刑场的。即使是在硝烟已经散去的今天，每逢听到那悲壮深沉的曲调，我们仍然禁不住热血沸腾、热泪盈眶。伏契克的长篇特写《绞刑架下的报告》，一直在深刻地感染、教育、启迪着中华儿女。其中的警言“人们，我是爱你们的。你们可要警惕啊”，至今仍像晨钟暮鼓一样回荡在我们的耳畔。

第二个是中华优秀传统文化（包括民间文化）。在制度安排上，《礼记》提出“天下为公”，“使老有所终，壮有所用，幼有所长，矜寡孤独废疾者皆有所养。”《礼记·礼运》在抽象的意义上，这种思想与共产主义的理想存在着深刻的内在统一性。从某种意义上说，马克思主义得以在中国传播并日益中国化，所依靠的正是这样的文化背景。在外交上，《墨子》主张“处大国不攻小国，处大家不篡小家，强者不劫弱，贵者不傲贱”《墨子·天志上》。不难看出，这正是中华人民共和国政府提出的和平共处五项原则的传统文化根基。在人与自然的关系上，《易经》提出“财成天地之道，辅相天地之宜”《易经·泰卦》的原则。很明显，这是我们党的生态文明建设理论的一个重要思想来源。至于中国共产党员和其他先进分子，则把中华民族的优秀品德、精神融入自己的血液，化为英勇奋斗的动力。“满天风雨满天愁，革命何须怕断头。留得子胥豪气在，三年归报楚王仇。”这是革命烈士杨超于1927年就义时吟唱的一首诗。留得伍子胥的豪气，进而升华到为人民大众复仇的崇高境界，这就是中国共产党人对于中华传统文化的继承和发扬。

第三个是世界优秀文化。共产党员白莽热爱匈牙利的伟大诗人、1848年欧洲革命中牺牲的英勇战士裴多菲，曾经翻译过他的不少作品。在白莽、柔石等左联五烈士遇害以后，鲁迅着意将裴多菲的箴言诗《自由与爱情》完整地引入《为了忘却的记念》一文，以含蓄地道出五烈士是为争取人民自由解放而死的真相，并寄托对他们的一片崇敬之情。著名作家李尔重的抗战题材巨著《新战争与和平》，不但在创作方式和结构方式上有意识地借鉴了托尔斯泰的著作，而且连书名都显示了它与《战争与和平》的继承关系。进入新时期以后，福柯的“权力–知识”说、萨伊德的“东方主义”等，都对丰富和发展我们的文化理论提供了营养或助力。

谁说中国共产党人和中国人民是僵化保守的呢？纵观一部中国红色文化发展史，可以无愧地说，中国共产党人和中国人民是全人类优秀文化的优秀继承者和发扬者。

社会来源有一个，就是中国共产党领导全国各族人民进行革命、建设、改革的伟大实践。对于中国红色文化的发展繁荣来说，这个来源较之文化来源更具有根本性的意义。文化上的一切继承和借鉴，都必须统一于这一伟大实践。实践是鉴别器，能根据需要分出哪些文化是应当拿来的、哪些文化是应当丢掉的；实践是制造厂，能对拿来的文化进行改造和制作，形成新的文化形态。马克思列宁主义是科学的，但是只有与中国实际相结合，才能成为指导中国革命、建设、改革的指南。像王明那样削足适履，用教条主义或本本主义来剪裁中国革命实际，其结果只能是既害了中国革命，又害了马克思列宁主义。斯塔夫里亚诺斯在介绍中国革命时说：毛泽东从一开始，就是一个对社会现实的敏锐的观察者。这不仅因为他出身于农民家庭，也因为他和农民生活在一起，并几乎毕生为之奋斗。这种深知民间疾苦的长期平民生活体验，使他终于敏锐地认识到有必要使马克思主义中国化，使之适合于中国向来被忽视的千百万民众的状况和需要。毛泽东思想的形成，是马克思主义中国化的基础性工程。正是因为有了这个坚实的基础，在新的历史条件下、新的社会实践中，才又形成了中国特色社会主义理论体系这一马克思主义中国化的新成果。实践是发展的，文化也是随着实践发展而不断发展的，但是实践与文化的发展并不是简单的同步对应关系。实践的高潮和胜利，必然要催生新的文化；实践的低潮或失败，并不一定带来文化的萎缩或凋零。1927 年，以蒋介石为首的国民党反动派发动反革命政变，对中国共产党人和革命群众进行疯狂的军事围剿和文化围剿，中国革命进入低潮。然而，就是在这一时期，以毛泽东为代表的中国共产党人创造了农村包围城市、武装夺取政权的科学理论，革命烈士和志士们留下了震撼人心的壮美诗章，以鲁迅为代表的国统区革命作家创作了一批传世名篇，革命根据地的红色民歌得到了空前的发展繁荣。这是因为，越是低潮、越是失败，就越需要创新理论的指导和精神力量的支撑。从中国红色文化萌芽到今天，已经有了近百年的光景。回头望去，革命、建设、改革的实践坎坷不平，但红色文化却是鲜花满路，令人目不暇接。

中国红色文化是一个结构复杂、规模巨大的系统。分析这个系统的结构，可以有多个角度、多种方法。比如，从历史上看，有新民主主义文化、社会主义文化；从文化的一般结构上看，有物态文化、心态文化、制度文化、行为文化；从学科上看，有哲学、经济、政治、历史、新闻、文艺，如此等等，不一而足。但是，分析其意识形态结构，恐怕是更具根本性的工作。在这方面，最新的富有概括性的表述就是社会主义核心价值体系。其中，指导思想马克思主义是灵魂。这里的马克思主义，主要指的是中国化的马克思主义，它是中国红色文化经过近百年的艰难建设所取得的最为伟大的成就。中国特色社会主义共同理想是主题。这里的共同理想，其实就是实现中华民族伟大复兴的中国梦。它是科学社会主义在中国大地上正在创造并且终将完成的世界奇迹，是中国共产党人和中国人民在推进共产主义伟大事业的进程中必须担当的阶段性历史任务。以爱国主义为核心的民族精神和以改革创新为核心的时代精神是精髓。中国革命、建设、改革的每一步前进，中国红色文化的每一次发展，都是创新精神的胜利，都是爱国主义精神开出的灿烂花朵。没有这两种精神，就没有马克思主义的中国化，就没有红船精神、井冈山精神、延安精神、沂蒙精神、西柏坡精神、抗美援朝精神、大庆精神、航天精神、98 抗洪精神、抗震救灾精神，等等。社会主义荣辱观是基础。作为一种道德规范，其间沉淀着深厚的历史内容和现实内容。“砍头不要紧，只要主义真”“恨不抗日死，留作今日羞”“好八连，天下传……拒腐蚀，永不沾”“利人糜顶踵，示范耿星河”……仅从以上所举的极少事例就可以看出，光荣和伟大出自行动。由此可以肯定，千百万共产党人和人民群众是社会主义荣辱观的第一创造者和忠实践行者。以上四个方面相互影响、相互渗透、相互作用，形成一个统一的整体，从而科学地、完整地揭示了中国红色文化的本质特征。

中国红色文化是中国人民的精神家园，是中国人民永远告别苦难的福祉，是中国人民创造光辉未来的强大精神动力和思想保证。

资料来源：《红旗文稿》2013 年第 18 期，第 4—9 页。略有修改。

5.8.2　经典阅读 2

青年要自觉践行社会主义核心价值观

——在北京大学师生座谈会上的讲话

（2014 年 5 月 4 日）

习近平

各位同学，各位老师，同志们：

今天是五四青年节，很高兴来到北京大学同大家见面，共同纪念五四运动95周年。首先，我代表党中央，向北京大学全体师生员工，向全国各族青年，致以节日的问候！向全国广大教育工作者和青年工作者，致以崇高的敬意！

刚才，朱善璐同志汇报了学校工作情况，几位同学、青年教师分别做了发言，大家讲得都很好，听后很受启发。这是我到中央工作以后第五次到北大，每次来都有新的体会。在洋溢着青春活力的校园里一路走来，触景生情，颇多感慨。我感到，当代大学生是可爱、可信、可贵、可为的。

五四运动形成了爱国、进步、民主、科学的五四精神，拉开了中国新民主主义革命的序幕，促进了马克思主义在中国的传播，推动了中国共产党的建立。五四运动以来，在中国共产党领导下，一代又一代有志青年“以青春之我，创建青春之家庭，青春之国家，青春之民族，青春之人类，青春之地球，青春之宇宙”，在救亡图存、振兴中华的历史洪流中谱写了一曲曲感天动地的青春乐章。

北京大学是新文化运动的中心和五四运动的策源地，是这段光荣历史的见证者。长期以来，北京大学广大师生始终与祖国和人民共命运、与时代和社会同前进，在各条战线上为我国革命、建设、改革事业作出了重要贡献。

党的十八大提出了“两个一百年”奋斗目标。我说过，现在，我们比历史上任何时期都更接近实现中华民族伟大复兴的目标，比历史上任何时期都更有信心、更有能力实现这个目标。

行百里者半九十。距离实现中华民族伟大复兴的目标越近，我们越不能懈怠、越要加倍努力，越要动员广大青年为之奋斗。

光阴荏苒，物换星移。时间之河川流不息，每一代青年都有自己的际遇和机缘，都要在自己所处的时代条件下谋划人生、创造历史。青年是标志时代的最灵敏的晴雨表，时代的责任赋予青年，时代的光荣属于青年。

广大青年对五四运动的最好纪念，就是在党的领导下，勇做走在时代前列的奋进者、开拓者、奉献者，以执着的信念、优良的品德、丰富的知识、过硬的本领，同全国各族人民一道，担负起历史重任，让五四精神放射出更加夺目的时代光芒。

同学们、老师们！

大学是一个研究学问、探索真理的地方，借此机会，我想就社会主义核心价值观问题，同各位同学和老师交流交流想法。

我想讲这个问题，是从弘扬五四精神联想到的。五四精神体现了中国人民和中华民族近代以来追求的先进价值观。爱国、进步、民主、科学，都是我们今天依然应该坚守和践行的核心价值，不仅广大青年要坚守和践行，全社会都要坚守和践行。

人类社会发展的历史表明，对一个民族、一个国家来说，最持久、最深层的力量是全社会共同认可的核心价值观。核心价值观，承载着一个民族、一个国家的精神追求，体现着一个社会评判是非曲直的价值标准。

古人说："大学之道，在明明德，在亲民，在止于至善。"核心价值观，其实就是一种德，既是个人的德，也是一种大德，就是国家的德、社会的德。国无德不兴，人无德不立。如果一个民族、一个国家没有共同的核心价值观，莫衷一是，行无依归，那这个民族、这个国家就无法前进。这样的情形，在我国历史上，在当今世界上，都屡见不鲜。

我国是一个有着13亿多人口、56个民族的大国，确立反映全国各族人民共同认同的价值观"最大公约数"，使全体人民同心同德、团结奋进，关乎国家前途命运，关乎人民幸福安康。

每个时代都有每个时代的精神，每个时代都有每个时代的价值观念。国有四维，礼义廉耻，"四维不张，国乃灭亡。"这是中国先人对当时核心价值观的认识。在当代中国，我们的民族、我们的国家应该坚守什么样的核心价值观？这个问题，是一个理论问题，也是一个实践问题。经过反复征求意见，综合各方面认识，我们提出要倡导富强、民主、文明、和谐，倡导自由、平等、公正、法治，倡导爱国、敬业、诚信、友善，积极培育和践行社会主义核心价值观。富强、民主、文明、和谐是国家层面的价值要求，自由、平等、公正、法治是社会层面的价值要求，爱国、敬业、诚信、友善是公民层面的价值要求。这个概括，实际上回答了我们要建设什么样的国家、建设什么样的社会、培育什么样的公民的重大问题。

中国古代历来讲格物致知、诚意正心、修身齐家、治国平天下。从某种角度看，格物致知、诚意正心、修身是个人层面的要求，齐家是社会层面的要求，治国平天下是国家层面的要求。我们提出的社会主义核心价值观，把涉及国家、社会、公民的价值要求融为一体，既体现了社会主义本质要求，继承了中华优秀传统文化，也吸收了世界文明有益成果，体现了时代精神。

富强、民主、文明、和谐，自由、平等、公正、法治，爱国、敬业、诚信、友善，传承着中国优秀传统文化的基因，寄托着近代以来中国人民上下求索、历经千辛万苦确立的理想和信念，也承载着我们每个人的美好愿景。我们要在全社会牢固树立社会主义核心价值观，全体人民一起努力，通过持之以恒的奋斗，把我们的国家建设得更加富强、更加民主、更加文明、更加和谐、更加美丽，让中华民族以更加自信、更加自强的姿态屹立于世界民族之林。

建设富强民主文明和谐的社会主义现代化国家，实现中华民族伟大复兴，是鸦片战争以来中国人民最伟大的梦想，是中华民族的最高利益和根本利益。今天，我们13亿多人的一切奋斗归根到底都是为了实现这一伟大目标。中国曾经是世界上的经济强国，后来在世界工业革命如火如荼、人类社会发生深刻变革的时期，中国丧失了与世界同进步的历史机遇，落到了被动挨打的境地。尤其是鸦片战争之后，中华民族更是陷入积贫积弱、任人宰割的悲惨状况。这段历史悲剧决不能重演！建设富强民主文明和谐的社会主义现代化国家，是我们的目标，也是我们的责任，是我们对中华民族的责任，对前人的责任，对后人的责任。我们要保持战略定力和坚定信念，坚定不移走自己的路，朝着自己的目标前进。

中国已经发展起来了，我们不认可“国强必霸”的逻辑，坚持走和平发展道路，但中华民族被外族任意欺凌的时代已经一去不复返了！为什么我们现在有这样的底气？就是因为我们的国家发展起来了。现在，中国的国际地位不断提高、国际影响力不断扩大，这是中国人民用自己的百年奋斗赢得的尊敬。想想近代以来中国丧权辱国、外国人在中国横行霸道的悲惨历史，真是形成了鲜明对照！

中华文明绵延数千年，有其独特的价值体系。中华优秀传统文化已经成为中华民族的基因，植根在中国人内心，潜移默化影响着中国人的思想方式和行为方式。今天，我们提倡和弘扬社会主义核心价值观，必须从中汲取丰富营养，否则就不会有生命力和影响力。比如，中华文化强调“民惟邦本”、“天人合一”、“和而不同”，强调“天行健，君子以自强不息”、“大道之行也，天下为公”；强调“天下兴亡，匹夫有责”，主张以德治国、以文化人；强调“君子喻于义”、“君子坦荡荡”、“君子义以为质”；强调“言必信，行必果”、“人而无信，不知其可也”；强调“德不孤，必有邻”、“仁者爱人”、“与人为善”、“己所不欲，勿施于人”、“出入相友，守望相助”、“老吾老以及人之老，幼吾幼以及人之幼”、“扶贫济困”、“不患寡而患不均”，等等。像这样的思想和理念，不论过去还是现在，都有其鲜明的民族特色，都有其永不褪色的时代价值。这些思想和理念，既随着时间推移和时代变迁而不断与时俱进，又有其自身的连续性和稳定性。我们生而为中国人，最根本的是我们有中国人的独特精神世界，有百姓日用而不觉的价值观。我们提倡的社会主义核心价值观，就充分体现了对中华优秀传统文化的传承和升华。

价值观是人类在认识、改造自然和社会的过程中产生与发挥作用的。不同民族、不同国家由于其自然条件和发展历程不同，产生和形成的核心价值观也各有特点。一个民族、一个国家的核心价值观必须同这个民族、这个国家的历史文化相契合，同这个民族、这个国家的人民正在进行的奋斗相结合，同这个民族、这个国家需要解决的时代问题相适应。世界上没有两片完全相同的树叶。一个民族、一个国家，必须知道自己是谁，是从哪里来的，要到哪里去，想明白了、想对了，就要坚定不移朝着目标前进。

去年12月26日，我在纪念毛泽东同志诞辰120周年座谈会上讲话时说：站立在960万平方公里的广袤土地上，吸吮着中华民族漫长奋斗积累的文化养分，拥有13亿中国人民聚合的磅礴之力，我们走自己的路，具有无比广阔的舞台，具有无比深厚的历史底蕴，具有无比强大的前进定力。中国人民应该有这个信心，每一个中国人都应该有这个信心。我们要虚心学习借鉴人类社会创造的一切文明成果，但我们不能数典忘祖，不能照抄照搬别国的发展模式，也绝不会接受任何外国颐指气使的说教。

我说这话的意思是，实现我们的发展目标，实现中国梦，必须增强道路自信、理论自信、制度自信，“千磨万击还坚劲，任尔东南西北风”。而这“三个自信”需要我们对核心价值观的认定作支撑。

我为什么要对青年讲讲社会主义核心价值观这个问题？是因为青年的价值取向决定了未来整个社会的价值取向，而青年又处在价值观形成和确立的时期，抓好这一时期的价值观养成十分重要。这就像穿衣服扣扣子一样，如果第一粒扣子扣错了，剩余的扣子都会扣错。人生的扣子从一开始就要扣好。“凿井者，起于三寸之坎，以就万仞之深。”青年要从现在做起、从自己做起，使社会主义核心价值观成为自己的基本遵循，并身体力行大力将其推广到全社会去。

广大青年树立和培育社会主义核心价值观，要在以下几点上下功夫。

一是要勤学，下得苦功夫，求得真学问。知识是树立核心价值观的重要基础。古希腊哲学家说，知识即美德。我国古人说："非学无以广才，非志无以成学"大学的青春时光，人生只有一次，应该好好珍惜。为学之要贵在勤奋、贵在钻研、贵在有恒。鲁迅先生说过："哪里有天才，我是把别人喝咖啡的工夫都用在工作上的。"大学阶段，"恰同学少年，风华正茂"，有老师指点，有同学切磋，有浩瀚的书籍引路，可以心无旁骛求知问学。此时不努力，更待何时？要勤于学习、敏于求知，注重把所学知识内化于心，形成自己的见解，既要专攻博览，又要关心国家、关心人民、关心世界，学会担当社会责任。

二是要修德，加强道德修养，注重道德实践。"德者，本也。"蔡元培先生说过："若无德，则虽体魄智力发达，适足助其为恶。"道德之于个人、之于社会，都具有基础性意义，做人做事第一位的是崇德修身。这就是我们的用人标准为什么是德才兼备、以德为先，因为德是首要、是方向，一个人只有明大德、守公德、严私德，其才方能用得其所。修德，既要立意高远，又要立足平实。要立志报效祖国、服务人民，这是大德，养大德者方可成大业。同时，还得从做好小事、管好小节开始起步，"见善则迁，有过则改"，踏踏实实修好公德、私德，学会劳动、学会勤俭，学会感恩、学会助人，学会谦让、学会宽容，学会自省、学会自律。

三是要明辨，善于明辨是非，善于决断选择。"学而不思则罔，思而不学则殆。"是非明，方向清，路子正，人们付出的辛劳才能结出果实。面对世界的深刻复杂变化，面对信息时代各种思潮的相互激荡，面对纷繁多变、鱼龙混杂、泥沙俱下的社会现象，面对学业、情感、职业选择等多方面的考量，一时有些疑惑、彷徨、失落，是正常的人生经历。关键是要学会思考、善于分析、正确抉择，做到稳重自持、从容自信、坚定自励。要树立正确的世界观、人生观、价值观，掌握了这把总钥匙，再来看看社会万象、人生历程，一切是非、正误、主次，一切真假、善恶、美丑，自然就洞若观火、清澈明了，自然就能作出正确判断、作出正确选择。正所谓"千淘万漉虽辛苦，吹尽狂沙始到金"。

四是要笃实，扎扎实实干事，踏踏实实做人。道不可坐论，德不能空谈。于实处用力，从知行合一上下功夫，核心价值观才能内化为人们的精神追求，外化为人们的自觉行动。《礼记》中说："博学之，审问之，慎思之，明辨之，笃行之。"有人说："圣人是肯做工夫的庸人，庸人是不肯做工夫的圣人。"青年有着大好机遇，关键是要迈稳步子、夯实根基、久久为功。心浮气躁，朝三暮四，学一门丢一门，干一行弃一行，无论为学还是创业，都是最忌讳的。"天下难事，必作于易；天下大事，必作于细。"成功的背后，永远是艰辛努力。青年要把艰苦环境作为磨炼自己的机遇，把小事当作大事干，一步一个脚印往前走。滴水可以穿石。只要坚韧不拔、百折不挠，成功就一定在前方等你。

核心价值观的养成绝非一日之功，要坚持由易到难、由近及远，努力把核心价值观的要求变成日常的行为准则，进而形成自觉奉行的信念理念。不要顺利的时候，看山是山、看水是水，一遇挫折，就怀疑动摇，看山不是山、看水不是水了。无论什么时候，我们都要坚守在中国大地上形成和发展起来的社会主义核心价值观，在时代大潮中建功立业，成就自己的宝贵人生。

同学们、老师们！

党中央作出了建设世界一流大学的战略决策，我们要朝着这个目标坚定不移前进。办好中国的世界一流大学，必须有中国特色。没有特色，跟在他人后面亦步亦趋，依样画葫芦，是不可能办成功的。这里可以套用一句话，越是民族的越是世界的。世界上不会有第二个哈佛、牛津、斯坦福、麻省理工、剑桥，但会有第一个北大、清华、浙大、复旦、南大等中国著名学府。我们要认真吸收世界上先进的办学治学经验，更要遵循教育规律，扎根中国大地办大学。

鲁迅先生说："北大是常为新的，改进的运动的先锋，要使中国向着好的，往上的道路走。"党的十八届三中全会吹响了全面深化改革的号角，也对深化我国高等教育改革提出了明确要求。现在，关键是把蓝图一步步变为现实。全国高等院校要走在教育改革前列，紧紧围绕立德树人的根本任务，加快构建充满活力、富有效率、更加开放、有利于学校科学发展的体制机制，当好教育改革排头兵。我也希望北京大学通过埋头苦干和改革创新，早日实现几代北大人创建世界一流大学的梦想。

教师承担着最庄严、最神圣的使命。梅贻琦先生说："所谓大学者，非谓有大楼之谓也，有大师之谓也。"我体会，这样的大师，既是学问之师，又是品行之师。教师要时刻铭记教书育人的使命，甘当人梯，甘当铺路石，以人格魅力引导学生心灵，以学术造诣开启学生的智慧之门。

各级党委和政府要高度重视高校工作，始终关心和爱护学生成长，为他们放飞青春梦想、实现人生出彩搭建舞台。要全面深化改革，营造公平公正的社会环境，促进社会流动，不断激发广大青年的活力和创造力。要强化就业创业服务体系建设，支持帮助学生们迈好走向社会的第一步。各级领导干部要经常到学生们中去、同他们交朋友，听取他们的意见和建议。

现在在高校学习的大学生都是20岁左右，到2020年全面建成小康社会时，很多人还不到30岁；到本世纪中叶基本实现现代化时，很多人还不到60岁。也就是说，实现"两个一百年"奋斗目标，你们和千千万万青年将全过程参与。有信念、有梦想、有奋斗、有奉献的人生，才是有意义的人生。当代青年建功立业的舞台空前广阔、梦想成真的前景空前光明，希望大家努力在实现中国梦的伟大实践中创造自己的精彩人生。

我相信，当代中国青年一定能够担当起党和人民赋予的历史重任，在激扬青春、开拓人生、奉献社会的进程中书写无愧于时代的壮丽篇章！

资料来源：《人民日报》2014年5月5日。

阅读思考

1. 你是如何理解五四精神的？

2. 当代大学生应如何践行和弘扬社会主义核心价值观？

3. 读了习近平总书记对青年大学生的殷切期望，你有什么样的感想和思考？

5.8.3 推荐阅读书目

1. 钟哲明主编：《邓小平精神文明建设思想研究》，山东人民出版社1999年版。

2. 梁漱溟：《东西文化及其哲学》，商务印书馆2010年版。

3. 张品兴主编：《梁启超全集》，北京出版社1999年版。

4. 费孝通主编：《中华民族多元一体格局》，中央民族大学出版社1999年版。

5. 〔清〕李伯元：《文明小史》，秦克、巩军标点，上海古籍出版社1997年版。

6. ［德］黑格尔：《历史哲学》，王造时译，上海书店出版社1999年版。

7. 吴晗、费孝通等：《皇权与绅权》，天津人民出版社1988年版。

8. 启良：《中国文明史》（上、下），花城出版社2001年版。

9. ［美］彼得 · N. 斯特恩斯：《世界历史上的西方文明》，李月译，商务印书馆 2015 年版。

10. ［英］彼得 · 伯克：《什么是文化史》，蔡玉辉译，北京大学出版社 2009 年版。

11. 张建华、邵政主编：《大学生文明礼仪》，人民邮电出版社 2013 年版。

“大学生讲思政课”
优秀案例展示

6. 法律篇

6.1 本篇概述

6.1.1 实践主题设计背景

在实现中华民族伟大复兴的征程中，法治既是目标又是保障。依法治国是党领导人民治理国家的基本方略，是发展社会主义市场经济的客观需要，是社会文明进步的显著标志，更是国家长治久安的必要保障。

“国无常强，无常弱。奉法者强则国强，奉法者弱则国弱。”党的十八大以来，习总书记高度重视法律工作，尤其强调“形势在发展，时代在前进，法律体系必须随着时代和实践发展而不断发展”①。党的十八届四中全会一致通过了《中共中央关于全面推进依法治国若干重大问题的决定》（简称《决定》），其中鲜明地提出了“建设中国特色社会主义法治体系，建设社会主义法治国家”的命题。随着《决定》的贯彻实施，国家治理领域正在迎来一场广泛而深刻的变革。作为新时期的大学生，在努力学好自己专业知识的同时，更应该了解法律知识，增强法制观念，提高法律意识，明确自己的法律权利和义务，在实践中做到知法、懂法、守法，能够运用法律武器维护自己的合法权益，做社会主义法治社会的合格公民，努力为实现中华民族伟大复兴的中国梦添砖加瓦。通过设置法律篇这一实践专题，

① 习近平：《在庆祝全国人民代表大会成立60周年大会上的讲话》，人民出版社2014年版，第9页。

了解基本的法律常识，提高法律意识，增强法制观念，使大学生能够在现实生活中运用法律帮助自己或者他人维护正当权益，领会法律的内涵和作用。

6.1.2 实践主题设计内涵

本篇实践主题设计通过开展法律知识竞赛，观看法律教育视频，开展模拟法庭活动，将法律概念、法律常识以及法律实践融为一体。这三个环节紧密联系，层层相扣，从而使学生通过此次实践，对法律有全方位的认识，提高法制意识和法治观念，能够主动将法律知识外化为法律实践。

1. **“法律知识竞赛”实践主题设计**。这个环节要求学生主动搜集法律的相关知识，比如刑法、民法、经济法等相关法律的基本常识，积累一定的法律知识量，然后有序地组织法律知识竞赛活动，从而提高自身的法律素养。

2. **“观看法律视频，思考法与人生”实践主题设计**。这个环节要求学生必须在课堂或者具备播放条件的教室观看法制教育视频，然后发表观后感。法制教育视频主要包括日常生活中常见经济案件、刑事案件等。通过观看视频，能够让学生现身说法，反思自己现在的行为并注重自己今后的言行，从中汲取教训，由此起到深刻的警示作用。

3. **“模拟法庭”实践主题设计**。这个环节要求学生自发组成小组，模拟法庭审判的过程。现身说法的最好形式就是让学生亲自去实践，主要要求学生自主扮演法庭角色，组织法律文本，开展审理案件活动。学生通过亲自参与和模仿法庭审判的过程，能够亲身感受到法律的威严，更好地体会到法律是维护自身合法权益的有效武器，从而自觉地内化法律常识，然后外化为法律实践的行为。

6.2 本篇目标

依法治国是党领导人民治理国家的基本方略。大学生应当树立“以遵纪守法为荣，以违法乱纪为耻”的观念。本篇系列实践活动旨在达到以下目的：

1. 掌握基本的法律常识，尤其是与大学生生活紧密相关的一些法律，比如刑法、民法、婚姻法、经济法、商法等方面的法律常识，积累一定的法律基础知识，提高自己的法律素养。

2. 通过了解常见的法律案件，比如刑事案件、经济案件、民事案件等，起到一定的自我反省和自我警示作用，熟知法律当中所规定的不能触碰的“红线”，明确自己作为公民的基本权利和义务。

3. 通过法律实践行为，熟知法律是解决问题纠纷的有效武器。同时，能够有效将法律知识外化为法律实践，引导学生学会在日常生活中主动运用法律武器来维护自己的合法权益，从而真正做到知法、懂法、守法以及用法，做社会主义社会的合格公民。

6.3 实践项目一：法律知识竞赛

6.3.1 实践目的与意义

1. 通过法律知识竞赛活动，促使学生掌握法律知识，增强法制观念，培养法律意识。

2. 有利于提高学生的团队意识和合作精神。

3. 可以作为检验学生法律基础知识学习效果的方式之一。

6.3.2 实践难点

如何组织学生有序地开展竞赛活动，确保每位学生能够参与并对实践的效果进行合理评估等。

6.3.3 实践方法

现场组织法

6.3.4 学时安排

对应教学模块：法律篇

实践课时安排：2 学时

6.3.5 实践要求

（一）实践活动前期准备工作

任务一：将学生分成若干小组

要求：

1. 将学生分成若干小组，按照各班具体人数，组数以偶数为宜，每组建议不超过 5 人。

2. 每个小组选出一名组长。

任务二：指导学生做好竞赛前的知识复习准备工作

要求：

1. 指导教师把关于法律知识竞赛的范围及资料交给每组的学生。

2. 学生以小组为单位进行准备。

（二）实践教师职责

1. 确定活动的时间安排和具体流程。

2. 确定分组名单及各小组组长。

3. 提前指定竞赛范围，帮助学生搜集资料，给予学生充分的时间去准备。

4. 准备好竞赛的题库。

5. 做好竞赛过程的统计评分工作。

（三）实践过程

1. 竞赛形式

（1）班级各小组以抽签的方式两两分组进行比赛，每组晋级一支队伍，最后两组争夺冠亚军。各小组轮流派一位同学上场答题，尽量保证每一位同学参与到竞赛中来。

（2）竞赛题型：选择题、判断题

2. 竞赛流程

第一环节：必答题

（1）在大屏幕上显示出题目，两个参赛小组分别答题。

（2）必答题共 20 题，两组各需作答 10 题，答题时间为 10 秒/题，各组队员轮流作答，其他队员不得提示或补充，否则视为作弊，违规组扣 1 分，每答对一题加 10 分，答错或超时不加分、不扣分。

第二环节：抢答题

（1）此环节由教师进行题目宣读，在宣读题目期间两组队员即可进行抢答。

（2）抢答题共 10 题，每题 10 分，答题时间 15 秒。答对加 10 分，抢到题后不能作答或者答错、超时扣 10 分。

第三环节：难易选择题

（1）本环节有三种分值不同的题目，分别为 10 分、20 分、30 分题。

（2）两组轮流选择题目。每回合只能选一题进行作答，共有 5 回合。

（3）此环节各组可商量由一名队员主答，回答正确按所选分值加分，回答错误、不完整或超时不扣分。

（4）根据题目分值，10 分题作答时间 10 秒，20 分题作答时间 15 秒，30 分题作答时间 20 秒。

6.3.6 考核评估

1. 检查方法

采取小组自评与教师评分相结合的方式。

2. 检查标准

（1）各小组进行自评，以学生在竞赛准备过程中的参与度及竞赛中的表现为标准。

（2）指导教师以最终竞赛名次为基础，结合学生在竞赛中体现出来的知识掌握程度进行打分，最终评定成绩包含任课老师打分以及小组自评，两者各占一定的比例，具体比例在课下设定。

（3）活动结束后，学生应撰写书面体会，必须是原创内容，字数至少 800 字，且中心思想明确，内容上有观点呈现，属于内心真情实感的实际表达。

（4）教师根据学生的书面体会内容给予成绩评定，成绩评定为百分制。具体评分标准如下：

表 6-1 法律知识竞赛评分表

得分	等级	具体指标
90 分及以上	优秀	中心突出、内容充实、结构严谨
80—89 分	良好	中心明确、内容合理、结构完整
70—79 分	中等	中心基本明确、内容单薄、结构较完整
60—69 分	及格	中心基本明确、内容简单、结构较混乱
60 分及以下	不及格	中心不明确、没什么内容、存在杜撰或抄袭现象

6.3.7 学生实践案例

图 6-1 学生组织法律知识竞赛

重庆工商大学 融智学院　　《思想道德修养与法律基础》实践教学手册

姓名	张薇可	学号	201631221	班级	土地资源管理2班

2016年12月5日土地资源管理2班由我组织晨读宪法内容。

宪法是国家的根本大法，是治国安邦的总章程，是保持国家统一，民族团结，经济发展，社会进步和长治久安的法律基础，是中国共产党执政兴国，团结带领全国各族人民长期奋斗的成果。具有至高无上的权威和法律效力，在中国特色社会主义法律体系中居核心地位。

学宪法，守法律，做合格的好公民。在这次宪法学习中，我认真学习了宪法知识，增强了我的法律意识和责任感，对我以后的学习，工作和生活有着极其重要的意义，我会继续学习，不断提高自己。

作为大学生，我们要严格依照宪法办事，自觉地在宪法和法律范围内活动，维护宪法尊严，保证宪法的全面实施。掌握法律法规基本知识，学好内部的各项规章制度，对我们的学习和生活具有重要的指导意义和现实意义。

成绩评定	95	成绩评定人	

图 6-2 法律知识竞赛报告示例

实践案例点评： 法律知识竞赛活动要以学生为主、教师为辅，学生通过自主设计知识竞赛问题，亲身参与其中，并在校园内宣传法律知识，既增加了法律知识，又提升了运用法律知识的能力，做到了法律知识的内化与外化相结合。

6.4 实践项目二：观看法律视频，思考法与人生

6.4.1 实践目的与意义

1. 通过此次活动，有效帮助学生在情理与法理的冲突中正确地进行抉择。

2. 帮助学生增强法治观念，提高法律意识，培养法律思维方式。

3. 有利于引导学生今后积极关注法律视频及相关节目，接受普法教育。

4. 有利于提高学生的团队意识，培养学生的团队合作精神。

6.4.2 实践难点

如何选择既具有警示意义又能够让学生感兴趣的法律视频，如何评估观看的效果，等等。

6.4.3 实践方法

观看视频法

6.4.4 学时安排

2 学时

6.4.5 实践要求

（一）实践活动及要求

任务一：将班级学生分成若干个项目小组

要求：

1. 将学生随机分成若干个项目小组，以 10 人一组为宜。

2. 每个项目小组选出一名组长。

任务二：做好视频演示工作

要求：

1. 教师把播放视频的具体要求告知每个小组。

2. 学生通过多种途径去寻找法律视频资料。

任务三：每组演示自己选定的法律视频。

要求：

1. 每组选定一名成员上台演示视频。

2. 说明选定该视频的理由。

3. 根据视频内容，每组成员需要回答指导教师或者其他组成员提出的相关问题。

任务四：保存本组准备的活动资料。

1. 在视频演示结束后，各小组把自己准备的资料给指导教师备份，作为教学资料和考核凭证，包括视频资料、图片以及文字资料等。

2. 每组组长将该组的打分情况交给任课老师。

（二）实践教师职责

1. 确定活动的时间安排和具体要求。

2. 确定分组名单及各小组组长。

3. 指导教师给予学生充分的时间去准备，并提前审核每组选定的视频内容。

4. 组织召开班级视频学习会，组织学生对每组视频内容进行讨论并打分。

（三）实践过程

1. 准备阶段

（1）将班级学生按 10 人为一个项目组进行分组，确定每个项目组的组长。

（2）教师提出此次活动的具体要求。

（3）引导学生观看每组选定的法律视频。

2. 计划、决策阶段

（1）以每个项目组为单位，由组长召集项目组成员搜集相关的法律视频。

（2）经过小组协商，选定要演示的法律视频。

3. 实施阶段

（1）以小组为单位，确定一名成员进行视频演示。

（2）小组代表在播放视频时要向大家简要陈述选定此视频的理由。

（3）其他小组选派指定成员对演示组进行打分。

（4）待每组视频演示完毕，该项目小组要回答老师或者其他项目组成员提出的关于视频的问题。

（5）任课老师对每个项目组进行点评，通过视频播放阐述相关法律知识，使学生增强法治观念并能够在日常生活中运用法律思维解决问题。

6.4.6 考核评估

1. 活动结束后，学生撰写书面体会，要求必须是原创内容，字数至少 800 字，且中心思想明确，内容上有个人独到的观点呈现，属于内心真情实感的实际表达。

2. 教师根据学生的书面体会内容给予成绩评定，成绩评定为百分制。具体评分标准如下：

表 6-2 实践考核评分表

得分	等级	具体指标
90 分及以上	优秀	中心突出、内容充实、感受真切、结构严谨
80—89 分	良好	中心明确、内容合理、感受真实、结构完整
70—79 分	中等	中心基本明确、内容单薄、感受较为真实
60—69 分	及格	中心基本明确、内容简单、部分感受较为真实
60 分及以下	不及格	中心不明确、没什么内容、存在杜撰或抄袭现象

表 6-3 视频观后感设计样本

姓名		学号		班级	
（此页不够可另附稿纸）					
成绩评定			成绩评定人		

6.4.7 学生实践案例

《全民目击》观后感

昨天思修课时讲，我们观看了《全民目击》，看完后我感触颇深。《全民目击》是一部国产悬疑电影，电影讲述一场庭审中情与理互相碰撞交织，展现出法律与人性在社会中不可或缺的力量。

这是一起谋杀人案件，由于被告人的父亲是当地富豪的关系，被全民关注。影片的看点不仅是在案件庭审期间一系列的意外和冲撞，更是通过循环倒序的手法将控方和辩方和被告人父亲庭外的行动作为三条主线恰到好处地连接在一起。电影中，我们会体会到三方不同的思想变化，用精细剧本演设计的误会中，待谜底揭开，又会感慨万千，融入对法律、对情理的思考。

被告人林萌萌是花季少女，在地下停车场与父亲林泰的情人杨丹发生争执，开车撞向杨丹致对方死亡。地下停车场里监控录像拍下了整个过程，控方证据充分，胜券在握。然而庭审中，辩护律师周莉通过对证人的询问，将整个案件的矛头从被告人指向了出庭作证的司机孙伟，反方下孙伟承认自己记恨被害人杨丹，利用双方冲突的机会，杀害杨丹的事实，案情峰回路转，这个突如其来的情况让所有人都惊讶不已。但唯有负责该案件的检察官童涛坚信司机是被林泰收买来为女儿顶罪的。法庭休庭后，童涛寻找司机孙伟撒谎的证据，发现孙伟患有绝症，仍情绪麻木，也查到林泰给孙伟汇款，确认了自己的猜想。童涛找到林泰，警告林泰自己不会对此案善罢甘休。第二次开庭前，控方收到了神秘邮件发来的案发现场视频，且该视频内的内容让控方大吃一惊，视频内反映出杀人的竟然是被告人父亲林泰。童涛在法庭上对出庭作证的林泰步步紧逼，林泰情绪激动脱口承认了自己杀人的事实。然而，这一切都是林泰的设计，案件的真相是司机孙伟为了报林泰之恩主动愿意替杀死人的林萌萌顶罪，而因为检察官童涛的坚持而失败，林泰决定自己替孩子揽下罪名，他伪作了一个案发现场，拍摄证明自己有罪的视频，匿名传给了辩护律师周莉，出于对律师职业道德的尊重，周莉将视频交给了控方。在审判的最后，律师和检察官都发现了真相，这一场全民目击却又扑朔迷离的案件也落下帷幕……

图 6-3 《全民目击》观后感示例

图 6-4 观影有感手抄报示例

实践案例点评：学生通过观看法律视频，能够把自己真实的心得体会表达出来，真正做到有感而发，让法律成为自己未来人生道路中保障合法权益强有力的武器，同时又作为自己人生道路的警示钟，使自己真正做到懂法、遵法、守法、用法。

6.5 实践项目三：模拟法庭

6.5.1 实践目的与意义

1. 增强学生综合运用法律知识的能力。

2. 积极调动学生学习热情，发挥学生学习法律知识的主观能动性。

3. 构建“法律基础”课程新的实践教学体系。

4. 有利于学生熟悉和了解法庭审判的程序和全过程。

5. 有利于增强学生的法治观念和法律意识，提高学生运用法律思维解决问题的能力。

6.5.2 实践难点

如何根据学生的具体情况分配合适的角色，如何有序组织以及评估实践活动的效果。

6.5.3 实践方法

组织实践法

6.5.4 学时安排

2学时

6.5.5 实践要求

（一）实践活动及要求

任务一：从班级选拔参加模拟法庭的人选

要求：

1. 要求学生具有一定的法律知识，对法律感兴趣，同时具备一定的法律素养。

2. 要求学生能够积极参加活动，具有一定的组织性、纪律性。

3. 要求学生口才较好，逻辑思维较强，并且具有较好的普通话水平。

任务二：呈现模拟法庭

要求：选拔出的人员各尽其职，投入角色扮演，了解诉讼程序和诉讼知识。

（二）实践教师职责

1. 根据案件的需要选拔扮演角色的人员，安排学生熟悉案件要点以及庭审过程，全程指导，确保保质、保量完成活动。

2. 带领学生完成模拟法庭的场地申请、布置以及宣传等任务。

3. 对外联系邀请相关的一些法律部门和法律机构，组织学生维护好庭审现场，安排好后勤服务工作等。

（三）实践过程

1. 准备阶段

（1）分配入选学生角色，选择诉讼案例，安排现场负责人以及后勤服务人员等。

（2）组织学生了解案件梗概，并加强对案件的要点学习。

（3）组织入选学生排练自己被分配的角色，在条件允许的情况下可以邀请相关专业人士到现场指导。

2. 实施阶段

（1）案情展示

可以通过情景模拟的方式展现案情，并向在场人员分发事先准备好的案情介绍材料，使在场人员对案件的整体情况有所了解。

（2）由主持人宣布模拟庭审正式开始。

（3）法庭庭审阶段

庭审准备阶段：首先，在开庭之前，书记员检查当事人以及相关诉讼人员是否到庭，并宣布法庭纪律；其次，开庭审理时，由审判长核对当事人，宣布审判人员、书记员名单，告知当事人有关诉讼权利和义务，询问当事人是否提出回避申请。

法庭调查阶段：第一，当事人分别陈述诉讼请求和理由。第二，审判长根据当事人分别陈述的诉求请求以及理由，归纳案件争议焦点或者法庭调查重点，并征求当事人的意见。第三，当事人各自举证及相互质证。第四，法庭出示证据及当事人质证。最后，审判人员认证并就法庭调查认定的事实和当事人争议的问题进行归纳总结。

法庭辩论阶段：第一，原告及其诉讼代理人发言；第二，被告及其诉讼代理人答辩；第三，第三人及其代理人发言或答辩；第四，互相辩论；最后，辩论终结，由审判长按照原告、被告、第三人的先后顺序征询各方最后意见。

合议庭退庭合议，有奖问答阶段：主持人可根据庭审过程向观众提出不同层次的问题，向答对的同学赠送小奖品，活跃活动现场氛围。

合议庭入庭，由审判长宣读判决书，退庭。

（4）邀请法律界专业嘉宾对此次活动进行点评。

（5）主持人对此次活动进行总结。

6.5.6 考核评估

（一）检查要求

1. 模拟法庭的庭审流程是否完整

2. 活动最终是否达到预期的效果

（二）评估标准

教师可以从以下几个方面来进行综合评估：

1. 学生活动之前的策划和准备情况。

模拟法庭的庭审实施过程；最终达到的效果以及后期的总结。

2. 模拟法庭活动结束后，学生撰写书面体会，必须是原创内容，字数至少 800 字，且中心思想明确，内容上有观点呈现，属于真实表达内心实际感受。

3. 教师根据学生的书面体会内容给予成绩评定，成绩评定为百分制。具体评分标准如下：

表 6-4　模拟法庭评分表

得分	等级	具体指标
90 分及以上	优秀	中心突出、内容充实、语言准确、结构严谨
80—89 分	良好	中心明确、内容合理、语言准确、结构完整
70—79 分	中等	中心基本明确、内容单薄、语言较为真实
60—69 分	及格	中心基本明确、内容简单、部分语言较为真实
60 分及以下	不及格	中心不明确、没什么内容、存在杜撰或抄袭现象

6.5.7　学生实践案例

重庆工商大学 融智学院　《思想道德修养与法律基础》实践教学手册

姓名		学号		班级	

本次的模拟法庭活动不仅教会了我们怎样进行团队合作，怎样坚持，也让我们明白了道德的重要性。我们各个剧组通过一幕幕生动的表演，展示了每个人心中对道德的定义。每个人的心中有道德，我们的灵魂才能[illegible]。法律是一种强制约束力，但正因如此，这些条文才会有一些漏洞。当法律不断被[illegible]时，观念上的道德的作用，就会凸显。我们要[illegible]，而是使道德引导法律更加地完善，更加充满人性的温暖。人人心中有道德，这个世界才会更加美好。

感谢思政部及指导老师[illegible]，让我们[illegible]

成绩评定	97	成绩评定人	

-12-

图 6-5　实践报告示例三

重庆工商大学 融智学院　　《思想道德修养与法律基础》实践教学手册

姓名		学号		班级	

法律面前人人平等

在法律安全方面，我们常常忽视，认为我们都懂法，不需要注意。但高智商犯罪却又屡见不鲜。苏联教育家苏霍姆林斯基曾经说过："高校将一个无知的人送到社会，就是给社会增加一个危险分子。"时代呼唤英才，希望在于青年。全面建设小康社会和实现社会主义现代化需要大学生的参与，中华民族的伟大复兴需要大学生去奋斗。所以，法律安全知识的普及也不容忽视。

13年的复旦大学投毒案正是给了我们这样一个警钟。大学生正处于对法律知识模糊的地带，分不清楚自己的所作所为。就像作为拥有高学历的复旦大学医学院研究生林森浩，我相信他的智商一定不低于常人，但是为什么他会做出残害室友的事情呢？作为一名医学研究者，他不是不知道剧毒化合物的后害，我想他比任何一人都清楚，因为一件小事而做出这样的决定而最后导致自己被判死刑，确实是很可悲，很可怜。法律知识缺乏的林森浩让他自己和室友都早早地离开这个世界。法律面前人人平等，不能因为你无知而对你有所赦免。当然，当我们的自身权益受到侵害时，我们更应该拿起法律的武器保护自己。而作为当代大学生而言，我们不该只读圣贤书，两耳不闻窗外事。多补充我们的法律知识是有必要的。

图 6-6　实践报告示例四

图 6-7　模拟法庭手抄报示例

图 6-8　组织学生到实践基地参加法制教育活动

实践案例点评： 通过模拟法庭，学生切实感受到了法律的权威，了解了一个个鲜活的法律案例，给自己敲响了警钟，激励自己要自觉尊重法律，同时要善于运用法律来维护自己的合法权益。

6.6 教学拓展案例

拓展案例 1

一、案例文本

宏达商贸公司与中间商友谊贸易公司订立一份钢材买卖合同，标的金额为 300 万元。合同约定宏达商贸公司应于 2004 年 10 月 10 日将货交至友谊贸易公司指定的仓库。其后，友谊贸易公司与志和批发部订立一份买卖合同，将宏达商贸公司交来的货物转卖给志和批发部，可获利润 40 万元。另外，友谊贸易公司还与心仪仓储有限公司仓库签订仓储合同，约定于 10 月 10 日至 11 月 8 日（共计 30 天）将宏达商贸公司交来的货物储存在心仪仓储有限公司的仓库中，仓储费为每日 2000 元，共计 6 万元，友谊贸易公司有权提前解除合同。但是，宏达商贸公司未于 10 月 10 日交货，并于 10 月 14 日向友谊贸易公司发传真，称因设备故障，无法交货，愿意解除合同，并赔偿友谊贸易公司的损失。友谊贸易公司只好向另一钢材销售商购买同等数量的货物，多花费 15 万元，从而履行了与志和批发部之间的合同。现友谊贸易公司诉至法院，要求宏达商贸公司赔偿损失。

二、案例思考

1. 宏达商贸公司是否具有法定的免责事由，依据何在？

2. 友谊贸易公司是否可要求宏达商贸公司赔偿 40 万元的市场利润，为什么？

3. 宏达商贸公司应当赔偿的仓储费数额是多少？依据何在？

4. 友谊贸易公司因向另一钢材销售商购买替代货物多支付的15万元，是否可要求宏达商贸公司赔偿？依据何在？

三、案例分析

1. 不存在。法定的免责事由是不可抗力：所谓不可抗力是指不能预见、不能避免并不能克服的客观情况。如台风、地震、水灾、火灾、战争、动乱等。设备故障虽属于宏达商贸公司生产过程中不可避免的事情，但应在宏达商贸公司的预见之内，而且是可以克服的，因此不属于不可抗力。

2. 不可以。合同没有约定违约金或者赔偿损失的计算方法，赔偿损失额应当相当于因违约所造成的损失，包括合同履行后可以获得的利益。因为友谊贸易公司已履行与志和批发部之间的合同，所以没有损失40万元的市场利润。

3. 1万元。因宏达商贸公司于10月14日向友谊贸易公司发出传真，表明违约的态度，友谊贸易公司应于当日解除与仓储公司之间的仓储合同，以减少损失，对友谊贸易公司没有积极采取措施而扩大的损失部分不能要求宏达商贸公司赔偿。

4. 可以。赔偿损失以赔偿全部损失为原则，友谊贸易公司向其他销售商购买钢材多支付的15万元是因宏达商贸公司违约导致的损失，故应由宏达商贸公司赔偿。

拓展案例2

一、案例文本

被告人熊某，男，1963年10月27日出生，汉族，工人，因涉嫌绑架罪被羁押。2001年1月27日下午，熊某跟踪其妻子马某至本市某宾馆，直入607房间。熊某在服务台查询得知该房间登记入住者是张某（男）后，立即打电话约其好友某甲，并让某甲又邀约某乙、某丙等三人赶往该宾馆门口会合，几人会面后，即一起闯入607房间，发现其妻马某正和张某躺在一起，即对张某一通拳打脚踢（后经鉴定，张某的损伤程度为轻微伤甲级）。之后，熊某责问张某如何解决此事，张某表示不知马某已婚，并提出给熊某2万元了结此事。熊某则表示要了结此事，至少得拿出10万元，威胁张某立即打电话去筹钱，并强迫张某当场写下10万元的欠条。张某只得打电话给朋友黄某，以自己急需用钱为由，让黄某送5万到朋友程某处再转交给熊某。随后，在熊某的安排下，张某被带到某甲租住的一房间内看押，由某乙前往程某处取走送来的5万元。由于张某的朋友报案，熊某被抓获，张某被放回，其他同案人潜逃。

二、案例思考

请分析熊某行为的性质。

三、案例分析

被告人熊某的行为应当以敲诈勒索罪论处。

第一，敲诈勒索罪和以胁迫为手段的抢劫罪之区别关键在于二者所采取的威胁方式、内容和占有财物的时空性。熊某勒取张某的钱财，既非当场取得，所采用的手段也非暴力威胁（熊某的暴力伤害也是一时激愤的单纯的伤害行为，而非出于抢劫故意的暴力）。即本案中熊某虽有暴力相威胁，但其获取钱财的手段并不是使用暴力或者以暴力相威胁，而是抓住被害人的“短”进行敲诈，所获钱财也非当场取得，故不符合抢劫罪特征。

第二，敲诈勒索罪与绑架罪的主要区别在于实现勒索目的的方式不同。（勒索型）绑架罪是向被绑架人的亲友或者其他相关第三人索要财物，所采用的威胁手段主要是以杀伤被绑架人为内容，属于暴力威胁范畴。而敲诈勒索则不以绑架行为为前提，其威胁或者要挟以及索财命令的直接对象基本上为同一人，即被勒索人。本案中，熊某以张某与其妻有不正当男女关系为由相要挟，迫使张某写下借据，勒索张某钱财10万元，但熊某并没有以杀伤张某为威胁，其勒索行为是发生并完成在控制张某人身自由之前的。尽管勒索既遂的5万元是由张向其朋友借的，但仍是张某以自己急需要用钱为由向朋友借来的。熊某要挟和勒索的直接对象都是张某本人，而没有以控制张某的人身自由或伤害、杀害张某为内容直接向他人发出勒索指令。总之，熊某勒索成功所凭借的手段仍是张某的“把柄”，勒索的对象也仅是张本人。故不构成绑架罪。

拓展案例3

一、案例文本

2001年7月高考时，某县中学的6名考生与2名社会青年互相勾结，利用手机将试卷答案信息发送到考生所携带的传呼机上。还有一名考生通过该中学体育教师刘某，用8000元收买6名监考老师，这些监考老师收款后，对该位考生在考场作弊均视而不见，甚至还有一名监考老师帮他填写答题卡。案发后，该县招生委员会和纪检、监察等有关部门高度重视，立即进行调查，很快就查清了这宗考场作弊案。为严肃法纪，该县对涉及违纪作弊的老师和考生作出严肃处理。该县中学体育教师刘某被开除公职，并移送司法机关处理，6名监考教师分别受党纪和行政处分；违纪作弊的6名考生被取消考试资格，并停考3年。

二、案例思考

1. 该县对涉案教师和考生的处理是否合法？为什么？

2. 该县中学体育教师刘某的行为是否构成犯罪？为什么？

三、案例分析

1. 该县对涉案教师和考生的处理合法。符合《教育法》第77条规定：“在招收学生工作中徇私舞弊的，由教育行政部门责令退回招收的人员；对直接负责的主管人员和其他直接责任人员，依法给予行政处分；构成犯罪的，依法追究刑事责任。”

2. 体育教师刘某行为已经构成犯罪。体育教师刘某用 8000 元收买 6 名监考老师，这些监考老师收款后，对该位考生在考场作弊均视而不见，甚至还有一名监考老师帮他填写答题卡，属于受贿和行贿行为，其结果破坏了国家考试的公正和公平性。

拓展案例 4

一、案例文本

案情：徐某某，男，1984 年 10 月 21 日出生，聋哑人，学生。

徐某某是家中的独生子，由于受不良社会风气的影响，对学习没有兴趣，经常逃学旷课，甚至与校外一些“混混”建立了关系。2000 年 9 月 17 日晚上，徐某某向母亲赵某提出自己明天不想去上学了，赵某见儿子又想逃学，顿时怒火冲天，抬手就打了儿子两个嘴巴。当晚，徐某某趁赵某熟睡之际，将一包鼠药（毒鼠强）放进了赵某每天必喝的中药里，并从赵某的钱包里找到 160 元钱后到一网吧上网玩游戏。次日早上，赵某喝下掺有鼠药的中药后中毒死亡。徐某某回家得知其母死亡，便向其父承认是自己所为，并在其父带领下到派出所投案，交代了事情的全部经过。

二、案例思考

试分析并说明理由：对于徐某某的行为应当如何认定和处罚？

三、案例分析

1. 徐某某的行为构成犯罪，应当负刑事责任。

2. 根据刑法规定：已满 14 周岁不满 16 周岁的人，犯故意杀人、故意伤害致人重伤或者死亡、强奸、抢劫、贩卖毒品、放火、爆炸、投毒（投放危险物质）罪的，应当负刑事责任。

3. 徐某某故意以鼠药毒杀其母，致其死亡，该行为具有严重的社会危害性，显然应当受刑罚处罚，且徐某某当时已年满 15 周岁，已达到刑法规定的相对负刑事责任的年龄阶段，因而其故意杀人的行为构成犯罪，应当负刑事责任。

4. 徐某某犯罪后主动投案，如实供述自己的罪行，属于自首，可以从轻或者减轻处罚。

5. 徐某某属于聋哑人，可以从轻、减轻处罚或者免除处罚。

6. 徐某某犯罪时不满 18 周岁，应当从轻或者减轻处罚，且不能适用死刑。

拓展案例 5

一、案例文本

被告人：童某，男，36 岁，原系某国有工厂采购员。被告人：林某，女，34 岁，同厂工人。童某因贪污罪于 1999 年 11 月被判处有期徒刑 3 年，缓刑 4 年。2003 年 5 月，童又起意强奸厂里的女青年平某，并同其姘妇林某商量，由林某以请平某帮助修理缝纫机为名，将平某诱至林某家中。晚饭时，童、林二人设法用酒将平某灌醉，林某故意离家去别处睡觉。童某正欲行奸时，平某惊醒，大喊救命。童某唯恐被邻居发觉，用手扣住平某的嘴，被平某狠咬一口。童某又生恶念，用双手猛扼平某的颈部，致平某窒息死亡。林某次日回家，发现平某已死，惊恐之余，答应为童某掩盖罪行。当晚，童、林二人将平的尸体装入麻袋运送到郊外，投进了江里。

二、案例思考

1. 童某的行为构成何罪？

2. 林某的行为构成何罪？

3. 对童某与林某依法应当如何处罚？

三、案例分析

1. 童某的行为分别构成强奸罪（未遂）、故意杀人罪。

2. 林某的行为构成强奸罪（未遂）、帮助毁灭证据罪。

3. 童某与林某构成强奸的共同犯罪，其中童某应为主犯，林某为从犯（帮助犯），所以，对于林某的强奸罪可以从轻、减轻或者免除处罚。对于童某，因其强奸罪与故意杀人罪发生在贪污罪缓刑的考验期内，故应撤销缓刑，把贪污罪 3 年有期徒刑与强奸罪（未遂）、故意杀人罪三罪实行数罪并罚；对林某则应以强奸罪（未遂）、帮助毁灭证据罪两罪进行并罚。

拓展案例 6

一、案例文本

王某与华某（女）于 1982 年结婚，1995 年王某的父亲在老家去世，留有遗产 23 000 元钱。王某以自己名义存入银行。1999 年，夫妇俩想在家乡开饭馆，华某主张租房，而王某则想买房，最后两人决定让刘某先给他们租 3 间房，如果有价格合适的房再通知他们。刘某得知一家饭馆正好要出卖，价钱也仅有同地段商品房的 2/3，于是刘某没有通知王某夫妇就自己垫付 20 000 元以王某的名义先买了下来。知道此事后华某坚决反对，认为刘某的行为没有经他们授权，应由刘某自己承担后果；但是王某却同意，并在自己的存款中取出钱汇给刘某，并委托刘某以他的名义办理了产权过户手续。夫妇俩回家经营饭馆 1 年后，由于两人关系恶化，王某提出离婚。华某同意离婚，但主张房屋应有其一半产权。

二、案例思考

1. 刘某的行为是否属于无权代理？其效力对华某最终是否有效？

2. 该房屋华某是否享有产权？

三、案例分析

1. 刘某的行为是无权代理，因为王某夫妇只授权刘某租房，并没有要求他买房，刘某是超越代理权的无权代理。但是王某在后来以汇款和委托他办理过户手续的事实对刘某的行为予以了追认。王某的追认应该不仅仅对王某本人有效，对华某也同样有效。因为王某与华某是夫妇，王某的行为可以构成表见代理，刘某有理由相信其妻同意买房。而且，华某在事后并没有表示反对，而是与王某一同回家以此房经营饭馆，其行为已经是对王某表见代理的默认。

2. 华某对该房屋享有所有权。此房是王某与华某夫妻关系存续期间所购买的，应属于夫妻共同财产；虽然王某的购房款是其父的遗产，但是根据我国《婚姻法》，在夫妻关系存续期间，一方继承所得的财产也是夫妻共同财产，而不是王某的个人财产。

6.7 推荐阅读

6.7.1 经典阅读1

法律故事——《大宪章》：温莎堡草地上的羊皮纸

“法律高于国王之上，连国王也不得违反！”

——13世纪英国《大宪章》的精神

离开意大利，我们法律之旅下一站的目标便是英国。这个大西洋上的小小岛国，历史上，却是现代世界许多重要的法律理论和制度产生的一个源头。

此刻，我们正倚立在一艘海轮的舷边，挥手告别了法国北部著名的敦刻尔克海港，向英吉利海峡对面的英伦三岛驶去。1940年5月27日，第二次世界大战初期，英法联军曾有40万人，被德军的“闪电战”紧紧包围在这欧陆边缘的弹丸小镇。可能是“英吉利”这名字取得实在是太好了的缘故吧，当时海峡两岸，真的是天佑女皇，连续数日，天降大雾，令德军无法发动总攻击。而英国则趁机调集了全国大小船只，连续七天七夜进行史无前例的大营救。直至6月4日，浓雾散去，海峡上空，阳光灿烂，德军的飞机大炮坦克才得以一齐向这小镇狂轰。3 万多名守卫官兵顷刻间全部灰飞烟灭，而 36 万被困英军，则早已安然撤回英国，只是在码头上，丢下了遍地的轻重武器堆积如山。这就是历史上著名的“敦刻尔克大撤退。”

说来也巧，今天刚好就正是 6 月 4 日，刚好就是那场“敦刻尔克大撤退”的 60 周年纪念日。仰望着英吉利海峡上的蓝天浮云，遥想着 60 年前这海面上千帆抢渡、炮火连天的悲壮场面，有一刻，我几乎忘记了我们今日要去英国干什么。

好了，闲话休提，言归正传。我们的英国之行这一站，第一个目标，便是去考察伦敦附近的温莎堡。因为这座草色青青的美丽古堡，是全世界、全人类第一部宪法的发源地。

温莎堡，位于伦敦西北 30 公里处的泰晤士河畔。这里地势高峻，周围环绕着大片碧绿如茵的绿草地和片片茂密的森林。这座拥有众多巍峨宫殿、风景如画的庞大古堡群，屈指算来，已经有将近 1 000 年的历史了。近几年来，这座童话世界般的“王城”大部分已对公众开放，并成为英国一个著名的旅游胜地。我们来此，无心寻觅当今女王幼年时代的“绿野仙踪”，也没空听导游津津有味地讲那位“不爱江山爱美人”的温莎公爵（即爱德华八世）的风流韵事。我们只是随大流走马观花地游览了一下“滑铁卢大厅”和圣乔治教堂后，便走出了那座气势雄伟的大石门，来到了古堡门外不远处的一片青草地上。

在这片看来普普通通的绿草地上，近八百年前，却上演过一出英国历史上最壮大的场面。

说起来，往事如烟。1215 年 6 月 15 日清晨，一阵阵急骤的马蹄声惊醒了温莎堡。几十个英国贵族身带佩剑，来到此地，齐齐聚集在我们现在站立的这一片青草地上。他们聚集在此地的目的，原来是要向一贯专横而粗暴的国王约翰递交一份请愿书，要求国王保证：从今以后，遵守法律，不得再侵犯这些贵族们的这项权利和那项权利。他们的随从和一大队铁甲骑兵们则隐伏在附近茂密的树林里，时刻准备着，万一，这场与国王“说法”的谈判一旦破裂，就全军出动，向会场冲锋。

以武装叛乱来反对国王，这在封建时代岂非滔天的死罪？但“不自由，毋宁死”。这一小批意志坚定的人，在这片绿草地上为国王准备了一个小帐篷和宝座，还有一卷写在羊皮纸上的请愿书。当然，还有密林里隐伏着的几千把军刀。

在紧张的静默和等待中，连太阳也不安地躲在阴云里。终于，上午9时左右，温莎堡方向出现了一支小马队。人们逐渐看清了是约翰国王、教皇使节、坎特伯雷大主教和一小队卫士。国王一行在绿草地上漫不经心地下了马，然后，一位贵族代表迎上前去，简要地说了几句话，并向国王献上那一小卷羊皮纸。

约翰王展开那卷羊皮纸，大略地浏览了一下，只见上面写着：“国王在没有征得贵族同意时，不可随意收取赋税，也不能任意向臣民勒索财款”，“不经同等身份的人的合法裁决和本国法律的审判，国王不得将任何人逮捕囚禁，不得剥夺其财产，不得施加任何刑罚折磨”，还有许多“不得这样、不得那样”。最后的一条，令约翰王皱了皱眉头，这一条写着：“假如国王违背诺言，贵族则有权拿起武器驱除暴君……全国人民都应站在起义者这一边”，等等。

据说当时，短暂的静默，短暂的肃穆，这片绿草地上的空气似乎要凝住。之后，出乎意料地，国王竟点了点头，表示了同意，并将这卷羊皮纸——“贵族权利纲领”转给了他的大法官。然后，国王不失尊严地离开了这片绿草地，返回了温莎堡。

四天后，以这卷羊皮纸为蓝本、经大法官们修饰敲定的“英国人民自由契约”——《大宪章》诞生了，全人类历史上第一部宪法的雏形诞生了。

一场伟大的请愿，诞生了一部伟大的法律。在后来的岁月里，迄今还保存在大英博物馆里的这卷羊皮纸，其内里基本的内容，已逐渐发展成为英国全部关于人民的自由、平等、人身安全、财产安全的法律制度最初的基石，也逐渐发展成了英国宪法和法治传统的基本支柱，这倒是当天批准了这份文件的约翰国王以及全体参与了请愿的贵族们所远没有预料得到的事。

我们暂且撇开宪章中琐碎的内容不谈，而来研究一下这场“羊皮纸事件”本身，我们就会发现，虽然在13世纪的英国，贵族们并不懂得，也不关心人民大众的自由权利和议会的民主，但他们却坚信着一条光辉的原则，这原则就是：法律高于国王之上，连国王也不得违反！

国王也要受法律的约束？在大多数封建国家的历史上，国王从来都是至高无上的“天之骄子”——天子。皇帝手操对天下万民生杀予夺的一切大权，法律只是他手上用来惩罚人民的一件工具。人民对自己作为一个“人”、作为一个“民”可以有什么权利、应得到什么权利，可以说，是自古以来，便一概不知。而对待暴君，封建时代的劳动人民一般都只知道这两种方法：一就是“逆来顺受”，忍受、忍受、再忍受；二就是忍无可忍之时便群起而“造反”，把那家伙一刀杀掉，把他的宫殿一把火烧掉，再随便弄个刘三、李二出来当皇帝。而从来就没有人想过：要用法律去约束皇帝。

但英国人就不同了。据说，英国人最自豪的便是他们的“自由”。他们个个都自称是“生而自由的英国人”(Free-born Englishmen)，就像我们人人都自称是炎黄子孙一样。但自由需要一个稳定的社会来保障，因此，英国人对专制暴君的斗争，一般地，总是不愿简单地把他推翻，而总是想在保住他的王权、保住一个国家的稳定的前提下，去争取臣民自己最多的权利和最大的自由。温莎堡草地上的那卷羊皮纸，便正是英国这种民族传统的一个最好写照，这传统就是——通过诉诸法律的方式，来确定统治者与人民之间的权利义务，君主与人民要互相尊重对方的权利，但谁也不准“越位”，以避免社会陷入一种急剧动乱，来求得一种社会的和平、经济的进步与民族的团结。当年的约翰王很懂得适时妥协，而当年的贵族与人民，亦很懂得适当的退让。于是，法律在英国，便日渐成为一种至高无上的东西，君主与人民，大都懂得“依法”来自我克制。传统得以延续，历史更没有割断。所以，今日的英国，尽管社会生活已经发生了天翻地覆的变化，但国家依然会有女王、有贵族，女王依然能保有王室华丽的马车和庄严的皇宫古堡，而人民，却享有一种比世界上大多数人都自由和安宁的生活。

今日游客来到温莎堡，有人欣赏风景的美丽，有人惊叹王室的奢华，有人只看到大英帝国的衰落，有人在嘲笑英国革命的“不彻底”。而对于第四种人，我只想建议他：先生，你不妨走出温莎堡的墙外，去欣赏一下那片碧绿了一千年的青草地。

6.7.2 经典阅读2

民事诉讼模拟法庭程序

一、法庭准备阶段

[书记员]：

（一）查点当事人及其诉讼参加人到庭情况并请入席

（二）现在宣布法庭纪律，请旁听人员保持安静：

1. 未经法庭允许，不准录音、录像、摄影；

2. 除本院允许进入审判区的人员外，其他人员一律不准进入审判区；

3. 不准鼓掌、喧哗、吵闹和实施其他妨害审判活动的行为；

4. 未经审判员许可，不准发言、提问；

5. 请关闭各类通信工具；

6. 对于违反法庭纪律规则的人员，合议庭可以口头警告训诫，也可以没收录音、录像和摄影器材，责令退出法庭或予以罚款、拘留；

7. 对哄闹、冲击法庭、侮辱、诽谤、殴打审判人员等严重扰乱法庭秩序的人，依法追究刑事责任，情节较轻的予以罚款。

[书记员]：请全体起立。请审判长和审判员入庭。（审判长和审判员入庭）

[审判长]：请坐下。

[书记员]：报告审判长，原被告当事人及委托代理人均已到庭，开庭准备工作就绪，可以开庭。

[审判长]：（敲法槌）请坐下。（大声）现在开庭。根据《中华人民共和国民事诉讼法》第123条第二款的规定，现在核对当事人的基本情况及委托代理人姓名职务、代理权限。

[审判员一]：由原告向法庭报告你的姓名、年龄、民族、出生年月日、工作单位、职务及家庭住址

[原　告]：本人________，____（性别），____年____月____日
出生，____族，____________（职业、家庭住址）

[审判员一]：由原告委托代理人向法庭报告你的姓名，说明你的工作单位、职务及代理权限。

[原告委托代理人]：××，××律师事务所律师。担任A诉B房屋产权纠纷一案，原告××代理人。代理权限为一般代理。

[审判员一]：请出示有效证件。（法警传递证件给合议庭）

[审判员二]：由被告向法庭报告你的姓名、年龄、民族、出生年月日、工作单位、职务及家庭住址

[被　告]：本人________，____（性别），____年____月____日出生，____族，____________________（职业、家庭住址）

[审判员二]：由被告委托代理人向法庭报告你的姓名，说明你的工作单位、职务及代理权限。

[被告委托代理人]：××，××律师事务所律师。担任A诉B房屋产权纠纷一案，被告××的代理人。代理权限为一般代理。

［审判员二］：请出示有效证件。（法警传递证件给合议庭）

［审判长］：原告对被告方出庭人员有无异议？

［原　告］：没有异议。

［审判长］：被告对原告方出庭人员有无异议？

［被　告］：没有异议。

［审判长］：原告、被告及各方委托代理人向法庭报告的内容与向本院提交的诉讼主体资格证明及委托书相一致，各方当事人及委托代理人出庭资格合法有效，准许参加诉讼。

［审判长］：现在宣布开庭（敲法槌）。某某法院今天依法适用普通程序，公开开庭审理原告××与被告××一案，下面宣布合议庭组成人员，由审判长×××，审判员×××、×××成合议庭，书记员××担任法庭记录。根据《中华人民共和国民事诉讼法》的相关规定，当事人在法庭上有申请回避的权利，提出证据的权利，对争议的事实享有法庭辩论的权利和请求法庭给予调解的权利；原告有放弃、变更、增加诉讼请求的权利，被告有进行反驳的权利；双方均有陈述最后意见的权利。双方当事人在法庭上享有上述权利的同时应承担依法行使诉讼权利的义务；听从法庭指挥，遵守法庭纪律、如实陈述事实。自觉履行发生效力的法院的判决书、调解书和裁定书。

［审判长］：上述权利和义务原告是否听清？

［原　告］：听清楚了。

［审判长］：被告是否听清？

［被　告］：听清楚了。

［审判长］：根据《中华人民共和国民事诉讼法》第46条的规定，当事人享有申请回避的权利，原告对合议庭组成人员及书记员是否提出回避申请？

［原　告］：不申请。

［审判长］：被告对合议庭组成人员及书记员是否提出申请回避？

［被　告］：不申请。

二、法庭调查阶段

［审判长］：根据《中华人民共和国民事诉讼法》第129条的规定，现在进行法庭调查，法庭调查的重点是双方争议的事实。当事人对自己的主张有责任提供证据，反驳对方主张的，应当说明理由。当事人陈述应当围绕诉讼请求、争议事实等与本案有直接联系的内容进行，首先由原告宣读起诉书。

［原　告］：（宣读起诉书）

［审判长］：下面被告进行答辩。

［审判长］：开庭前，依照法律规定，本院的立案流程机构已对双方提供的证据进行庭前交换，原告提交的证据被告是否收到？

［被　告］：收到。

［审判长］：被告提交的证据原告是否收到？

［原　告］：收到。

［审判长］：下面进行法庭质证，在质证过程中，双方当事人应当按照庭前所提交的证据清单所载明的序号说明证据名称，来源以及证据所要证明的对象，其他诉讼参与人在发表质证意见的时候，应当围绕证据的真实性、合法性、关联性、有无证据效力以及证明效力大小发表。首先由本案的原告出示证据被告进行质证。

［审判长］：下面由原告按照证据清单载明的序号出示证据，说明证据的名称、来源以及证据所要证明的对象，由被告进行质证。

［原　告］：我有两份证据，第一份是×××。该证据证明×××。

第二份证据：我方向法庭申请传唤证人×××出庭作证。

［审判长］：下面通知本案证人到庭作证。（交通知，传唤证人法警）

［证　人］：我叫××，年龄____，民族____。职业及工作单位________，是原、被告大学同学。

[审判长]：你作为知道本案事实的人，依据《中华人民共和国民事诉讼法》规定，有义务出庭作证，并就你所知道的情况，向法庭如实陈述。你作为证人有权阅读证言笔录，并可以对本案无关的询问，拒绝回答，同时，你有义务如实作证，作伪证要负法律责任，对此，你是否听清？

[证　人]：听清了。

[审判长]：原告可以对证人发问。

原告：×××

证人：×××

[审判长]：被告对证人的证词有无异议？有无提问？

[原　告]：有，×××

[审判长]：现在由被告举证。

步骤同上。

三、法庭辩论阶段

[审判长]：法庭调查结束，现在进行法庭辩论。现在合议庭根据庭审质证和庭审调查已查明的事实，确定法庭辩论时双方当事人应围绕下列争议焦点进行：（总结2—4个争议点）焦点一、焦点二、焦点三。

对此原告有无异议：

[原告委托代理人]：没有。

[审判长]：被告呢？

[被　告]：没有。

[审判长]：现在由原告发表起诉词。

[原告委托代理人]：×××（起诉词）

[审判长]：现在由被告发表辩论意见。

[被告委托代理人]：（辩护词）

[审判长]：下面双方围绕第一个焦点相互辩论。原告方是否还有

新的意见？

[原告委托代理人]：有。×××

[审判长]：被告方是否还有新的意见？

……

[审判长]：围绕争议事实，双方当事人进行了充分的法庭辩论，双方无新的辩论，辩论结束。现在依据《中华人民共和国民事诉讼法》第127条规定，由双方当事人进行最后陈述，在最后陈述阶段双方当事人可以简单明确地表明对于本案的处理意见和各自是否坚持诉讼主张的意愿。首先，由原告发表你方的最后陈述意见。

[审判长]：下面由原告发表最后陈述意见。

[原　告]：×××

[审判长]：下面由被告发表最后陈述意见。

[被　告]：×××

[审判长]：下面依据《中华人民共和国民事诉讼法》第128条的规定，判决前能够进行调解的，应当进行调解，在法庭调解过程中，双方应根据法律的规定，进行协商解决。原告、被告是否要求调解？

[原　告]：不要调解。

[被　告]：不要调解。

[审判长]：由于原、被告双方意见分歧较大，无法达成协议，合议庭不再组织调解。合议庭需要对本案休庭10分钟进行评议，请双方当事人查阅庭审笔录，并且在庭审笔录上签字，如果认为庭审笔录有错误或者有遗漏，征得书记员许可后，可以申请另页补正。下面宣布休庭。

[书记员]：全体起立，请审判长和审判员退庭。（之后停顿一下）

[书记员]：请全体起立。请审判长和审判员入庭。

[审判长]：现在宣判。（判决书）

表演所需人员：审判长一人，审判员两人，书记员一人，原告一人，原告代理律师一人，被告人数不限，被告代理律师两人。

证据种类：参照刑事证据。

6.7.3 经典阅读 3

《中华人民共和国刑法修正案（九）》
（发布日期：2015 年 8 月 29 日）全文解读

备受关注的《刑法修正案九》全文于 2015 年 8 月 29 日通过，自 2015 年 11 月 1 日起施行，《刑法修正案（九）》再次减少 9 个死刑罪名，减少后的刑法死刑罪名共 46 个。新刑法规定收买被拐妇女、儿童的，对被收买儿童没有虐待行为、不阻碍对其进行解救的，可以从轻处罚；实施了 18 年的嫖宿幼女罪取消，罪行行为以强奸罪论处。具体解读如下：

一、减少适用死刑罪名，再减少 9 个适用死刑的罪名，取消后适用死刑的罪名有 46 个

《刑法修正案（九）》减少的 9 个死刑罪名分别是：走私武器罪、弹药罪、走私核材料罪、走私假币罪、伪造货币罪、集资诈骗罪、组织卖淫罪、强迫卖淫罪、阻碍执行军事职务罪、战时造谣惑众罪。此前，我国死刑罪名数量共 55 个，取消这 9 个后，有 46 个。

二、严惩恐怖主义犯罪，恐怖组织犯罪增加规定财产刑，将多种行为规定为犯罪形式

《刑法修正案（九）》对恐怖主义犯罪做的补充有：

1. 对组织、领导、参加恐怖组织罪的，增加规定财产刑。

2. 增加规定资助恐怖活动组织、实施恐怖活动的个人的或者资助恐怖活动培训的，以及为恐怖活动组织、实施恐怖活动或者恐怖活动培训招募、运送人员的构成犯罪。

3. 将为实施恐怖活动而准备凶器或危险品，组织或者积极参加恐怖活动培训，与境外恐怖活动组织、人员联系，以及为实施恐怖活动进行策划或者其他准备等行为明确规定为犯罪。

4. 增加规定以制作资料、散发资料、发布信息、当面讲授等方式或者通过音频视频、信息网络等宣扬恐怖主义、极端主义或者煽动实施恐怖暴力活动的构成犯罪。

5. 增加规定利用极端主义煽动、胁迫群众破坏国家法律确立的婚姻、司法、教育、社会管理等制度实施的构成犯罪。

6. 增加规定持有宣扬恐怖主义、极端主义的物品、图书、音频视频资料的构成犯罪。

7. 增加规定拒不提供恐怖、极端主义犯罪证据的是犯罪。

8. 增加规定以暴力、胁迫等方式强制他人在公共场所穿着、佩戴宣扬恐怖主义、极端主义服饰、标志的是犯罪。

三、加强人身权利保护，扩大强制猥亵妇女罪使用范围，收买妇女儿童一律作犯罪评价

1. 修改强制猥亵、侮辱妇女罪、猥亵儿童罪，扩大适用范围，同时加大对情节恶劣情形的惩处力度。具体规定为：以暴力、胁迫或者其他方法强制猥亵他人或者侮辱妇女的，处五年以下有期徒刑或者拘役。聚众或者在公共场所当众犯前科罪的，或者有其他恶劣情节的，处五年以上有期徒刑。猥亵儿童的，依照前两款的规定从重处罚。

2. 修改收买被拐的妇女、儿童罪，对于收买妇女、儿童的行为一律作出犯罪评价。收买被拐妇女、儿童的，对被收买儿童没有虐待行为、不阻碍对其进行解救的，可以从轻处罚。按照被收买妇女的意愿，不阻碍其返回原居住地的，可以从轻处罚或减轻处罚。删去原来规定的免罚。

3. 增加规定对未成年人、老年人、患病的人、残疾人等负有监护、看护职责的人虐待被监护、看护的人，情节恶劣的，处三年以下

有期徒刑或者拘役。

四、维护信息网络安全，进一步加强公民个人信息保护，增加编造和传播虚假信息犯罪

1. 为进一步加强对公民个人信息的保护，修改出售、非法提供因履行职责或者提供服务而获得的公民个人信息犯罪的规定，扩大犯罪主体的范围，同时，增加规定出售或者非法提供公民个人信息是犯罪。

2. 针对一些网络服务提供者不履行网络安全管理义务，造成严重后果的情况，增加规定：网络服务提供者不履行网络安全管理义务，经监管部门通知采取改正措施而拒绝执行，致使违法信息大量传播的，致使用户信息泄露，造成严重后果的，或者致使刑事犯罪证据灭失的，严重妨害司法机关追究犯罪的，追究刑事责任。

3. 对实施诈骗、销售违禁品、管制物品等违法犯罪活动而设立网站、通讯群组、发布信息的行为，进一步明确规定如何追究刑事责任；针对在网络空间传授犯罪方法、帮助他人犯罪的行为多发的情况，增加规定：明知他人利用信息网络实施犯罪，为其犯罪提供互联网接入、服务器托管、网络存储、通讯传媒等技术支持，或者提供广告推广、支付结算等帮助，情节严重的，追究刑事责任。

4. 针对开设“伪基站”等严重扰乱无线电秩序，侵犯公民权益的情况，修改扰乱无线电通讯管理秩序罪，降低构成犯罪门槛，增强可操作性。

5. 针对在信息网络或者其他媒体上恶意编造、传播虚假信息，严重扰乱社会秩序的情况，增加规定编造、传播虚假信息的是犯罪。

6. 对单位实施侵入、破坏计算机信息系统犯罪规定了刑事责任。

五、加大惩戒腐败力度，重大贪污犯罪规定“终身监禁”，严格规定行贿罪从宽处罚条件

1. 修改贪污受贿犯罪的定罪量刑标准

第一，不再规定具体数额。在此之前，刑法对贪污受贿犯罪的定

罪量刑标准规定了具体数额，这样的规定是1988年全国人大常委会根据当时惩治贪污受贿犯罪的实际需要和司法机关的要求作出的。从实践的情况看，规定数额虽然具体明确，但是此类犯罪情节差别很大，情况复杂，单纯考虑数额，难以全面反映具体各罪的社会危害性。同时，数额规定过死，有时难以根据案件的不同情况做到罪刑相适应，量刑不统一。

第二，根据各方意见，删除对贪污受贿犯罪规定的具体数额，原则上规定数额较大，或情节严重、数额巨大，或情节特别严重三种情况，分别对应三档刑罚，并对数额特别巨大，且使国家和人民利益遭受特别重大损失的，保留适用死刑。具体定罪量刑标准可由司法机关根据案件的具体情况掌握，或者由最高人民法院、最高人民检察院通过制定司法解释予以确定。同时，考虑到反腐斗争的实际需要，对犯贪污受贿罪，如实供述自己罪行、真诚悔罪、积极退赃、避免或减少损害结果发生的，规定可以从宽处理。

2. 加大对行贿罪的处罚力度

第一，完善行贿犯罪财产刑的规定，使犯罪分子在受到人身处罚的同时，在经济上也得不到好处。

第二，进一步严格对行贿罪从宽处罚的条件。将“行贿人在被追述前主动交代行贿行为的，可以减轻处罚或者免除处罚”的规定修改为“行贿人在被追述前主动交代行贿行为的，可以从轻或者减轻处罚”。其中，犯罪较轻的，对侦破重大案件起到关键作用的，或者有重大立功表现的，可以减轻或者免除刑罚。

第三，严格惩治行贿犯罪的犯人，增加规定：利用国家工作人员的影响力谋取不正当利益，向其近亲属等关系密切人员行贿的是犯罪。

具体规定为：为谋取不正当利益，向国家工作人员的近亲属或者其他亲属以及其他与其关系密切的个人行贿的，处两年以下有期徒刑或者拘役，并处罚金；情节严重的，或者使国家利益遭受重大损失的，处两年以上五年以下有期徒刑，并处罚金；情节特别严重的，或者使国家利益遭受特别重大损失的，处五年以上十年以下有期徒刑，并处罚金。

此外，完善了预防性措施规定：对因利用职业便利实施犯罪的，或者违背职业要求的特定义务的犯罪被判处刑罚的，人民法院可以根据犯罪情况和预防再犯罪的需要，禁止其自刑罚执行完毕之日或者假释之日起五年内从事相关职业。

六、惩治失信背信行为，增加规定组织考试作弊等犯罪，虚假诉讼严重妨害司法构成犯罪

1. 修改伪造、变造居民身份证的犯罪规定，将证件的范围扩大到护照、社会保障卡、驾驶证等证件；同时将买卖居民身份证、护照等证件的行为以及使用伪造、变造的居民身份证、护照等证件的行为规定为犯罪。

2. 增加规定组织考试作弊等犯罪。将在国家规定的考试中，组织考生作弊的，为他人提供作弊器材的，向他人非法出售或者提供试题、答案的，以及代替他人或者让他人代替自己参加考试等破坏考试秩序行为规定为犯罪。

3. 增加规定虚假诉讼犯罪。将为谋取不正当利益，以捏造事实提起民事诉讼，严重妨害司法秩序的行为规定为犯罪。

七、切实加强社会治理，危险驾驶应追究刑责，危险物品肇事需严惩

1. 进一步完善惩治扰乱社会秩序犯罪的规定。主要内容有：

第一，修改危险驾驶罪，增加危险驾驶应当追究刑责的情形。具体是，在道路上驾驶机动车，有下列情形之一的，处拘役，并处罚金：追逐竞驶，情节恶劣的；醉酒驾驶机动车的；从事校车业务或者旅客运输，严重超过额定乘员载客，或者严重超过规定驾驶速度的；违反危险化学品安全管理规定运输危险化学品，危及公共安全的。机动车所有人、管理人对前款第三项、第四项行为负有直接责任的，依照前款规定处罚。有前两款行为，同时构成其犯罪的，依照处罚较重的规

定定罪处罚。

第二，修改抢夺罪，将多次抢夺的行为规定为犯罪。

第三，将生产、销售窃听、窃照专用器材的行为规定为犯罪。

第四，将多次扰乱国家机关工作秩序，经处罚后仍不改正，造成严重后果的行为和多次组织、资助他人非法聚集，扰乱社会秩序，情节严重的行为规定为犯罪。

第五，修改完善组织利用会道门、邪教组织破坏法律实施罪，加大对情节特别严重行为的惩治力度，同时对情节较轻的规定相应的刑罚。

2. 保障人民法院依法独立公正行使审判权、完善刑法相关规定。具体是：

第一，将司法工作人员、辩护人、诉讼代理人或者其他诉讼参与人、泄露依法不公开审理的案件中不应当公开的信息，造成信息公开传播或者其他严重后果的行为，规定为犯罪。

第二，修改扰乱法庭秩序罪，在原规定的聚众哄闹、冲击法庭、殴打司法工作人员等行为的基础上，将殴打诉讼参与人以及侮辱、诽谤、威胁司法工作人员或者诉讼参与人，不听法庭制止等严重扰乱法庭秩序的行为，规定为犯罪。

第三，进一步完善拒不执行判决、裁定罪的规定，增加一档刑罚，并增加单位犯罪的规定。

3. 针对当前毒品犯罪形势严峻的实际情况和惩治犯罪的需要，对生产、运输易制毒化学品的行为作出规定。

资料来源：根据网络资料汇编整理。

6.7.4 经典阅读 4

新加坡的法治模式

1. 法治国家与法治社会

法治的对象是什么？法治国家意味着法治的对象主要指国家中的国家机关和国家官员，而不是国民。法治社会意味着将社会生活的主要方面纳入法制的轨道，人们之间的主要关系都用法律来规范。西方法治理论认为，法治的定位是法治国家，而不是法治社会。法治主要指用法律来规制国家的政治生活，而不是主要指用法律来规制社会生活。这种理论还认为，法治社会的观念容易导致权力的扩张，造成权力对于社会生活，特别是人们的私人领域的过多干预。

新加坡的法治模式将规制国家与规制社会兼顾起来。新加坡崇尚这样一种法治精神：法律面前人人平等，法律之内人人自由，法律之外没有民主，法律之上没有权威。新加坡继承英式法治，把法律置于最高权威的地位，任何个人或组织都不能凌驾于法律之上，1995 年，吴作栋下令金融管理局调查李光耀家庭两处房产的购买过程，并在国会公开事实真相，表明房产购买的折扣符合市场惯例。李光耀在国会就此发言说："有关当局能调查我并针对我的行为提出报告，证明了我所定下的制度是无私和有效的，这次事件也再次证明没有人可以枉法。"

新加坡政府的廉洁和效能闻名于世。在美国商业风险机构发表的《1995 年最具效能政府》调查报告中，新加坡以 87 分高居榜首。1996 年 6 月，设在德国柏林的国际透明度调查机构发表题为《1996 年世界各国贪污观察指数》的调查报告，新加坡被德国商人认为是世界第 7 个最廉洁的国家，在亚洲国家名列第 1 位。在 2002 年的排名中新加坡上升到世界第 5 位，也是亚洲唯一排在前 10 名的国家。瑞士洛桑国际反贪组织发布的报告也显示，新加坡是亚洲最廉洁的国家，这些世界第一是靠什么来支撑的呢？主要靠形成了一套相对完善的高薪养廉制度，另外，监管系统，对新加坡的政府机关人员起到了不想贪（有德）、不必贪（高薪）、不能贪（严法）和不敢贪的功效。针对政府机关人员的行为，主要法律法典有《防止贪污法》《反贪污法案》《新加坡刑法典》《防止贿赂法》《公务员指导手册》《不明财产充公法》等。这些法律法典对政府机关工作人员的行为规范、贪污贿赂行为的定罪和处罚等都有非常明确、细致的规定，甚至对公务员的财务、借钱和接受礼品的额度都有非常明确的规定。新加坡反贪机构权力很大，它的调查人员可以检查疑犯及其妻子、儿女、代理人的银行账号和存折。控方一旦证明被告生活阔气，超过他合法收入的承受能力，或者拥有同收入不符的财产，法庭就可以以此作为被告已经受贿的证据将其入罪。在触犯了有关细则规定的时候，新加坡对犯罪的处罚是非常严厉的，罚款、因被开除公职而丧失公积金、没收财产、监禁等不一而足。20 世纪 70 年代有一位叫黄循文的次长，因收受印尼商人馈赠价值 2 000 美元的旅游观光费，而被判刑 4 年，取消其在职时的公积金。1992 年，被誉为“杰出公务员”的商业事务局局长格林奈因两次“说谎罪”而被监禁 3 个月，并丢掉了月薪 1.2 万新元的公职，80 万新元的公积金和退休金也被没收。原因之一是格林奈曾向财政部申请了一笔购买新汽车的贷款，实际上却是用来还了一辆旧车的债。尽管他如期还了这笔贷款，但根据政府对公务员的要求，他仍触犯了法律，被判为用误导性文件诱骗贷款。之二是他在某印尼商人尚未签约购买新加坡梦幻度假村时，两次对新加坡公共汽车公司谎称该商人已签约购买，劝说公共汽车公司也投资 300 万新元与外商合作。高薪养廉、依法治权使新加坡政府走上了良性循环的道路：廉能政府—执法政府—高效政府—受拥戴政府—廉能政府—……政府愈廉能，人民就愈拥戴政府，人民愈是拥戴，政府就愈加珍视和保持自己的廉能。李光耀说：“廉洁的政治环境，是我们最宝贵的资产。”

2. 权力制约、合作与自律

西方近代法治强调对于权力的制约。法治与“有限政府”相联系，法治本来就是用来制约政府权力的。政府被看作是一种“必要的恶”，不得不加以防止。新加坡法治不仅强调对权力的制约，而且强调权力之间的合作，同时还强调掌握权力的人的自我约束和自我教育。

即使是制约权力，西方法治既强调制约具体官员的权力，又强调制约整个政府的权力，包括立法、行政和司法的权力，甚至要求制约民主的权力。法治以及作为法治一部分的宪政，在很大程度上被看成是为了防止多数民主走向多数暴政的制度设置。在新加坡，制约权力侧重于制约具体的官员的权力。人们一般不太强调制约作为一个整体的政府的权力，更不强调对于民主权力的制约。在人们的心目中，政府是好的，或者是较好的，只有具体的个人才可能堕落腐败。

作为一个整体的政府是值得信任的，代表民众利益，所以政府各部门之间的合作成为这种法治模式的必然构成要素。尽管新加坡宪法中将行政、立法、司法三权分立的分权与制衡作为国家机构组织和活动的基本原则，规定议会行使立法权，采取询问、质询、国政调查、提出不信任票和弹劾等方式监管内阁，内阁行使行政权提出大法官的人选，可以解散国会，法院行使独立司法权。但实际上，新加坡长期一党独大的政治生态逐渐形成了党、政、立法三位一体的统治体制。在新加坡，总理和内阁成员都是议员，内阁成员在议会中所占比重较大，而且绝大多数议员属于人民行动党，议员总理又是党的领袖，立法权和行政权在政治信念和领导权上保持高度的一致。新加坡的各部门之间相互掣肘的现象是很少见的。国会和内阁几乎在所有的方面都协调合作。在政党制度上，新加坡虽然允许反对党的存在，但是又严格限制反对党的活动空间，使反对党实际上缺少活动的空间，并不能对执政党的地位产生威胁，也使新加坡“一党独大，立法、行政、司法三位一体”的制度能保持稳定存在。

新加坡的法治模式中，权力得到制约不仅依靠法律的作用，而且依靠执政党自律的作用。人民行动党作为执政党，对党员的要求非常严格，党的高级领导人注重自身修养，对一般的党员起到了榜样和示范作用。新加坡的政治精英们强调，除了要有好的程序制度外，还必须有好人掌管政府，即君子执政。李光耀强调："有好领袖才有好政府。""要有好政府，必须有好人管理政府。我40年来观察到的是，甚至当政府制度差，只要有好人掌管，政府就会过得去，会有适当的发展。另一方面我看到许多理想的政府制度垮了。这些政府是在英国和法国殖民地获得独立时，由英法两国成立的，但由于掌管的领袖不称职，这些国家在暴力、政变和革命中倒了，制度垮了。"新加坡要求政治人才对人民有献身精神，忠于自己的理想，具有高度的道德标准，具备很好的品德和素质。新加坡实行"公务员日记制"，政府每年给公务员发本日记，要求记录每天的公务活动和与公务有关的私人活动，8小时内外无所不包，尤其必须记有有违纪律规定的事项，然后交监督部门审查，若有隐瞒做假，给予处罚。这一做法有助于公务人员日日反省，警钟长鸣。

西方的法治模式下，人们可以自由批评政府。而在新加坡法治模式下，政府的权力很大，威性很高，法律在制约权力的同时还注重维护政府及其领导人的威信和形象。1994年，美国《国际先驱论坛报》发表《所谓的"亚洲价值观"是经不起考验的》，批评新加坡存在"王朝政治"，称李光耀的接班人吴作栋是"王朝政治"的傀儡，而李显龙能够成为副总理是利用了与李光耀的裙带关系；两个月后，该报又登出文章，暗指李光耀曾对其反对党进行打击。为此，1995年7月，李光耀、李显龙、吴作栋分别以诽谤罪向《国际先驱论坛报》索赔。新加坡高等法院对此案作出判决，判处该报赔偿吴作栋35万新元，李光耀和李显龙各30万新元。其结果虽未完全执行，但该报及作者登了道歉启事，并在新加坡高等法院的敦促下，不得不同意支付李光耀21.4万美元的名誉赔偿金。这不仅表明了政府的强硬立场，而且其不是说说而已的态度使外国媒体对涉及新加坡的评论可能会有所收敛。

3. 人权保障与亚洲式人权

法治的核心目标就是通过制约权力来保障人权。新加坡的法治模式并不排斥对人权的保障。人权可以分为不同层次。有一些核心层次的人权是必须加以保障的。法律应当禁止种族歧视和种族灭绝、刑讯逼供、奴隶制度、虐待儿童等严重不人道行为。新加坡法律制度也禁止这些行为。

新加坡法律同样保障人权，但是新加坡的法律所反映的人权观念与西方人权观念有所不同。西方国家与亚洲一些国家在人权问题上的主要分歧并不在于是否尊重人权价值，而主要在于组成人权体系的各个要素的排列及其实现方式上的差异。相比较而言，新加坡法治重视公民的社会经济权利甚于政治自由和权利，重视社会的整体福祉甚于公民个人的自由和权利。

新加坡《宪法》中所规定的人权并不是一种绝对的权利，在法律上和实践上都受到了诸多限制。如新加坡《宪法》仅在第 4 篇规定了 9 种公民基本权利，而且大多数都属于消极权利的范畴，而大量的经济权利和社会权利都未在《宪法》中规定。《宪法》规定人权行使受到诸多限制：如新加坡警察或肃毒人员有权对行为可疑的人强制进行验尿，以判断其是否吸毒，如果查证属实，就会对该嫌疑人采取进一步的强制措施。警方可以不定期拘留一些有足够目击证人或证据而无法提控的嫌犯，这样导致有些重大嫌犯长期被羁押。公权力机关可以安全法令拘捕政治犯，以刑事法律（临时条款）法令对付私会党徒，不顾司法程序先行拘捕再调查审讯，罚款也不听取当事人的陈述和申辩。这些做法在西方国家法治模式下一般会被认为是侵犯了个人的自由和权利，是违宪或违法的，除非在非常紧急的情况下，法律一般会禁止这些做法。但是这些做法得到新加坡的法律和民众的认可。

新加坡法律对大众传媒业实行严格的管制。与传媒相关的法律有宏观的如《宪法》《刑法》《内部安全法》等，也有具体的如《不良出版物法》《报纸与印刷所法》《电影法》《新加坡广播局法》《广播法》《网络行为法》等。1971 年 5 月，新加坡内部安全委员会曾以“倾向共产党”“危害国家安全”的罪名逮捕了《南洋商报》的 4 名高级职员，包括总经理李茂成、总主笔李显可、总编辑周道章等，实则因该报纸有宣扬华人和其他种族歧视的倾向。1976 至 1977 年，几十名经常著文批评政府的新闻工作者以参与“共党阴谋”等罪名被捕。外国传媒在新加坡也受到严格管制。1986 年，新加坡政府指责美国《时代》周刊的一篇文章《钳制异议者的声音》，认为该报歪曲事实，要求其更正但遭到拒绝。而后，新加坡政府下令限制其在新加坡的发行量，由原来的 18 000 份减半，1987 年再次减为 3 000 份。

与此同时，新加坡政府注意改善人民生活水平，使人民享受新加坡经济发展带来的成就，建立了比较完善的社会保障法律体系，公民在住房、就业、失业、医疗、养老、教育等方面都能够获得政府的帮助或救济。保障水平甚至超过西方国家的一般标准。

4. 道德法律化

西方社会的法治模式强调法律与道德相分离，法律管法律的事务，道德管道德的事务，两个领域有所重合与交叉，但是不完全相同。一般而言，法律主要在公共领域内发挥作用，道德则在私人领域内发挥作用。

在新加坡社会，似乎不存在公共领域与私人领域的划分，不存在私人自治的多少空间。在西方社会被看作私人领域内的、不受法律干预的事务，在新加坡都有可能受到法律的规制。举凡人们的行为方式、生活习惯、个人作风、两性关系，只要被认为事关风俗道德，都可能受到法律的评判。法律运用强制力保护着一切被认为良好的道德风尚。只要是主流道德所反对的，也是法律所禁止的。违反者会受到法律的惩罚。在很大程度上，法律成了推行道德的工具。一旦发现某种道德规范需要法律保障，或者需要修正法律的保障措施，就立即由国会立法然后加以实施。在新加坡法治模式之下，道德有法律化的趋向。给人一种印象：凡是没有被法律允许的，就是被禁止的。

《电影法》第29条规定，任何人如拥有、放映或发行淫秽或色情影片即构成犯罪。有关的执法人员一旦确定某人拥有色情影片，则可在任何时候，在必要的帮助下强行进入相关场所进行搜查，查封此种影片的嫌疑人。《网络行为法》规定，与“公共道德”“公共秩序”“公共安全”的基础相违背的资料包括色情、暴力等内容，禁止在网上传播。凡是私自从国际互联网上获取色情材料或色情片者，一旦被发现将会被逮捕法办。1992年，曾有4名男女青年被指控为贩卖黄色录像，理由是在他们的提包中检查出了20盒色情录像带。其中3人在法庭认罪之后，被处以2万新元的罚款，另一女青年否认有罪，于是此案被搁置。后经过延期审理，这位女青年受到了更重的经济处罚。像《花花公子》这样的色情杂志更是严格禁止在新加坡出售的。连来自中国的电影《红高粱》也被认为存在一些不符合道德标准的镜头，在放映时被删剪。

5. 严刑峻法

近代以来，在西方国家法治建设中的进程中，一直存在着一种“刑罚人道化”的趋势，某些国家废除了死刑，没有废除死刑的国家也不断地限制死刑的适用范围，几乎所有国家都废除了肉刑。意大利法学家贝卡利亚在《犯罪与刑罚》一书的结尾宣布了一条颇为有益的普遍公理：“为了不使刑罚成为某人或某些人对其他公民施加的暴行，从本质上来说，刑罚应该是公开的、及时的、必需的，在既定条件下尽量轻微的、同犯罪相对称的并由法律规定。”但是新加坡的法治模式对这条公理做了很大的保留，以“严刑峻法”而著称。新加坡法律仍然规定，对于死刑犯适用绞刑。例如对于杀人、绑架、谋财害命、持枪抢劫、贩毒等犯罪分子，可以适用绞刑。根据1975年《监用毒品修正法令》，对于贩毒或进口15克海洛因或30克吗啡的贩毒者，必须处绞刑。新加坡法律规定，对于造成较大危害、判刑又不足以惩戒的罪犯，适用鞭刑。鞭刑是沿于古代的一种肉刑，以杖鞭打人，以致其身上留下不可磨灭的伤痕。该杖是原产于印度尼西亚的一种藤条，长4英尺，厚1英寸，行刑前要进行消毒。鞭刑只适用于年龄在50岁及以下的男性。犯人在受刑前后都要经过狱医的检查，受刑者如果挨鞭打后昏厥，狱医必须使他苏醒，如果经检查犯人昏厥不醒，则停止用刑。行刑完毕，狱医在犯人身上涂上消毒药。三鞭下去，犯人数周内都不能坐下，一个月起不了床。据新加坡律师介绍，他代理了一个被告严重非礼女佣罪的案件，被告不怕坐牢，但非常恐惧鞭刑，要求律师设法拖延法庭下判日期，因被告当时已48岁，希望拖到50岁后不用鞭刑。可惜办不到。因为新加坡司法制度注重高效率，一件案件的办理时限除了特殊情况，不能超过3个月。鞭刑的功效在于威慑、恐吓人们不要以身试法，铤而走险。1994年，新加坡地方法院对破坏公共交通指示牌和在别人轿车上喷漆涂鸦的美国少年迈克作出鞭打6下、监禁4个月的判决。这起案件在美国引起轩然大波，美国当时的总统克林顿亲自出面求情，要求新加坡对迈克免于鞭刑或用其他刑罚代替。新加坡政府考虑两国外交关系，把鞭刑由6鞭减至4鞭，但仍坚决执行。新加坡严刑峻法的另一体现就是，法律对于公民动辄处以罚款。如随地吐痰，最高可罚500新元，上公共厕所后不冲水罚款1000新元。今年10月，一新加坡男子为赚取90新元，从马来西亚走私1 500条香烟进入新加坡被查获，香烟市价为135 000新元，应缴的关税为105 600新元，消费税为6 750新元，该男子被判罚款2 247 000新元，监禁6个月。若其无力缴纳罚款，则必须坐牢4年作为替代。

6. 儒家文化——新加坡法治基础的主流文化

新加坡的法治与西方法治有许多不同特征。这些不同之处在于两种法治模式所蕴含的价值观念的不同。西方的法治可以称为“自由主义法治”，蕴含着个人主义的观念；新加坡法治可以称为“共同体法治”，蕴含着新加坡人所谓的“共同价值观”。这种“共同价值观”在思想渊源上主要来源于儒家思想。在人民行动党执政初期，李光耀就意识到新加坡如果只有富裕的物质生活和高超的技术，而缺乏一股能使全国凝聚在一起的精神力量，那是很危险的，他相信正确运用中国儒家思想，可以维护新加坡的统治和发展。华人占新加坡人口的77%，由他们的父母灌输给他们华人的传统价值观。一直到20世纪60年代，大部分的华人子女都进华校，受华人价值观的熏陶。李光耀指出："新加坡政府要做的，就是要加强这些强调五伦——君臣有义，父子有爱，夫妇有别，兄弟有序，朋友有信——的东方价值观。"他把忠、孝、仁爱、礼义、廉耻视为儒家思想的核心，提倡把这八字化为新加坡的具体行动准则，并赋予新的含义。第一，忠。就是要忠于国家，要有国民意识。第二，孝。就是要孝顺长辈，敬老尊贤。第三，仁爱。就是要有同情心和友爱精神，要关心他人。第四，礼义。待人接物要坦诚守信，不要欺骗狡诈。第五，廉耻。1988年10月，新加坡第一副总理吴作栋提出"发展国家意识"的建议，他要求把儒家基本价值观升华为国家意识，以作为各个种族和所有信仰的新加坡人都赞成并为赖以生存的价值观。1998年1月，黄金辉总统在国会演讲中，进一步提出共同价值观：社会为先；家庭为根，社会为本；求同存异，协商共识；种族和谐，宗教宽容。1991年经国会讨论后，政府发表了白皮书，提出新加坡的共同价值观：国家至上，社会为先；家庭为根，社会为本；关怀扶持，同舟共济；种族和谐，宗教宽容。在两种不同价值观的影响下，西方法治模式强调个人利益，新加坡法治模式强调国家和社会利益；西方法治模式强调冲突与对抗，新加坡法治模式强调合作与和谐；西方法治模式强调法律与道德的分离，新加坡法治模式强调法律与道德的一致；西方法治模式强调刑罚的人道化，新加坡法治模式强调刑罚的社会效果。新加坡对法治的重视是向西方学习的结果，包括了西方法治的一些价值观念。如强调对权力的制约和对权利的保障，强调将国家政治生活纳入法治的轨道。新加坡法治中的“严刑峻法”，与儒家德主刑辅的价值观不相一致，倒是符合中国古代法家“以刑去刑”“以暴止暴”的思想。《韩非子·六反》中说：“所谓重刑者，奸之所利者细，而上之所加焉者大也；民不以小利蒙大罪，故奸必止者也。所谓轻刑者，奸之所利者大，上之所加焉者小也；民慕其利而傲其罪，故奸不止也。”新加坡实行严刑峻法的做法与法家学说所包含的观念是相一致的。新加坡法治模式之基础的价值观念中，儒家思想的价值观念发挥着非常明显的主要作用，并把西方的价值观念、中国法家的价值观念创造性地在法治建设中有机地结合在一起。我国是一个受儒家思想影响两千多年的国家，儒家的价值观根深蒂固。与号称“文化中国省”的新加坡有类似的文化基础，故此，笔者认为：新加坡的法治经验对我国建设社会主义法治国家具有较强的借鉴意义。

6.7.5 推荐阅读书目

1. 张红军：《一本书读懂法律常识》，中华工商联合出版社 2015 年版。

2. 春之霖、赵广娜编著：《法律常识全知道》，中国华侨出版社 2010 年版。

3. [美] 赞恩：《法律的故事》（增订版），于庆生译，中国法制出版社 2014 年版。

4. 易达：《创业者不可不知的法律常识》，北京理工大学出版社 2013 年版。

5. 葛伟军主编：《第一本法律漫画书：图解日常法律知识》，中国法制出版社 2014 年版。

6. 张建伟：《法律稻草人》，北京大学出版社 2011 年版。

7. 崔贵兵编著：《一生的法律指南大全集》，中国华侨出版社 2012 年版。

8. 法律出版社法规中心编:《2015 学生常用法律手册》(全科通用版),法律出版社 2015 年版。

9. 余勇波:《常识骗了你》,法律出版社 2014 年版。

10.《今日说法》栏目组编:《今日说法精华本 2010》,中国人民公安大学出版社 2010 年版。

11. 吴迪编著:《仲裁员手把手教 HR 开展法务工作》,中国轻工业出版社 2015 年版。

12. 王泽鉴:《人格权法》,北京大学出版社 2013 年版。

13. 王艳娥主编:《宪法为本驻我心》,青岛出版社 2015 年版。

14.《中共中央关于全面推进依法治国若干重大问题的决定》,人民出版社 2014 年版。

附录 A　章节习题训练

A.1　珍惜大学生活　开拓新的境界

一、单项选择题

1. 大学阶段，大学生们面临的首要问题是（　　）。

A. 多交一些新朋友　　B. 多接触一些新鲜的事物

C. 学会赶时髦　　D. 尽快适应大学新生活

2. 思想道德修养与法律基础课对大学生进行以（　　）为主要内容的教育。

A. 人生观、价值观、世界观　　B. 道德观

C. 法制观　　D. 以上三点都是这一内容

3. 社会主义大学的培养目标是（　　）。

A. 培养德智体等方面发展的人才

B. 培养德智体等方面发展的社会主义建设者

C. 培养德智体等方面发展的社会主义建设者和接班人

D. 培养科学发展的人才

4. 不正确的自我修养的方法是（　　）。

A. 躬行实践　　B. 知行统一　　C. 积善成德　　D. 坐而论道

5. 人才素质的灵魂是（　　）。

A. 德　　B. 智　　C. 体　　D. 美

6. 在当代中国，凝聚和统一社会各阶层、各利益群体思想的有力武器，维系社会团结和睦的精神纽带，推动社会全面发展的精神动力是（　　）。

A. 中国传统文化　　B. 社会主义法治精神

C. 共产主义道德要求　　D. 社会主义核心价值体系

7. 大学生尽快适应大学生活就要：认识大学生活特点，提高独立生活能力，树立新的（　　），培养优良学风。

A. 学习理念　B. 学习方法　C. 学习目标　D. 学习习惯

8. 一个真正的大学应是（　　）。

A. 知识传播、创新和运用的基地

B. 培养创新精神的摇篮

C. 接受人文精神和科学精神的园地

D. 以上三点都应做到

9. 提高独立生活能力，就是要（　　）。

A. 树立自主学习理念　　B. 树立全面学习理念

C. 树立创新学习理念　　D. 大胆实践、不断积累生活经验

10. （　　）是人才素质的基本内容。

A. 德　B. 智　C. 体　D. 美

11. “独学而无友，则孤陋而寡闻”说明在大学的学习中要树立（　　）学习理念。

A. 合作学习　B. 全面学习　C. 自主学习　D. 终身学习

12. 当代大学生的历史使命是（　　）。

A. 脚踏实地

B. 建设中国特色的社会主义、实现中华民族的伟大复兴

C. 追求真理

D. 创新学习理念

13. 大学生提高思想道德素质和法律素质的根本要求是（　　）。

A. 热爱祖国　　B. 德才兼备

C. 全面发展　　D. 学习和践行社会主义荣辱观

14. 当代大学生个人全面发展的成才目标及其内涵为：（　　），

智是人才素质基础，体是人才素质的条件，美是人才素质的重要内容。

A. 德是人才素质的基础　　B. 德是人才素质的灵魂

C. 德才兼备全面发展　　D. 又红又专博学多才

15. 大学生适应新的学习、生活环境，很重要的一点就是（　　）。

A. 勇于尝试，不怕失败

B. 培养优良学风，培养自信心

C. 培养和提高独立生活能力

D. 培养自信心

16. 创新学习是一种以（　　）为基础的学习。

A. 奇思异想　　B. 瞬间顿悟　　C. 求真务实　　D. 求新求变

17. （　　）为立身之本，才为立身之基。

A. 体　　B. 德　　C. 美　　D. 才

18. “业精于勤荒于嬉，行成于思毁于随”，这句话说明了学习必须做到（　　）。

A. 勤奋　　B. 严谨　　C. 求实　　D. 创新

19. 2006年3月4日，（　　）在一次谈话中指出，在社会主义社会里要树立社会主义荣辱观，教育广大干部群众特别是广大青少年坚持做到“八荣八耻”。

A. 胡锦涛　　B. 江泽民　　C. 温家宝　　D. 李长春

20. “思想道德修养与法律基础”课以（　　）为指导，帮助大学生全面提高思想道德素质和法律素质。

A. 社会主义荣辱观　　B. 社会主义核心价值体系

C. 科学发展观　　D. 马克思主义

二、多项选择题

1. 社会主义核心价值观在个人层面的价值要求是（　　）。

A. 诚信　B. 敬业　C. 友善　D. 爱国

2. 大学生在大学里必须树立新的学习理念，主要有（　　）理念。

A. 自主学习　B. 全面学习　C. 创新学习　D. 终身学习

3. 大学生活与中学生活对比，具有以下变化（　　）。

A. 学习要求变化　B. 生活环境变化

C. 社会活动变化　D. 生活方式变化

4. 思想道德修养与法律基础的学习方法是（　　）。

A. 学习理论　B. 进行实践　C. 检验理论　D. 深入实践

5. 四育是（　　）。

A. 德育　B. 智育　C. 体育　D. 美育

6. 三德是（　　）。

A. 家庭美德　B. 职业道德　C. 社会公德　D. 社会道德

7. 当代大学生的历史使命是（　　）。

A. 德是灵魂　B. 迎接科技文化挑战

C. 迎接发展任务挑战　D. 迎接国际环境挑战

8. 当代大学生的成才目标是（　　）。

A. 继往开来　B. 智是基础　C. 体是条件　D. 美是内容

9. 社会主义核心价值观在国家层面的价值要求是（　　）。

A. 富强　B. 民主　C. 文明　D. 和谐

10. 思想道德修养与法律基础课作为一门思想政治工作理论课，是融（　　）于一体的课程。

A. 思想性　B. 政治性　C. 知识性　D. 实践性

三、辨析题（注意：作答时先判断正误再说明理由。）

1. 大学就是有大师，有大家，有大学生，还有高楼大厦。

2. 大学生的学习具有专业性特点、自主性特点、实践性特点、创造性特点。

3. 学习思想道德修养与法律基础课不仅要注重理论学习，更要加强实践锻炼。

四、简答题

1. 大学生怎样尽快适应大学新生活？

2. 大学生应该树立什么样的学习理念？

3. 社会主义核心价值体系的主要内容是什么？

五、案例分析题

五 品 诗

有才无德是毒品，
有德无才是次品，
有德有才是正品，
大德大才是精品，
伟德伟才是极品。

结合《五品诗》分析，大学生应如何在大学学习中做到德才兼备？

六、论述题

请谈谈你如何看待思想道德素质与法律素质的基本含义及二者之间的关系。以及大学生应如何提升自己的思想道德素质与法律素质。

A.2 追求远大理想 坚定崇高信念

一、单项选择题

1. 现阶段我国各族人民建设中国特色社会主义的共同理想属于人

生理想中（　　）。

A. 生活理想的内容　　B. 职业理想的内容

C. 道德理想的内容　　D. 社会理想的内容

2. 一个人如果没有崇高理想或者缺乏理想，就会像一艘没有舵的航船，随波逐流，难以顺利到达彼岸。这说明（　　）。

A. 理想是人生的指路明灯

B. 理想是人们的主观想象

C. 理想是人们行为规范的总和

D. 理想是人们对客观事物的正确认识

3. 当教师，要当一个模范教师；当科学家，要当一个对国家有突出贡献的科学家；当解放军战士，要当一个最英勇的解放军战士；当工人，要当一个新时代的劳动模范。这些都是人生理想中（　　）。

A. 生活理想的表现　　B. 社会理想的表现

C. 道德理想的表现　　D. 职业理想的表现

4. 获得真理性认识并不等于确立了科学信念。要使真理性认识深入人心，成为科学信念的根本途径是（　　）。

A. 大胆畅想美好未来　　B. 积极参加社会实践

C. 不断提升人生境界　　D. 努力保持心理平衡

5. 下列对信念的理解中，正确的是（　　）。

A. 信念表达的是一种真诚信服的态度

B. 信念强调的是认识的正确性

C. 信念反映的是客观事物的发展规律

D. 信念体现的是人们对人生目标的追求，具有合理性、科学性

6. 信念一旦形成（　　）改变。

A. 不可　　B. 很难　　C. 不必　　D. 容易

7. 建设有中国特色的社会主义，把我国建设成富强、民主、文明的社会主义现代化国家，是现阶段我国各族人民的（　　）。

A. 生活理想　B. 职业理想　C. 道德理想　D. 社会理想

8. 信念是（　　）。

A. 认识、情感和意志的融合和统一

B. 一种单纯的知识或想法

C. 强调的是认识的正确性

D. 唯一的，不是多种多样的

9. 当代中国，建设中国特色社会主义是我们共同的理想信念，它的基本内容是在中国共产党领导下，走中国特色社会主义道路，实现（　　）。

A. 大同世界　B. 小康社会

C. 和谐社会　D. 中华民族伟大复兴

10. “现实是此岸，理想是彼岸。中间隔着湍急的河流，行动则是架在川上的桥梁。”下列对这句话的说明中，正确的是（　　）。

A. 理想否定现实　B. 现实否定理想

C. 理想与现实无关　D. 只有行动可以使理想化为现实

11. 实现理想的根本途径是（　　）。

A. 勇于实践　B. 得过且过　C. 夸夸其谈　D. 拈轻怕重

12. 理想的实现需要每个人从我做起，从现在做起，从平凡的工作做起，这是因为（　　）。

A. 理想是人们的主观意志和想当然

B. 只要参加社会实践就能实现理想

C. 把理想变为现实，要靠实实在在的实践

D. 有了坚定的信念，理想就会自动变为现实

13. 追求崇高的理想需要科学的信念，具有坚定社会主义信念的人，坚信（　　）。

A. 通往共产主义道路是遥远的，可望而不可即

B. 社会主义道德将成为所有人自觉的行为习惯和准则

C. 社会主义必然代替资本主义，全世界最终必然实现共产主义

D. 不同的团体有相同的信念

14. 信念作为人的意识的一部分，是人类特有的一种精神状态，信念对人生的重要作用体现在，信念是人们（　　）。

A. 对真理的追求

B. 评判事物的标准

C. 追求理想的强大动力

D. 对客观事物的本质和发展规律的正确反映

15. 理想是（　　）。

A. 为社会的少数人谋利益

B. 不可能实现的向往

C. 经过奋斗能够实现的想象和目标

D. 纯粹主观的

16. 人们在实践中形成的具有实现可能性的对未来的向往和追求，称为（　　）。

A. 幻想　　B. 空想　　C. 理想　　D. 信念

17. 人们在一定的认识基础上确立的、对某种思想或事物坚信不疑并身体力行的态度，被称为（　　）。

A. 理想　　B. 空想　　C. 道德　　D. 信念

18. 理想信念的实践性是指，人们的理想信念（　　）。

A. 在阶级社会里会打上阶级的烙印

B. 是一种纯粹的主观现象和静止的精神状态

C. 存在于人的内心深处，属于一种精神现象

D. 包含着人们的行动意志，是一种从精神向行动的转变过程

19. 在科技十分落后的古代，人们梦想过许多东西，如千里眼、顺风耳、飞毯、神枪之类，但像现代生活中普及的电话、电视、电脑等，是那时的人们连想都想不到的。这说明，理想具有（　　）。

A. 共同性 B. 时代性 C. 阶级性 D. 思想性

20. 由于成长环境和性格等的不同，人们会形成不同的理想信念，从而使之具有（ ）。

A. 阶级性 B. 实践性 C. 共同性 D. 多样性

二、多项选择题

1. 理想是人们在实践中形成的、有可能实现的、对未来社会和自身发展的向往与追求，是人们的（ ）在奋斗目标上的集中体现。

A. 世界观 B. 人生观 C. 价值观 D. 道德观

2. 在理想与信念的关系上（ ）。

A. 理想与信念总是相互依存的

B. 理想是信念的根据和前提

C. 信念是实现理想的重要保障

D. 当理想作为信念时，它是指人们确信的一种观点和主张

3. 理想信念的作用是（ ）。

A. 提高精神境界 B. 昭示奋斗目标

C. 提供前进动力 D. 是人生力量源泉

4. 青年大学生在立志时，应（ ）。

A. 立志当高远 B. 立志做大官

C. 立志做大事 D. 立志须躬行

5. 无数事实证明，人有了明确的理想，才能在人生的追求上不断去攀登，最大限度地实现人生价值；人若没有明确的理想，就会像没有舵的小船，在生活的大海中迷失方向，甚至搁浅触礁。这就是说（ ）。

A. 理想是人生的奋斗目标

B. 理想是人生前进的动力

C. 理想是人生的精神支柱

D. 理想是人们的主观意志和想当然

6. 理想的特征是（　　）。

A. 实践性：必须付诸自身实践才能实现的目标

B. 超越性：以预见的方式反映未来

C. 时代性：同一定时代的生产发展水平联系

D. 空想性：都是人们对未来的随心所欲的畅想

7. 信念作为人的意识的一部分（　　）。

A. 是后天的、社会的产物

B. 是个体通过后天参加社会实践活动，随着意识心理的形成而产生的

C. 是由人们全部的社会生活条件、经历、知识、能力以及特定需要所决定的

D. 是意识对主体接触的大量形形色色的思想理论进行鉴别和选择的结果

8. 理想实现过程的特点是（　　）。

A. 理想的实现具有艰巨性　　B. 理想的实现具有曲折性

C. 理想的实现具有长期性　　D. 理想的实现具有稳定性

9. 所谓社会主义信念，是指对科学社会主义的正确理解和真诚信仰。今天的青年要坚定社会主义信念，必须（　　）。

A. 认真学习马克思主义理论

B. 积极参加建设中国特色社会主义的伟大实践

C. 讲求实惠，放弃共产主义的远大理想

D. 大胆地随心所欲地畅想未来

10. 一般来说，人生理想与现实的矛盾，主要集中在以下几个方面（　　）。

A. 社会理想与社会现实的矛盾

B. 道德理想与现实道德水平的矛盾

C. 职业理想与社会需要的矛盾

D. 生活理想与现实经济条件的矛盾

三、辨析题（注意：作答时先判断正误再说明理由。）

1. 信念就是一种观念。
2. 现阶段我国各族人民的共同理想是实现祖国的统一大业。
3. 提高人生的精神境界是理想信念的作用之一。

四、简答题

1. 人生为什么需要理想信念？
2. 大学生为什么要确立马克思主义的科学信仰？
3. 如何正确处理理想与现实的关系？

五、案例分析题

他是这样创造奇迹的

一部片酬高达 3 000 万美金的好莱坞巨星史泰龙，年轻的时候在好莱坞跑龙套，一天只挣 1 美金。为了生活，后来又到拳击馆当陪练，每次被打得鼻青脸肿。后来，他立志要当影星，于是四处推销自己，被人拒绝了 1 850 次都没有放弃。最后，他终于在电影《洛奇》中担任主角。《洛奇》的剧本是他自己编写的，剧中男主角的生活原型就是他自己。从此，他"一炮走红"并成为"自我超越，顽强拼搏，个人奋斗"的美国精神象征。在史泰龙那里，这个世界没有失败，只是暂时没有成功。

结合案例分析，大学生在逆境中如何成就自己的理想？

六、论述题

大学生在实现中国特色社会主义共同理想中承担的责任和历史使

命是什么？结合自身情况，阐述应如何实现中国特色社会主义共同理想。

A. 3　弘扬中国精神　共筑精神家园

一、单项选择题

1. (　　) 是调节个人与祖国之间关系的道德要求、政治原则和法律规范。

A. 爱国思想　B. 爱国行为　C. 爱国主义　D. 爱国情感

2. 爱国主义的基本要求包括：爱祖国的大好河山、爱自己的骨肉同胞、(　　) 和爱自己的国家。

A. 爱人民　B. 爱劳动

C. 爱科学　D. 爱祖国的灿烂文化

3. 儒家认为，人生境界上不封顶，下要保底，即“见贤思齐焉，见不贤而内省也”，这说明中国传统文化中，对 (　　) 的重视。

A. 精神品格　B. 精神生活　C. 道德修养　D. 个性

4. (　　) 体现了人民群众对自己祖国的深厚感情，反映了个人对祖国的依存关系。

A. 爱国主义　B. 民族精神　C. 时代精神　D. 改革创新

5. 在五千多年的发展中，中华民族形成了以 (　　) 为核心的伟大民族精神。

A. 爱国主义　B. 爱好和平　C. 勤劳勇敢　D. 自强不息

6. 爱国主义所反映的个人对祖国的关系是 (　　)。

A. 依存关系　B. 隶属关系　C. 敌对关系　D. 兄弟关系

7. 在经济全球化形势下，(　　) 仍然是民族存在的最高形式，是国际社会活动中的主体。

A. 国际组织　B. 国家　C. 跨国公司　D. 经济联盟体

8. 爱国主义包含着情感、思想、行为三个方面，其中，（　　）是灵魂。

A. 情感　B. 思想　C. 行为　D. 意志

9. 被称为国家和民族“胎记”和精神基因的是（　　）。

A. 社会环境　B. 风俗习惯　C. 文化传统　D. 自然条件

10. 爱国主义的基本要求包括：爱祖国的大好河山、爱自己的骨肉同胞、爱祖国的灿烂文化和（　　）。

A. 爱劳动　B. 爱人民　C. 爱科学　D. 爱自己的国家

11. 国家生存与发展的安全保障指的是（　　）。

A. 国防　B. 国防目标　C. 国防意识　D. 国防观念

12. 始终代表了五千年来中国社会历史发展方向的是（　　）。

A. 衰败落后　B. 团结统一　C. 内部纷争　D. 对外扩张

13. 中华民族立足于不败之地的一个重要保障是（　　）。

A. 弘扬集体主义精神　B. 高扬爱国主义旗帜

C. 不断推进理论创新　D. 弘扬改革创新时代精神

14. 在中国历史上，一些杰出的政治家站在维护民族团结的高度，坚持“和为贵”和宽厚仁爱的原则，用信义、和平的方式处理复杂的民族矛盾，“化干戈为玉帛”，这是指中华民族精神的（　　）。

A. 爱好和平　B. 团结统一　C. 自强不息　D. 勤劳勇敢

15. 在当代中国，社会发展离不开（　　），它是社会发展的重要动力。

A. 改革创新　B. 爱国主义　C. 民族精神　D. 振兴中华

16. “不义而富且贵，于我如浮云”，“一箪食，一瓢饮，在陋巷，人不堪其忧，回也不改其乐”，这些古语说明了在中国传统文化中，重视并崇尚（　　）。

A. 物质生活　B. 精神生活　C. 现实生活　D. 理想生活

17. 中华民族继往开来的精神支柱是（ ）。

A. 爱国主义 B. 自强不息 C. 改革创新 D. 振兴中华

18. 一个民族在长期共同生活和社会实践中形成的，为本民族大多数成员所认同的价值取向、思维方式、道德规范、精神气质的总和是（ ）。

A. 道德传统 B. 民族精神

C. 精神风貌 D. 文化传统

19. “八荣八耻”中，鲜明反映爱国主义的是（ ）。

A. 以服务人民为荣、以背离人民为耻

B. 以团结互助为荣、以损人利己为耻

C. 以辛勤劳动为荣、以好逸恶劳为耻

D. 以热爱祖国为荣、以危害祖国为耻

20. 时代精神内涵的核心是（ ）。

A. 爱国主义 B. 自强不息

C. 改革创新 D. 振兴中华

二、多项选择题

1. 爱国主义（ ）。

A. 体现了人民群众对自己祖国的深厚感情

B. 反映了个人对祖国的依存关系

C. 是人们对自己故土家园、种族和文化的归属感、认同感、尊严感与荣誉感的统一

D. 调节个人与祖国之间关系的道德要求、政治原则和法律规范

2. 爱国主义的基本要求是（ ）。

A. 爱祖国的大好河山 B. 爱祖国的优秀文明

C. 爱自己的骨肉同胞 D. 爱祖国的灿烂文化

3. 民族精神的基本内容有哪些？（ ）

A. 自强不息
B. 团结统一
C. 勤劳勇敢
D. 爱好和平

4. 实现中国梦必须弘扬中国精神，因为（　　）。

A. 它是凝聚中国力量的精神纽带

B. 它是激发创造的精神动力

C. 它是推进复兴伟业的精神定力

D. 是由我国的社会性质决定的

5. 当代中国爱国主义精神最重要的体现（　　）。

A. 爱国与爱家相统一

B. 爱国与爱文化相统一

C. 爱国与爱社会主义相统一

D. 爱国与爱中国共产党相统一

6. 新时代爱国主义的基本要求是（　　）。

A. 坚持爱国主义和社会主义相统一

B. 维护祖国统一和民族团结

C. 尊重和传承中华民族历史和文化

D. 必须坚持立足民族又面向世界

7. 为了维护和推进祖国统一，在两岸关系上我们要注重（　　）。

A. 坚持一个中国原则

B. 推进两岸交流合作

C. 促进两岸同胞团结奋斗

D. 反对“台独”分裂图谋

8. 改革创新包括（　　）。

A. 理论创新
B. 制度创新
C. 科技创新
D. 文化创新

9. 时代精神是（　　）。

A. 是社会的主旋律和时代的最强音

B. 体现了民族的特质

C. 是顺应时代潮流的思想观念、价值取向、精神风貌和社会风尚的总和

D. 与民族精神紧密相连，是民族精神的时代性体现

10. 如何做忠诚的爱国者？（ ）

A. 推进祖国统一　　B. 促进民族大团结

C. 增强国家安全意识　　D. 反对全球化

三、辨析题（注意：作答时先判断正误再说明理由。）

1. “保我国土”“爱我家乡”只是对具有较高觉悟公民的道德要求。

2. 经济全球化条件下谈爱国主义已经不合时宜了。

3. 现阶段，爱国主义主要表现为献身于建设和保卫社会主义现代化事业，献身于促进祖国统一事业。

四、简答题

1. 爱国主义的科学内涵是什么？

2. 在国家安全形势越来越复杂的今天，大学生应增强哪些国家安全意识？

3. 为什么说改革创新是时代要求？

五、案例分析题

钱学森的爱国情节

钱学森被誉为“中国原子弹之父”，是中国卫星事业的奠基人。在1950年，他就提出了回国的要求，当时的美国海军次长听到这个消息以后感到既震惊又害怕，“我宁可把这家伙枪毙了，也不能让他离开美国，他在哪里都抵得上五个师”。

而后，钱学森被美国当局当作罪犯关押起来，15天掉了15公斤肉，但仍然没有改变他回来建设祖国的信念。5年后，在周恩来总理的帮助下，钱学森终于回国工作，实现了人生价值。

结合案例思考，大学生该如何报效祖国？

六、论述题

试论新中国成立以后，中国共产党和中国人民为维护祖国统一付出了哪些不懈努力？

A.4 领悟人生真谛 创造人生价值

一、单项选择题

1. 人生观的核心问题是（ ）。

A. 人生目的 B. 人生态度 C. 人生道路 D. 人生理想

2. 对人生态度正确的理解应该是（ ）。

A. 人生态度就是人生价值观

B. 人生态度就是低层次的人生观

C. 人生态度就是指人为什么活着

D. 表明人应当怎样活着

3. 作为个体的人生对社会和他人所具有的意义是（ ）。

A. 自我价值 B. 社会价值 C. 内在价值 D. 潜在价值

4. 评价人生价值的根本标准是（ ）。

A. 掌握知识的多寡

B. 拥有金钱的多少

C. 官位权势的高低

D. 对社会发展和人类进步是否有利

5. 人的本质属性是（ ）。

A. 自然属性 B. 社会属性 C. 地缘属性 D. 业缘属性

6. 在现实生活中，由于人们的立场和观点不同，对人活着的意义的理解也不同，存在着各种不同的人生观。人生观是（ ）。

A. 人们对美好未来的向往和追求

B. 人们对人生目的和意义的根本看法和态度

C. 人们对整个世界最根本的看法和观点的总和

D. 人类社会中人们之间的相互需要关系

7. 下列不属于人生价值实现的个人条件的有（ ）。

A. 良好的经济、政治社会环境

B. 不断提高的自身能力，增强实现人生价值的本领

C. 立足现实，坚守岗位做贡献

D. 要有自强不息的精神

8. 人与自然的关系实际上就是（ ）。

A. 人与物的关系 B. 人与环境的关系

C. 人与人的关系 D. 人与气候的关系

9. 下列关于人生目的在人生实践中的作用，说法不正确的是（ ）。

A. 人生目的决定人生道路 B. 人生目的决定人生态度

C. 人生目的决定人的世界观 D. 人生目的决定人生价值标准

10. 我们应当确立的高尚的人生目的是（ ）。

A. 享乐主义的人生目的

B. 金钱拜物教的人生目的

C. 为人民、为社会服务的人生目的

D. 为个人和全家求温饱的人生目的

11. 正确的人生观是（ ）。

A. 自保自利的人生观 B. 及时享乐的人生观

C. 为人民服务的人生观　　D. 合理利己主义的人生观

12. 马克思说过，真正现实人的存在，就是他为别人的存在和别人为他的存在。这说明（　　）。

A. 人的价值就是人自身的存在

B. 人可以受限制地创造出自己的价值

C. 人生价值的本质是社会对个人的尊重和满足

D. 人与自身的任何关系，只有通过人同其他人的关系才能得到实现和表现

13. 世界观是（　　）。

A. 人们认识主观世界、改造客观世界的根本方法

B. 人们对世界以及人与世界关系的总体看法和根本观点

C. 对人生目的、人生价值的根本看法

D. 科学的人生态度

14. 人民群众是推动历史前进的真正动力，是历史的主人。这种群众史观反映到人生观上必然是（　　）。

A. 为人民服务　　B. 为个人谋福利

C. 人生短暂，及时行乐　　D. 主观为自己，客观为他人

15. 在社会主义初级阶段，我们所提倡的高尚的人生目的是（　　）。

A. “一切向钱看”的人生目的

B. 为个人求权力、求享乐的人生目的

C. “平生无大志，但求足温饱”的人生目的

D. 以天下为己任、服务人民、奉献社会的人生目的

16. 马克思主义认为，人生观的形成是（　　）。

A. 人生的自我实现

B. 人性的自我完成

C. 人们所处的一定历史条件和社会关系的产物

D. 上帝或神的启示

17. 无论竞争还是合作，都要处理好自己与他人的关系。为此，要（ ）。

A. 宽容自己，苛求他人

B. 积极担当主角，拒绝担当配角

C. 充分发挥个人的积极性，不顾整体的利益和目标

D. 学会欣赏别人，发现别人的长处，虚心地向别人学习

18. 人生目的是指人（ ）的观点和主张，是人生的根本愿望和目标。

A. 为什么竞争 B. 为什么活着 C. 为什么辛苦 D. 为什么忙碌

19. 在社会主义条件下，当你在为人民服务时，人民中的其他成员也在为你服务，因此，处理个人与他人的关系时应当遵循的准则是（ ）。

A. “利己不损人”

B. “我为人人，人人为我”

C. “主观为自己，客观为他人”

D. “各人自扫门前雪，莫管他人瓦上霜”

20. 人与人之间的交往应该遵循平等、真诚、友爱、互助的原则。下列与人交往的心态中，正确体现了人际交往基本原则的是（ ）。

A. 事不关己、高高挂起 B. 诚实待人、宽容大度

C. 自以为是、目中无人 D. 心胸狭窄、斤斤计较

二、多项选择题

1. 促进个人与他人的和谐应坚持的原则有（ ）。

A. 诚信原则 B. 平等原则 C. 互助原则 D. 宽容原则

2. 促进个人与社会的和谐应正确认识（ ）。

A. 个体性与社会性的统一关系

B. 个人需要与社会需要的统一关系

C. 享受个人权利与承担社会责任的统一关系

D. 个人利益和社会利益的统一关系

3. 人生价值评价的基本方法是做到（　　）相统一。

A. 坚持完善自身与贡献社会　B. 坚持动机与效果

C. 坚持物质贡献与精神贡献　D. 坚持能力大小与贡献须尽力

4. 人生价值实现的条件有（　　）。

A. 从社会客观条件出发

B. 从家庭条件出发

C. 从个体自身条件出发

D. 不断增强自身的能力，增强实现人生价值的本领

5. 下列哪些是错误的人生观？（　　）

A. 拜金主义　B. 享乐主义

C. 极端个人主义　D. 完美主义

6. 人生目的决定着人的（　　）。

A. 人生价值标准　B. 人生道路

C. 待人接物的态度　D. 人生态度

7. 人生观主要是通过（　　）体现出来。

A. 人生目的　B. 人生态度　C. 人生价值　D. 人生信仰

8. 大学生应树立什么样的人生态度？（　　）

A. 认真　B. 进取　C. 务实　D. 乐观

9. 市场经济带来了人们价值观的冲突，使一些人陷入误区。以下不正确的价值取向有（　　）。

A. 主观为自己，客观为别人

B. 注重眼下的利益得失，不计长远

C. 每个人都有自己的价值标准，无所谓对错

D. 以人民利益的实现为最高标准

10. 科学对待人生环境主要就是要协调好（　　）。

A. 自我身心的和谐　　B. 个人与他人的和谐

C. 个人与社会的和谐　　D. 人与自然的和谐

三、辨析题（注意：作答时先判断正误再说明理由。）

1. 人生观决定世界观。

2. 人生态度是指人们通过生活实践所形成的对人生问题的一种稳定的心理倾向和基本意图。

3. 谁赚的钱更多，谁的人生价值更高。

四、简答题

1. 何谓人生观？它包括哪些主要内容？

2. 大学生应如何正确处理人生矛盾？

3. 当代大学生应如何在实践中成就出彩的人生？

五、案例分析题

人生是这样创造的

几年前，一位重要人士对美国南卡罗来纳州一个学院的学生发表演说，我前往听讲。那个学院规模不大，我到场时，整个礼堂都是学生，大家都对有机会聆听到这种大人物的演说兴奋不已。经过州长简单介绍，演讲者走到麦克风前，眼光对着听众，由左向右扫视一遍，然后说："我的生母是聋人，因此没有办法说话，我不知道自己的父亲是谁，也不知道他是否在人间，我这辈子的第一份工作，是到棉花田里去做事。"台下的听众都呆住了。"如果情况不如人意，我们总可以想办法加以改变。""一个人若想改变眼前充满不幸或不尽如人意的情况，只要回答这个简单的问题：我希望情况变成什么样？然后全身心投入并采取行动，朝理想目标前进即可。"接着演讲者的脸上绽现出美丽的笑容："我的名字是阿济·泰勒·摩尔顿，今天我以美国财政部长的身份站在这里。”

请根据案例回答：什么是人生目的？结合事例分析人生目的对大学生成长的作用。

六、论述题

什么是人生价值？请联系实际论述个人在社会生活中应该树立什么样的人生价值观。

A.5　注重道德传承　加强道德实践

一、单项选择题

1. 道德属于上层建筑的范畴，是一种（　　）。

A. 特殊的社会意识形态　　B. 心理现象
C. 经济现象　　D. 政治现象

2. 道德产生的主观条件是（　　）。

A. 个人利益与集体利益的矛盾　B. 社会关系的形成
C. 人类自我意识的形成和发展　D. 社会分工的不同

3. （　　）的形成是道德赖以产生的客观条件。

A. 社会关系　B. 经济关系　C. 风俗习惯　D. 社会舆论

4. 道德产生的主客观条件统一于（　　）。

A. 社会意识　B. 社会实践　C. 社会认可　D. 社会规范

5. （　　）是人类道德起源的第一个历史前提。

A. 劳动　B. 经济　C. 婚姻　D. 思维

6. 道德是（　　）的反映。

A. 社会经济关系　　B. 政治关系
C. 家庭关系　　D. 地理环境

7. 社会主义道德建设要以（ ）为核心。

A. 为人民服务 B. 集体主义 C. 共产主义 D. 爱国主义

8. 社会主义道德建设要以（ ）为原则。

A. 共产主义 B. 集体主义 C. 文化建设 D. 经济建设

9.（ ）是公民道德建设的重点。

A. 爱国守法 B. 诚实守信 C. 敬业奉献 D. 勤俭自强

10. 道德所调整的人和人之间的关系有许多方面，但实质是调整（ ）。

A. 社会关系 B. 政治关系 C. 利益关系 D. 伦理关系

11. 在与人相处的过程中，要尽量做到替别人着想，力求有利于他人，有利于社会，使自己的行为给他人和社会带来有益的结果。这是（ ）。

A. 小生产者的道德要求 B. 为人民服务的道德要求

C. 合理利己主义的道德要求 D. 社会各阶级普遍要求

12. 衡量一个人道德水平高低的主要标志是其（ ）。

A. 道德认知 B. 道德情感 C. 道德意志 D. 道德行为

13. 人们的道德实践活动持续不断地重复某种道德行为，使之积淀于心理之中，并变成一种自觉的行为方式的是（ ）。

A. 道德信念 B. 道德意念 C. 道德习惯 D. 道德理念

14. 一种道德行为多次出现，就会成为一种习惯。这种习惯成为（ ）。

A. 道德品质 B. 道德理想 C. 道德原则 D. 道德规范

15. 下面说法中属于中国传统道德的精华部分的有（ ）。

A. 三纲五常 B. 君子喻于义、小人喻于利

C. 女子无才便是德 D. 生当作人杰、死亦为鬼雄

16. “先天下之忧而忧，后天下之乐而乐”反映了中华民族传统道德中的（ ）。

A. 崇尚志向、重视节操的精神境界

B. 勤劳勇敢、酷爱自由的民族精神

C. 乐群贵和、孝慈友恭的传统美德

D. “天下兴亡，匹夫有责”的整体主义思想

17. “一人有难，众人相帮；一方有难，八方支援。”这是中华民族的传统美德，也是我们社会中人与人之间的交往应遵循的（　　）。

A. 平等原则　B. 宽容原则　C. 互助原则　D. 真诚原则

18. 历代英雄豪杰、志士仁人，“重名节如泰山，轻生死如鸿毛”，为了民族生存、国家独立而抛头颅、洒热血，成就了一番可歌可泣的伟大事业。这体现了中华民族优良道德传统中（　　）。

A. 乐群贵和、孝慈友恭的传统美德

B. 求真务实、诚实守信的高贵品格

C. 谦虚谨慎、戒骄戒躁的优良作风

D. 重视节操、崇尚志向的精神境界

19. 自我修养必须落实到行动上，只有身体力行，对自己的行为严格要求，把正确的认识化为现实的行为，形成习惯，才能真正达到人生修养的高境界。这说明，自我修养中最重要的环节是（　　）。

A. 学习理论　B. 常思己过　C. 躬行实践　D. 坚定信念

20. 关心人、爱护人、帮助人，喜人之所喜、忙人之所忙，设身处地为他人着想，推己及人，与人为善，助人为乐。这体现了良好道德品质基本范畴中（　　）。

A. 敬业好学的要求　B. 勤劳节俭的要求

C. 谦敬礼让的要求　D. 仁爱互助的要求

二、多项选择题

1. 在道德的功能系统中，主要的功能是（　　）。

A. 认识功能　B. 规范功能　C. 激励功能　D. 调节功能

2. 中国革命道德是指（　　）在中国新民主主义革命和社会主义革命、建设与改革中所形成的优良道德。

A. 中国共产党人　　B. 人民群众

C. 人民军队　　D. 一切先进分子

3. 中国革命道德的当代价值（　　）。

A. 有利于加强和巩固社会主义和共产主义的理想信念

B. 有利于培育和践行社会主义核心价值观

C. 有利于引导人们树立正确的道德观

D. 有利于培育良好的社会道德风尚

4. 在对待传统道德问题上，要反对的两种错误思潮是（　　）。

A. 文化复古主义　　B. 历史虚无主义

C. 功利主义　　D. 实用主义

5. 以下观念中的（　　）反映了中华传统美德一向尊重人的尊严和价值，推崇“仁爱”原则，追求人际和谐。

A. 仁者爱人

B. 己所不欲，勿施于人

C. 亲亲而仁民，仁民而爱物

D. 老吾老以及人之老，幼吾幼以及人之幼

6. 道德是以善恶为标准，依靠（　　）来评价人们的行为，调节人与人、人与自然环境以及个人与社会之间关系的行为准则和规范的总和。

A. 内心信念　B. 政治思想　C. 社会舆论　D. 传统习惯

7. 为人民服务的道德要求表现在（　　）。

A. 自觉放弃个人利益

B. 努力为人民群众创造财富

C. 尊重人民群众的主人翁地位

D. 处处以人民利益为重，敢于维护人民利益

8. 下面关于“集体主义”的理解正确的是（　　）。

A. 集体利益高于个人利益

B. 集体利益和个人利益是相冲突的

C. 重视个人的正当利益

D. 集体利益和个人利益是辩证统一的关系

9. 道德主要是通过社会舆论、传统习惯和人们的信念来维持，其作用方式包括（　　）。

A. 劝诫　　B. 说服　　C. 示范　　D. 惩罚

10. 道德在社会中作用的大小取决于基本道德规范在社会成员中的（　　）。

A. 知晓度　　B. 强制度　　C. 信奉度　　D. 践行度

三、辨析题（注意：作答时先判断正误再说明理由。）

1. 道德在原始社会就产生了，因此不具有阶级性。

2. 发展社会主义市场经济，不需要讲究诚实守信。

3. 为人民服务是社会主义道德建设的核心。

四、简答题

1. 如何正确理解道德的本质？

2. 中华传统美德的基本精神有哪些？

3. 社会主义道德为什么要以为人民服务为核心？

五、案例分析题

有位大学生放假回到家乡后，发生了这么一件事：他每天都要经过一条小巷，便注意到了巷子口有面墙上发生的变化。巷子口常有人乱倒垃圾，一天，墙上出现了一行字：“请不要乱倒垃圾”，但垃圾还是倒了一堆。于是第二天那行字改为：“此处禁止乱倒垃圾”，垃圾还是倒了一堆。第三天，那行字改为："此处倒垃圾者罚款五元"，垃圾仍是倒了一堆。于是第四天那行字改为："此处倒垃圾者罚款一百元"，垃圾却还是倒了一堆。第五天，那行字改为："此处倒垃圾者，必有灭顶之灾"。第六天，那里没有一点垃圾，以后也没有。现实生活中的确有这样一些人，他们可以不理睬权威，不理睬法制，不认道德，但却被迷信收服。

根据以上事例，分析道德的含义。试论当代大学生应该遵循的社会公德的具体要求是什么。

六、论述题

良好道德的养成关键在于实践，重在行动，贵在坚持。结合自身实际，谈谈大学生应如何提升自我道德素养。

A.6 遵守道德规范 锤炼高尚品格

一、单项选择题

1. （　　）不属于公共生活领域。

A. 网络　　B. 商场　　C. 广场　　D. 家庭

2. 公共生活属于"（　　）社会"。

A. 熟人　　B. 陌生人　　C. 外国人　　D. 无职业者

3. 维护公共程序的基本手段是（　　）。

A. 法律

B. 道德

C. 风俗

D. 法律、道德、风俗、宗教教规、礼仪等

4. 社会公德涵盖了（　　）之间的关系。

A. 人与人　　B. 人与社会

C. 人与自然　　D. 人与人、人与社会、人与自然

5. 在人际交往中，要获得和发展友谊，起码要做到（　　）。

A. 等价交换，人情交易　　B. 心胸狭窄，毫发必争

C. 恬退隐忍，明哲保身　　D. 严于律己，谨慎择友

6. 一位行人在过路口时迎面遇到红灯，看到近处没有车辆便径直通过。他这样做是（　　）。

A. 节省时间之举

B. 聪明灵活之举

C. 可供学习之举

D. 不遵守交通规则、违反社会公德之举

7. 在社会公共生活中，人与人之间应该团结友爱，互相关心，互相帮助，扶危济困，助人为乐。这是我国现代社会提倡的（　　）。

A. 社会公德的要求之一　　B. 家庭美德的要求之一

C. 职业道德的要求之一　　D. 环境道德的要求之一

8. 每个社会成员都应该爱护公共财物，如对公园里的花木草地、街道两旁的电话、邮筒、影剧院里的座位音响、马路上的井盖路标等加以保护，不损坏、不滥用、不浪费、不私占。这是属于（　　）。

A. 职业道德的基本要求　　B. 社会公德的基本要求

C. 家庭道德的基本要求　　D. 环境保护的基本要求

9. 与法律相比，道德在调控人与人、人与社会以及人与自然之间的各种关系时，它的（　　）。

A. 时效性差　　B. 作用力弱　　C. 操作性强　　D. 适用范围大

10. 在职场中，最应吸引你的方面是（　　）。

A. 人际关系　　B. 发展前景　　C. 薪水　　D. 交通便利

11. 与人交往时，最应看重他（她）们哪一方面的素质？（　　）

A. 业务能力　　B. 外表形象

C. 为人品行　　　　　　　　　　D. 谈吐举止

12. 在选择职业的过程中，最应看重的是什么？(　　)

A. 专业对口　　　　　　　　　　B. 薪水的高低

C. 公司的名气　　　　　　　　　D. 能否发挥自己的才能

13. 下列不属于公共生活中的道德规范的是（　　）。

A. 文明礼貌　　B. 男女平等　　C. 爱护公物　　D. 助人为乐

14. 以下关于职业选择的说法中，正确的是（　　）。

A. 职业选择是个人的事，与社会历史条件无关

B. 法律上承认人人有选择职业的自由

C. 倡导职业选择自由与提倡“干一行，爱一行，专一行”相矛盾

D. 强化职业选择意识容易激化社会矛盾

15. 敬业是一种对待自己职业的应有态度，它的核心要求是（　　）。

A. 对待工作可以应付了事

B. 对待工作勤奋努力，精益求精

C. 努力工作只为挣钱养家

D. 认真工作是为了受到领导、群众的好评

16. 恋人间彼此尊重人格的表现，主要是尊重对方的（　　）和重视双方的平等。

A. 人权　　　　　　　　　　　　B. 独立性

C. 人格　　　　　　　　　　　　D. 隐私

17. 人们在社会生活中的两种形态包括（　　）。

A. 私人领域与公共领域　　　　　B. 私人领域与公共场所

C. 私人生活与公共生活　　　　　D. 私人场所与公共场所

18. 当代社会的公共生活领域，更像一个“陌生人社会”，尤其是当今网络虚拟世界中，有的人甚至连交往对象的外貌、真实性别和大致年龄也无法知道，这体现了公共生活特征中的（　　）。

A. 活动范围的广泛性　　B. 活动方式的多样性

C. 交往对象的复杂性　　D. 活动结果的相关性

19. 下列哪一项不属于家庭美德范畴？（　　）

A. 尊老爱幼　　B. 文明礼貌

C. 男女平等　　D. 邻里团结

20. 下列行为正确的是（　　）。

A. 人们在图书馆中看书时，李明肆无忌惮地聊天说笑。

B. 班级的桌椅板凳坏了，丁凌主动修好了它。

C. 在公共汽车站按秩序上车时，张四加塞拥挤。

D. 在动物园观赏动物时，有人向动物乱扔石子等杂物。

二、多项选择题

1. 职业道德，就是从事一定职业的人，在工作和劳动过程中，所应遵守的、与其职业活动紧密相关的（　　）的总和。

A. 道德情操　　B. 道德品质

C. 行为准则　　D. 道德要求

2. 面对目前越来越多的择业机会，在以下说法中，你认为可取的是（　　）。

A. 树立干一行、爱一行、专一行的观念

B. 多转行，就可以多学习知识，多受锻炼

C. 可以转行，但不可盲目，否则不利于成长

D. 干一行就要干到底，否则就是缺乏职业道德

3. 结婚的必备条件是（　　）。

A. 须男女双方完全自愿

B. 须达到法定婚龄

C. 须符合一夫一妻制

D. 结婚必须办酒席，通知双方亲朋

4. 关于职业生活，你同意下列哪些做法？（ ）。

A. 多数人工作是为了养家糊口

B. 有工作做就是快乐的，工资高低不重要

C. 工作是体现个人价值的一种方式

D. 工作是社会交往的重要途径

5. 在市场经济条件下，职业道德具有（ ）的社会功能。

A. 鼓励人们自由选择职业

B. 遏制牟利最大化

C. 促进人们的行为规范化

D. 符合总书记提出的“八荣八耻”

6. 职业语言规范的具体要求是（ ）。

A. 用尊称　　B. 语气委婉

C. 语意明确　　D. 语速适中

7. 敬业是一种对待自己职业的应有态度，它的核心要求是（ ）。

A. 对待工作可以应付了事

B. 对待工作勤奋努力，精益求精

C. 努力工作只为挣钱养家

D. 努力工作，全心全意，尽职尽责

8. 结婚的禁止条件有（ ）。

A. 禁止直系血亲和三代以内的旁系血亲结婚

B. 患有医学上认为不应当结婚的疾病的人禁止结婚

C. 禁止五代以内的旁系血亲结婚

D. 禁止同姓人结婚

9. 以下（ ）是大学生应树立的正确的恋爱观。

A. 不能误把友情当爱情　　B. 不能错置爱情的地位

C. 不能只重过程不顾后果　　D. 不能因失恋迷失方向

10. 下列哪些是道德修养的正确方法？（　　）

A. 学思并重　　B. 省察克治

C. 慎独自律　　D. 知行合一

三、辨析题（注意：作答时先判断正误再说明理由。）

1. 公共生活不需要公共秩序，个人可以自由活动，想做什么就做什么。

2. 大学生学习的知识多，所以道德素质高。

3. 有人认为，互联网是个虚拟空间，没有人会把它当成现实，更不需要遵守道德规范。

四、简答题

1. 简述社会公德的主要内容。

2. 大学生应树立什么样的择业观和创业观？

3. 大学生应如何通过参与道德实践引领社会风尚？

五、案例分析题

高某系江苏某理工学院的大三学生，由于其女友认为居住的新校区没有安全感，经常在其面前哭哭啼啼，高某便萌发了编造骇人听闻的消息的念头，谎称在该校新校区发生女生遭强奸而无人问津，以期引起学校及有关方面的重视，后经与两位同学商量，同学建议将强奸改成轮奸。于是三人便编造了该校新校区大四女生遭民工轮奸，而学校及公安机关无人问津的谣言，并发布在西祠胡同网站某论坛上。这引起了学生及学生家长的恐慌，给学校正常的工作、学习、生活秩序造成了极大的破坏。后经公安机关调查，将目标锁定为高某等三人，后高某等人也对自己编造网络谣言的行为供认不讳。

请结合上述案例，回答以下问题：

作为大学生，结合自身实际谈谈应该如何合理利用网络，养成科学、文明、健康的上网习惯。

六、论述题

试述职业道德的含义及社会主义职业道德的主要内容，和提高职业道德素质的方法与途径有哪些。

A.7 学习宪法法律 建设法治体系

一、单项选择题

1. 法律作为一种特殊的社会规范，是在人类进入（　　）以后出现并发展的。

A. 原始社会　B. 封建社会　C. 现代社会　D. 奴隶社会

2. 法之所以具有特殊强制性和普遍约束力，在于法是（　　）。

A. 由社会物质生活条件决定的　B. 以国家强制力为后盾的

C. 上层建筑之一　D. 统治阶级意志的体现

3. 在阶级社会中，法律体现了统治阶级的（　　）。

A. 整体意志　B. 个人意志　C. 集体意志　D. 皇权意志

4. 马克思主义强调透过现象看本质，就本质而言，法所体现的是（　　）。

A. 当权者的意志　B. 统治阶级的意志

C. 全体社会成员的意志　D. 被统治阶级的意志

5. 根据《宪法》规定，我国的国体是（　　）。

A. 人民民主专政制度　B. 人民代表大会制度

C. 民族区域自治制度　D. 多党合作和政治协商制度

6. 关于法律的一般含义，说法不正确的是（　　）。

A. 法由国家制定和认可

B. 法由国家强制力保证实施

C. 阶级社会中，法律是全体人民意志的体现

D. 法由社会物质生活条件决定

7. 根据《宪法》《立法法》等的规定，国务院有权制定（　　）。

A. 法律　　B. 行政法规　　C. 部门规章　　D. 单行条例

8. 根据《宪法》规定，人民行使国家权力的机关是（　　）。

A. 人民政府　　B. 人民政协　　C. 人民法院　　D. 人民代表大会

9. 在我国的法律体系中，具有最高法律效力的法律部门是（　　）。

A. 宪法　　B. 刑法　　C. 民法　　D. 行政法

10. 在阶级社会中，法律所体现的意志是（　　）的意志。

A. 人民大众　　B. 统治阶级　　C. 全体公民　　D. 富人阶层

11. 在我国，制定地方性法规的主体包括（　　）。

A. 自治州、自治县的人民代表大会及其常委会

B. 较大的市的人民代表大会及其常委会

C. 省、自治区和直辖市的人民政府

D. 较大的市的人民政府

12. 规定国家制度和社会制度的基本原则，集中表现各种政治力量对比关系，保障公民基本权利和义务的国家根本法是（　　）。

A. 宪法　　B. 民法　　C. 刑法　　D. 行政法

13. 根据《宪法》规定，我国公民年满（　　）周岁，享有选举权和被选举权。

A. 16　　B. 18　　C. 20　　D. 22

14. 法与其他社会规范的根本区别在于（　　）。

A. 合法性　　B. 物质制约性　　C. 意志性　　D. 强制性

15. 我国宪法规定，宪法的修改须经全体代表的（　　）以上多

数通过方为有效。

A. 二分之一 B. 三分之二 C. 五分之三 D. 三分之一

16. 根据《宪法》规定，全国人民代表大会及其常委会行使（ ）。

A. 立法权 B. 执法权 C. 司法权 D. 行政权

17. 根据《宪法》规定，国家的法律监督机关是（ ）。

A. 人民法院 B. 全国人民代表大会

C. 人民检察院 D. 中央军事委员会

18. 我国现行宪法的基本原则是（ ）。

A. 三权分立原则 B. 民主集中制原则

C. 法治原则 D. 人权原则

19. 依法治国，首先要（ ）。

A. 有法可依 B. 有法必依 C. 法律保障 D. 法律监督

20. 法律创制的主要方式是（ ）。

A. 民间社会逐渐形成 B. 国家制定和认可

C. 国家领导人颁布 D. 天才人物的创造

二、多项选择题

1. 法律规范的作用有（ ）。

A. 指引作用 B. 评价作用 C. 强制作用 D. 教育作用

2. 立法活动必须遵循法定程序，就全国人民代表大会的立法程序而言，大体包括（ ）。

A. 法律案的提出 B. 法律案的审议

C. 法律案的表决 D. 法律的公布

3. 我国宪法确立的基本政治制度有（ ）。

A. 中国共产党领导的多党合作和政治协商制度

B. 民族区域自治制度

C. 基层群众自治制度

D. 中国特色的文化制度

4. 法律的历史发展过程中，先后产生了（　　）等法律历史类型。

A. 奴隶制法　B. 封建制法　C. 资本主义法　D. 原始社会法

5. 我国刑罚的种类包括（　　）。

A. 有期徒刑　B. 无期徒刑　C. 死刑　D. 罚款

6. 法的运行的过程主要包括（　　）。

A. 制定　B. 执行　C. 适用　D. 遵守

7. 我国刑法的基本原则有（　　）。

A. 罪刑法定原则　B. 法律面前人人平等原则

C. 罪刑相适应原则　D. 民主集中制原则

8. 资本主义法律的基本特征主要体现为（　　）原则。

A. 私有财产神圣不可侵犯

B. 与资本主义市场经济相适应的契约自由原则

C. 与资本主义民主政治相适应的法律面前人人平等原则

D. 体现最广大人民的利益

9. 建设中国特色社会主义法治体系的内容主要有（　　）。

A. 建设完备的法律法规体系　B. 建设高效的法治实施体系

C. 建设严密的法治监督体系　D. 建设完善的党内法规体系

10. 全面依法治国基本格局的十六字方针是（　　）。

A. 科学立法　B. 严格执法　C. 公正司法　D. 全民守法

三、辨析题（注意：作答时先判断正误再说明理由。）

1. 既然法律是统治阶级意志的体现，统治阶级就不需要遵守法律。

2. 中国特色社会主义法律体系体现了动态、开放、自由的要求。

3. 维护法律的基本手段是舆论、法律、道德、媒体曝光。

四、简答题

1. 请分析中国特色社会主义法律体系的特征。
2. 我国宪法的基本原则有哪些?
3. 建设中国特色社会主义法治体系的重大意义体现在哪些方面?

五、案例分析题

佘祥林，湖北省京山县雁门口镇人。1994 年 1 月 2 日，佘妻张在玉因患精神病走失失踪，张的家人怀疑张在玉被丈夫杀害。同年 4 月 28 日，佘祥林因涉嫌杀人被批捕，后被原荆州地区中级人民法院一审判处死刑，剥夺政治权利终身。因行政区划变更，佘祥林一案移送京山县公安局，经京山县人民法院和荆门市中级人民法院审理，1998 年 9 月 22 日，佘祥林被判处 15 年有期徒刑。2005 年 3 月 28 日，佘妻张在玉突然从山东回到京山。4 月 13 日，京山县人民法院经重新开庭审理，宣判佘祥林无罪。2005 年 9 月 2 日，佘祥林领取 70 余万元国家赔偿。

请结合上述案例，分析公正司法的重要性。

六、论述题

如何认识我国社会主义法律的作用?

A. 8 树立法治观念 尊重法律权威

一、单项选择题

1. ( ) 是在实践中逐渐形成的，是从事法治实践和其他社会活动的思想基础。

A. 法治素养 B. 法治观念 C. 法制观念 D. 法制素养

2. 人民当家作主和依法治国的根本保证是（ ）。

A. 公平正义 B. 诚实守信 C. 人民的意志 D. 党的领导

3. 全面依法治国的根本制度保障是（ ）。

A. 中国特色社会主义制度 B. 党的领导

C. 人民代表大会制度 D. 民主集中制

4. 全面依法治国的行动指南是（ ）。

A. 中国特色社会主义法治理论 B. 法学基础理论

C. 法律条款 D. 法律文书

5.（ ）是对中国特色社会主义法律体系内在理念、精神最准确深刻的诠释。

A. 社会主义德治理念 B. 社会主义人治理念

C. 社会主义法治理念 D. 社会主义道德理念

6. 社会主义法治理念中的（ ）理念概括出了中国特色社会主义法律体系的核心要义。

A. 以德治国 B. 依法执政 C. 依法治国 D. 公平正义

7. 社会主义法治理念有利于大学生养成（ ）的行为习惯。

A. 明礼诚信 B. 艰苦朴素 C. 依法办事 D. 敢作敢为

8. 党的领导和依法治国的本质要求是（ ）。

A. 党的领导 B. 依法治国 C. 执法为民 D. 人民当家作主

9.（ ）指以法治价值和法治精神为导向，运用法律原则、法律规则、法律方法思考和处理问题的思维模式。

A. 法治理念 B. 法治思维 C. 法治素养 D. 法治目标

10. 法治思维以（ ）为指导，蕴含着公正、平等、民主、人权等法治理念。

A. 法治理念 B. 法治价值精神

C. 法治素养　　　　　　　　D. 法治目标

11. 法治思维中的规则意识是指个人如何用（　　）看待和对待自己。

A. 道德　　　B. 法治精神　　　C. 法律　　　D. 规范

12. 依法治国，就是以（　　）作为党领导人民治理国家的基本依据。

A. 领导人的意志　　　　　　B. 党的意志

C. 宪法和法律　　　　　　　D. 政策

13.（　　）是人权保障的前提和基础。

A. 宪法保障　　B. 立法保障　　C. 行政保护　　D. 司法救济

14. 法律的权威来源于（　　）。

A. 人民的拥护和真诚的信仰　　B. 法律的正义

C. 统治阶级的强制力　　　　　D. 道德观念

15. 宪法和法律赋予公民对国家机关及其工作人员的行为是否合法进行监督的权利，不包括以下哪项权利？（　　）

A. 批评　　　B. 建议　　　C. 申诉　　　D. 媒体曝光

16. 英国思想家培根说过："如果普通人违法犯罪是污染了水流的话，那么，执法者违法犯罪就是污染了水源。"因此要建立（　　）机制，以清洁"水源"。

A. 职权由法定　B. 有权必有责　C. 用权受监督　D. 违法受追究

17.（　　）是构建社会主义和谐社会的两大支柱。

A. 安定和有序　B. 公平和正义　C. 诚信和友爱　D. 民主和法治

18. 下列行为中，只违反道德而未违反法律的行为是（　　）。

A. 对最亲密的朋友撒谎

B. 倒卖车票，数额巨大的

C. 故意杀人

D. 以"莫须有"的罪名诬陷他人

19. 按照法的原理、法律原则和立法精神分析、解决法律问题的习惯和思想取向是指（ ）。

A. 法治概念 B. 法律思维 C. 法制观念 D. 法治理念

20. “正义不仅应当实现，而且应当以人们看得见的方式实现”，这就是（ ）的重要价值所在。

A. 正当程序 B. 司法公正 C. 时间效率 D. 程序公正

二、多项选择题

1. 我国社会主义法治建设的基本经验包括（ ）。

A. 坚持党的领导 B. 坚持人民当家作主

C. 坚持依法治国 D. 坚持中国特色社会主义制度

2. 全面实施宪法的基本要求有（ ）。

A. 在全社会树立宪法意识 B. 加强宪法实施

C. 坚持党的依宪执政 D. 坚持学习宪法

3. 法治思维与人治思维的区别集中体现在（ ）。

A. 依据上 B. 方式上 C. 价值上 D. 标准上

4. 法律至上是指在国家的或社会的所有规范中，法律是（ ）的规范。

A. 地位最高 B. 效力最广 C. 强制力最大 D. 说服力最强

5. 法律的至上性具体表现为（ ）。

A. 普遍适用性 B. 优先适用性 C. 不可违抗性 D. 须解释性

6. 人权的法律保障包括（ ）。

A. 宪法保障 B. 立法保障 C. 行政保护 D. 司法保障

7. 正当程序具有以下基本特征（ ）。

A. 中立性 B. 参与性 C. 公开性 D. 时限性

8. 参与法律实践的主要方式有（ ）。

A. 参与立法讨论 B. 行使监督权

C. 法院旁听　　D. 参与模拟法庭

9. 信仰法律指的是要（　　）。

A. 相信法律　　B. 信奉法律

C. 崇尚法律　　D. 监督法律

10. 培养法治思维方式的途径主要有（　　）。

A. 学习法律知识　　B. 掌握法律方法

C. 养成守法习惯　　D. 进行法律诉讼

三、辨析题（注意：作答时先判断正误再说明理由。）

1. 社会主义法治的基本要求是有法可依、有法必依、执法必严、违法必究、犯罪必惩。

2. 安定和有序是构建社会主义和谐社会的两大支柱。

3. 公平正义是社会主义法治的核心内容。

四、简答题

1. 尊重和维护法律权威的重要意义有哪些?

2. 法治思维的基本内容是什么?

3. 如何坚持走中国特色社会主义法治道路?

五、案例分析题

马某与赵某系生意上的朋友。一天，两人在饭店喝酒，马某说起现在生意难做，不讲信义的人越来越多。赵某随声附和。一向爱开玩笑的马某说："老兄，凭咱们的关系，我就给你写张借条，玩玩都放心。"马某随即写了今借赵某人民币 6 000 元的字条，签署自己的姓名后放在饭桌上。不料，几日后，马某收到法院送达的起诉状，方知赵某竟以该借条为据将他起诉到了法院，要求他偿还借款 6 000 元。

法院审理后认为，赵某向马某出具了借据，马某又没有证据证明自己不是出于真实的意思表示，故双方债权债务关系成立，支持赵某的诉讼请求。

请谈谈你对法院判决的认识。

六、论述题

联系实际谈谈如何做到尊重和维护法律权威。

A.9 行使法律权利 履行法律义务

一、单项选择题

1. 马克思主义权利观与其他权利观的根本区别是（ ）。

A. 强调社会的物质生活条件对权利的制约和决定作用

B. 强调人的权利是天赋的

C. 认为人的权利是神赋的

D. 认为权利是由人与人之间的社会关系而产生的

2. 法律权利与其他权利的根本区别在于（ ）。

A. 人们须自觉维护 B. 可以不择手段地维护自身权利

C. 由国家强制力保障其实现 D. 主要靠他人

3. 由宪法或宪法性法律规定的权利叫作（ ）。

A. 普通权利 B. 基本权利 C. 实体性权利 D. 程序性权利

4. （ ）年我国修改宪法，将“国家尊重和保障人权”写入宪法。

A. 1954 B. 1997 C. 2002 D. 2004

5. 现代法制的基本原则是法律权利与法律义务必须（ ）。

A. 平等 B. 相互依存 C. 义务优先 D. 权利优先

6. 我国宪法明确规定：“中华人民共和国年满（ ）周岁的公

民都平等地享有选举权与被选举权。”

A. 16 B. 18 C. 20 D. 22

7. 社会救助以居民（ ）为基本内容。

A. 改善生活条件 B. 解决临时困难

C. 最低生活保障 D. 专项扶持

8. 享有法律权利与承担法律义务的主体都指的是（ ）。

A. 人们 B. 人民 C. 公民 D. 市民

9. 我国公民的政治权利构成了实现（ ）原则。

A. 人民主权 B. 依法治国 C. 人治 D. 公平正义

10. 我国公民（ ）。

① 既充分享有法律赋予的权利，又必须履行法律规定的义务；

② 既受到我国法律的保护，又受到我国法律的约束；

③只享有法律赋予的权利，不必履行法律规定的义务；

④ 放弃法律赋予的公民权利，就不必履行法律规定的公民义务。

A. ①② B. ②③ C. ③④ D. ①④

11. 我国公民在（ ）一律平等。

A. 法律上 B. 法律下 C. 法律面前 D. 法律适用上

12. 公民某甲旅居国外，在回家探亲期间碰巧遇其家乡在选举县人大代表，则某甲（ ）。

A. 可以参加选举

B. 不可以参加选举

C. 经选举委员会同意可以参加选举

D. 经全体选民过半数同意可以参加选举

13. 宪法确立了“国家尊重和保障人权”的原则，并对公民的（ ）作了全面的规定，为推动人权事业全面发展、保证广大人民群众充分享有民主权利，提供了宪法保障。

A. 基本权利 B. 基本义务 C. 基本规范 D. 基本道德

14. 公民在法律面前人人平等是指（　　）。

A. 立法和守法上的平等　　B. 立法、司法和守法上的平等

C. 立法和司法上的平等　　D. 司法和守法上的平等

15. 举行集会、游行、示威必须依法，事先经过（　　）许可。

A. 公安机关　B. 人民政府　C. 人民检察院　D. 人民法院

16. （　　）是人权保障的前提和基础。

A. 宪法保障　B. 立法保障　C. 行政保护　D. 司法救济

17. 下列哪项权利既是权利又是义务？（　　）

A. 物质帮助权　B. 休息权　C. 社会保障权　D. 劳动权

18. 法律在本国主权范围内对所有人具有普遍的约束力是指法律的（　　）。

A. 普遍适用性　　B. 优先适用性

C. 不可违抗性　　D. 强制性

19. 当同一项社会关系受到多类社会规范的调整时，法律规范的适用要优先于其他社会规范是指法律的（　　）。

A. 普遍适用性　B. 优先适用性　C. 不可违抗性　D. 强制性

20. 在现代法治社会，人们行使任何权利、做任何事情都不能超越（　　）界限。

A. 道德　B. 法律　C. 政府许可　D. 权利

二、多项选择题

1. 法律权利的内容、分配和实现方式因（　　）的不同而存在差异。

A. 社会制度　　B. 国家法律

C. 人们生活水平　　D. 社会发展阶段

2. 根据权利是否由宪法或宪法性法律规定可以将法律权利分为（　　）。

A. 政治权利 B. 人身权利 C. 基本权利 D. 普通权利

3. 法律权利与法律义务平等体现在（ ）。

A. 法律面前人人平等 B. 具体设定上要平等

C. 实现要体现平等 D. 量上要绝对平等

4. 法律权利与法律义务具有（ ）特点。

A. 广泛性 B. 公平性 C. 强制性 D. 真实性

5. 人身权利是指公民的人身不受非法侵犯的权利，包括（ ）、通信自由权等具体权利。

A. 生命健康权 B. 人身自由权

C. 人格尊严权 D. 住宅安全权

6. 我国休假制度主要包括（ ）。

A. 公休日制度 B. 法定节假日制度

C. 单位自行制定休假制度 D. 带薪年休假制度

7. 宗教信仰自由的具体内容包括（ ）。

A. 信仰宗教的自由 B. 从事宗教活动的自由

C. 举行或参加宗教仪式的自由 D. 不信仰宗教的自由

8. 权利行使的方式分为（ ）。

A. 口头方式 B. 书面方式

C. 行为方式 D. 口头方式和书面方式兼用

9. 我国公民的权利救济方式主要包括（ ）。

A. 法律救济 B. 司法救济 C. 仲裁救济 D. 行政救济

10. 我国实行（ ）的兵役制度。

A. 义务兵与志愿兵相结合 B. 民兵与预备役相结合

C. 雇佣 D. 义务兵

三、辨析题（注意：作答时先判断正误再说明理由。）

1. 在社会主义国家，集会、游行、示威是公民享有的基本政治权利，所以不需要申请。

2. 在社会主义制度下，公民的劳动既是权利又是义务。

3. 公民享有的权利是绝对的。

四、简答题

1. 法律义务的特点有哪些?

2. 我国宪法法律规定的基本权利有哪些?

3. 公民应履行的基本法律义务有哪些?

五、案例分析题

在我国，公民享有法律规定的各项权利，同时也要履行法律规定的各项义务。结合下列情境，运用法律有关知识简要回答问题:

(1) 区内，人们在投票选举新一届人大代表;

(2) 学生在上课;

(3) 休息日，游客在公园里赏花;

(4) 适龄青年应征入伍;

(5) 成年子女赡养父母;

(6) 工人在劳动;

(7) 夫妻双方自觉实行计划生育。

1. 上述情境体现了公民享有的哪些权利和应履行的什么义务?

2. 上述情境中哪些既是权利又是义务?

六、论述题

试述公民的人身权利都有哪些，并谈谈你对这些人身权利的理解。

A. 10 参考答案

珍惜大学生活 开拓新的境界

一、单项选择题

1—5 DDCDA 6—10 DADDB 11—15 ABDBC 16—20 CAAAD

二、多项选择题

1. ABCD 2. ABCD 3. ABC 4. ABCD 5. ABCD 6. ABC 7. BCD 8. BCD 9. ABCD 10. ABCD

三、辨析题

1. 答：错。大学有教书育人的良师，这里聚集着众多学者和专家。大学有浓厚的学习和研究的氛围，是知识传播和运用的基地，是接受人文精神和科学精神的园地。

2. 答：对。大学阶段的学习，知识的广度和深度大大增加，专业方向基本确定，需要充分发挥学习的主动性、创造性，将书本上学到的理论知识与实践相结合。

3. 答：对。学习思想道德修养与法律基础课程不仅要学好科学理论，掌握基本知识，更要注重联系实际，坚持学以致用。

四、简答题

1. 答：（1）树立自立自强自信自律的生活意识；（2）提高明辨

是非善恶的能力；（3）虚心求教，细心体察；（4）大胆实践，积累生活经验。

2. 答：（1）自主学习的理念；（2）全面学习的理念；（3）创新学习的理念；（4）合作学习的理念；（5）终身学习的理念。

3. 答：构成社会主义核心价值体系的基本内容有：（1）坚持马克思主义指导思想；（2）确立中国特色社会主义共同理想；（3）弘扬以爱国主义为核心的民族精神和以改革创新为核心的时代精神；（4）树立社会主义荣辱观。

五、案例分析题

答：（1）该案例说明了大学生在学习的过程中要特别注意德才兼备，在学习专业知识的时候要特别注意思想素质的提升，成为人格健全的人。（2）要求我们既具有优秀的思想政治素质，又具有过硬的科学文化本领，既有强健的体魄，又有健全的心智。而要做到这一点，我们就要全面认识自己、提高自己，不断在学习中增长知识，不断在人生旅途中陶冶情操，不断在社会实践中磨炼意志。

六、论述题

答：（1）思想道德素质是人们的思想观念、政治立场、价值取向、道德情操和行为习惯等方面素养和能力的体现，反映着一个人的思想境界和道德风貌。法律素质是指人们掌握和运用法律的素养和能力。良好的道德素质是促进个体健康成长、社会发展进步的重要保障和基础；良好的法律素质促进人们合法地实施行为、依法维护各种正当权益，履行法定义务的重要保障。道德素质和法律素质是人的基本素质，二者之间相辅相成，法律素质的养成是培养道德素质的必然要求，而道德素质的培养有利于法律素质的养成与强化。

（2）一个人良好的道德素质和法律素质是在学习中升华、内省中完善、自律中养成、实践中锤炼的结果。只要坚持去做、用心去做，每个人都会不断有所收获和成长。大学生应坚持通过理论学习和实践体验，牢固树立坚定的理想信念和正确的世界观、人生观、价值观，陶冶高尚的道德情操，增强遵法学法守法用法的自觉性，逐步树立对社会主义法律的信仰，不断提高自身的道德素质和法律素质。结合自身阐述。

追求远大理想　坚定崇高信念

一、单项选择题

1—5　DADBA　　6—10　BDADD　　11—15　ACCCC　　16—20　CDDBD

二、多项选择题

1. ABC　　2. ABCD　　3. ABC　　4. ACD　　5. ABC
6. ABC　　7. ABCD　　8. ABC　　9. AB　　10. ABCD

三、辨析题

1. 答：错。信念是认知、情感和意志的有机统一体，是人们在一定的认识基础上确立的对某种思想或事物坚信不疑并身体力行的心理态度和精神状态。观念是指人们对某种思想和事物的观点和看法。二者有本质的区别。

2. 答：错。现阶段我国各族人民的共同理想是实现中华民族的伟大复兴，而实现祖国统一大业内含于伟大复兴中。

3. 答：对。理想信念对人生的作用有三点：第一，理想信念指引奋斗目标；第二，理想信念提供前进的动力；第三，理想信念提高精神境界。

四、简答题

1. 答：（1）理想信念昭示奋斗目标。（2）理想信念提供前进动力。（3）理想信念提高精神境界。

2. 答：（1）马克思主义体现了科学性与革命性的统一；（2）马克思主义具有鲜明的实践品格；（3）马克思主义具有持久生命力。

3. 答：（1）辩证看待理想与现实的矛盾；（2）正确看待实现理想的长期性、艰巨性和曲折性；（3）艰苦奋斗是实现理想的重要条件。

五、案例分析题

答：（1）逆境对于实现理想有不利因素，但同时也有有利因素。（2）在逆境中需要付出更多努力才能实现理想。（3）但是，在逆境中，人可以磨炼意志、陶冶品格、丰富阅历。（4）逆境并不可怕，只要树立必胜的信念，坚持科学的态度，就可以实现自己的理想。

六、论述题

答：（1）中国特色社会主义共同理想，就是在中国共产党领导下，坚持和发展中国特色社会主义，实现中华民族伟大复兴。大学生是我国社会主义事业的建设者和接班人，承担的是坚持和发展中国特色社会主义、实现中华民族伟大复兴的中国梦的历史使命。大学生是国家发展的中坚力量，应当坚定科学的理想信念，以高度的历史责任感发愤学习，刻苦学习，努力成才，做一个有理想、有抱负的人，在为国家发展和民族振兴的不懈奋斗中，创造无愧于时代的业绩。（2）要实现中国特色社会主义共同理想，首先必须坚定对中国共产党的信任，其次要坚定中国特色社会主义信念，最后要坚定实现中华民族伟大复兴的信心。现在我们比历史上任何时期都更接近实现中华民族伟大复兴的目标，比历史上任何时期都有信心，更有能力实现这个目标。结合自身阐述略。

弘扬中国精神　共筑精神家园

一、单项选择题

1—5　CDAAA　　6—10　ABBCD　　11—15　ABBBA　　16—20　BABDC

二、多项选择题

1. ABCD　　2. ACD　　3. ABCD　　4. ABC　　5. CD
6. ABCD　　7. ABCD　　8. ABCD　　9. ABCD　　10. ABC

三、辨析题

1. 答：错。“保我国土”“爱我家乡”不只是公民的道德要求，它是每个人都应当自觉履行的责任或义务。

2. 答：错。经济全球化是世界经济发展的必然趋势，但不等于全球政治、文化一体化。在经济全球化的条件下，国家仍然是民族存在的最高组织形式，是国际社会活动中的独立主体，爱国永远不会过时。

3. 答：对。爱国既需要情感的基础，也需要理性的认识，更需要实际行动。现阶段，爱国主义主要表现为献身于建设和保卫社会主义现代化事业，献身于促进祖国统一事业。

四、简答题

1. 答：（1）体现了人民群众对自己祖国的深厚感情；（2）反映

了个人对祖国的依存关系；（3）是人们对自己故土家园、种族和文化的归属感、认同感、尊严感与荣誉感的统一。

2. 答：（1）确立总体国家安全观；（2）增强国防意识；（3）履行维护国家安全的义务。

3. 答：（1）创新始终是推动人类社会发展的第一动力；（2）创新能力是当今国际竞争新优势的集中体现；（3）改革创新是我国赢得未来的必然要求。

五、案例分析题

答：案例说明了钱学森的爱国热情和爱国情怀，作为新时代的大学生应该把祖国放在第一位，做忠诚爱国者，具体做到：（1）维护和推进祖国统一；（2）促进民族团结；（3）增强国家安全意识。总之，新时代的大学生应当高扬爱国主义旗帜，把爱国之情、强国之志、报国之行统一起来，为国家和民族做出应有的贡献。

六、论述题

答：维护和推进祖国统一，是中华民族走向伟大复兴的历史必然。新中国成立以来，中国共产党人和中国人民为了维护祖国统一，做出了巨大的努力。包括坚定不移地贯彻“一国两制”，保持香港和澳门的持续繁荣；对台政策则是坚持一个中国原则，推进两岸交流合作，促进两岸同胞团结奋斗，坚决反对“台独”分裂图谋。（可以细化阐述。）

领悟人生真谛　创造人生价值

一、单项选择题

1—5　ADBDB　　6—10　BACCC　　11—15　CDBAD

16—20 CDBBB

二、多项选择题

1. ABCD 2. ABCD 3. ACD 4. ACD 5. ABC

6. ABD 7. ABC 8. ABCD 9. ABC 10. ABCD

三、辨析题

1. 答：错。人生观是世界观在对待人生问题上的具体体现，是世界观的重要组成部分。作为人们对生活在其中的世界以及人与世界的关系的总体看法和根本观点，世界观决定人生观，有什么样的世界观，就有什么样的人生观。

2. 答：对。所谓人生态度就是指人们通过生活实践所形成的对人生问题的一种稳定的心理倾向和基本意图，它是人生观的重要内容。

3. 答：错。钱的多少不是衡量人生价值大小的尺度。人生价值是一种特殊的价值，是人的生活实践对于社会和个人具有的作用和意义。

四、简答题

1. 答：（1）人生观就是人们关于人生目的、人生态度、人生价值等问题的总观点和总看法；（2）人生观的主要内容包括人生目的、人生态度和人生价值。

2. 答：（1）树立正确的得失观；（2）树立正确的幸福观；（3）树立正确的苦乐观；（4）树立正确的顺逆观；（5）树立正确的生死观；（6）树立正确的荣辱观。

3. 答：当代大学生在承担新时代赋予的历史责任时，应当与历史同向、与祖国同行、与人民同在，在服务人民、奉献社会的实践中创造有意义的人生。

五、案例分析题

答：人生目的是指人们在人生实践中逐步确立的，并终生奋斗追求的结果或境界。

人生目的对大学生成长的作用体现在：人生目的决定人生的道路和方向；人生目的决定人生价值；人生目的决定人生态度。

六、论述题

答：人生价值是一种特殊的价值，是人的生活实践对于社会和个人所具有的作用和意义。人生价值是人们从价值角度考虑人生问题的根据。

在关于人生的思考中，首先要思考的是人生目的的问题，这要以人生的价值特性和对于人生的价值评价为根据。其次要思考的是人生态度的问题，它在深层次上影响、制约和指导人们的实践活动，为人们的人生目的和人生态度选择提供依据。联系实际部分可结合自身阐述。

注重道德传承　加强道德实践

一、单项选择题

1—5　ACABA　6—10　AABBC　11—15　BDADB　16—20　DCDCD

二、多项选择题

1. ABD　2. ABCD　3. ABCD　4. AB　5. ABCD
6. ACD　7. BCD　8. ACD　9. ABC　10. ACD

三、辨析题

1. 答：错。道德在原始社会并没有阶级性，因为那时没有阶级。

但是在阶级社会中，道德具有阶级性。表现为不同的阶级有不同的道德观念和道德标准。

2. 答：错。在发展社会主义市场经济、构建社会主义和谐社会的过程中，更需要大力倡导诚实守信的美德。首先，诚实守信是市场经济条件下经济活动的一项基本原则；其次，诚实守信是职业道德的一项基本要求。

3. 答：对。社会主义道德建设要以为人民服务为核心，这既符合我国社会主义初级阶段道德建设的现实状况，也是社会主义精神文明建设的客观要求。

四、简答题

1. 答：（1）道德是反映社会经济关系的特殊意识形态；（2）道德是社会利益关系的特殊调节方式；（3）道德是一种实践精神。

2. 答：（1）重视整体利益，强调责任奉献；（2）推崇“仁爱”原则，注重以和为贵；（3）提倡人伦价值，重视道德义务；（4）追求精神境界，向往理想人格；（5）强调道德修养，注重道德践履。

3. 答：（1）为人民服务是社会主义经济基础和人际关系的客观要求；（2）为人民服务是社会主义市场经济健康发展的要求；（3）为人民服务是先进性要求和广泛性要求的统一。

五、案例分析题

答：（1）道德属于上层建筑的范畴，是一种特殊的社会意识形态。它通过社会舆论、传统习俗和人们的内心信念来维系，是对人们的行为进行善恶评价的心理意识、原则规范和行为活动的总和。（2）在实践中增强社会公德意识，践行社会公德规范，是每个公民都应当做到的。当代大学生应从小事做起，从小节做起，从身边做起，带头践行社会公德规范。

六、论述题

答：道德是以善恶为评价方式，主要依靠社会舆论、传统习俗和内心信念来发挥作用的行为规范的总和。道德的功能集中体现为处理个人与他人、个人与社会之间关系的行为规范及实现自律完善的一种重要精神力量。

大学生要在实践中不断提升自我道德素养，必须做到以下方面：

（1）践行社会主义荣辱观。（2）培养诚实守信的良好品质。（3）养成勤俭节约的良好习惯。（4）自觉学习道德模范。注意结合自身阐述。

遵守道德规范　锤炼高尚品格

一、单项选择题

1—5　DBDDD　　6—10　DABDB　　11—15　CDBBB　　16—20　BCCBB

二、多项选择题

1. CD　　2. AC　　3. ABC　　4. CD　　5. CD

6. ABCD　　7. BD　　8. AB　　9. ABCD　　10. ABCD

三、辨析题

1. 答：错。公共生活需要公共秩序。第一，有序的公共生活是社会生产活动的重要基础；第二，有序的公共生活是促进社会和谐的重要条件；第三，有序的公共生活是提高社会成员生活质量的基本保障；第四，有序的公共生活是社会文明的重要标志。

2. 答：错。二者没有必然的联系，大学生学习的知识多，只说明其具有丰富的文化知识，并不说明其道德素质高。大学生要想提高道德素质还必须提高个人道德修养的自觉性，采取有效的道德修养方法并积极参加社会实践。

3. 答：错。随着信息技术的迅猛发展，互联网开始构筑起一种全新的工作、学习和生活方式，成为重要的信息平台与交流工具。从本质上说，网络交往仍然是人与人的现实交往，网络生活也是人的真实生活，因而也必须遵守道德规范。

四、简答题

1. 答：社会公德的主要内容：文明礼貌、助人为乐、爱护公物、保护环境、遵纪守法。

2. 答：（1）树立崇高的职业理想；（2）服从社会发展的需要；（3）做好充分的择业准备；（4）培养创业的勇气和能力。

3. 答：（1）向道德模范学习；（2）参与志愿服务活动；（3）引领社会风尚。总之，大学生要投身崇德向善的道德实践，要弘扬真善美、贬斥假恶丑，做社会主义道德的示范者和引领者，促成知荣辱、讲正气、作奉献、促和谐的社会风尚。

五、案例分析题

答：（1）正确使用网络工具；（2）健康进行网络交往；（3）自觉避免沉迷网络；（4）养成网络自律精神。

六、论述题

答：（1）职业道德是指从事一定职业的人在职业生活中应遵循的具有职业特征的道德要求和行为准则。涵盖了从业人员与服务对象、职业与职工、职业与职业之间的关系。社会主义职业道德的内容主要包括爱岗敬业、诚实守信、办事公道、服务群众、奉献社会等。(2) 大学生要深刻认识到职业道德素质的重要性，注重这方面的修养与锻炼。必须要注重以下几方面：学习职业道德规范；提高职业道德意识；提高践行职业道德的能力。结合自身阐述。

学习宪法法律 建设法治体系

一、单项选择题

1—5 DBABA 6—10 CBDAB 11—15 CABDB 16—20 ACBAB

二、多项选择题

1. ABCD 2. ABCD 3. ABC 4. ABC 5. ABC
6. ABCD 7. ABC 8. ABC 9. ABCD 10. ABCD

三、辨析题

1. 答：错。在阶级社会中，法律体现的是统治阶级的整体意志，不是统治阶级内部个别人的意志。法律保护的是统治阶级的整体利益，所以统治阶级也必须遵守法律。

2. 答：错。中国特色社会主义法律体系体现了动态、开放、与时俱进的发展要求。法律从来不体现自由的要求，相反，法律是约束自由的。

3. 答：错。维护法律的基本手段是依靠国家强制力保证实施，这一点和道德规范不一样。

四、简答题

1. 答：第一，中国社会主义法律体现了党的主张和人民意志的统一；第二，中国社会主义法律具有科学性和先进性；第三，中国社会主义法律是中国特色社会主义建设的重要保障。

2. 答：我国宪法的基本原则包括：党的领导原则、人民主权原则、尊重和保障人权原则、社会主义法治原则、民主集中制原则。

3. 答：建设中国特色社会主义法治体系的重大意义体现在：第一，是中国特色社会主义的本质要求和重要保障；第二，是推进国家治理体系和治理能力现代化的重要举措；第三，是全面依法治国的总抓手。

五、案例分析题

答：公正司法是维护社会公平正义的最后一道防线，是现代社会政治民主、进步的重要标志，也是现代国家经济发展和社会稳定的重要保证。

佘祥林案迟到的公正着实让人扼腕叹息，但“从错的又纠正成正的”，也体现了司法公正。司法公正有着非常重要的意义：它可以引导公众尊重司法程序，可以引导公民尊重法律权威，可以在全社会树立对法律的信仰，也可以提升全民的道德水准。

六、论述题

答：(1) 法律的作用是指法律对人的行为和社会关系所产生的影响。法律的作用是历史的，与法律所反映的经济基础和阶级本质紧密相连。任何法律都要维护统治阶级的根本利益和核心价值观，为统治阶级服务。(2) 我国社会主义法律反映了社会主义初级阶段的特点，其最重要的作用表现为确立和维护社会主义的政治制度、经济制度、社会秩序以及推动社会改革与进步。此外，社会主义法律和其他法律一样，还有指引、预测、评价、教育、强制等重要作用。

树立法治观念　尊重法律权威

一、单项选择题

1—5　BDAAC　　6—10　CCDBB　　11—15　CCAAD

16—20　CDABA

二、多项选择题

1. ABC　　2. ABC　　3. ABCD　　4. ABC　　5. ABC

6. ABCD　　7. ABCD　　8. ABCD　　9. ABC　　10. ABC

三、辨析题

1. 答：错。社会主义法治的基本要求是有法可依、有法必依、执法必严、违法必究，不包含犯罪必惩。

2. 答：错。民主和法治才是构建社会主义和谐社会的两大支柱。

3. 答：对。社会主义法治的核心内容是追求公平和正义。

四、简答题

1. 答：（1）是社会主义法治观念的核心要求和建设社会主义法治国家的前提条件；（2）对于推进国家治理体系和治理能力现代化、实现国家的长治久安极为重要；（3）是实现人民意志、维护人民利益、保障人民权利的基本途径；（4）是维护个人合法权益的根本保障。

2. 答：法律至上、权力制约、公平正义、人权保障、正当程序。

3. 答：（1）坚持中国共产党的领导；（2）坚持人民主体地位；（3）坚持法律面前人人平等；（4）坚持依法治国和以德治国相结合；（5）坚持从中国实际出发。

五、案例分析题

答：从以下角度论述：（1）法治思维的含义；（2）培养法治思维的途径。

六、论述题

答：（1）法律权威是指法律在社会生活中的作用力、影响力和公信力，是法律应有的尊严和生命。包括大学生在内的每个公民都要深刻认识尊重社会主义法律权威的重要意义，都有义务和责任维护社会主义法律权威。（2）大学生作为公民，要在尊重法律权威方面加强修炼，在学习和生活中积极作为，养成敬畏法律的严肃态度。努力成为尊重法律权威、信仰宪法法律的先锋，必须做到以下几点：信仰法律、遵守法律、服从法律和维护法律。

行使法律权利　履行法律义务

一、单项选择题

1—5　ACBDA　　6—10　BCCAA　　11—15　CAADA　　16—20　ADABB

二、多项选择题

1. AB　　2. CD　　3. ABC　　4. ABD　　5. ABCD
6. ABD　　7. ABCD　　8. ABCD　　9. ABCD　　10. AB

三、辨析题

1. 答：错。集会、游行、示威确实是社会主义国家公民享有的权利，但公民在集会、游行、示威前必须向有关部门提出申请。

2. 答：对。从国家对公民的角度看，公民的劳动权受到国家和社会的保障，所以是公民的一项权利；从公民对国家的角度看，劳动是每个公民的光荣职责，所以劳动也是公民应尽的义务。

3. 答：错。任何权利都是相对的，不存在绝对的权利，并且权利和义务总是相对的。

四、简答题

1. 答：（1）法律义务是历史的；（2）法律义务源于现实需要；（3）法律义务必须依法设定；（4）法律义务可能发生变化。

2. 答：（1）政治权利；（2）人身权利；（3）财产权利；（4）社会经济权利；（5）宗教信仰及文化权利。

3. 答：（1）维护国家统一和全国各民族团结；（2）遵守宪法和其他法律；（3）维护祖国安全、荣誉和利益；（4）依法服兵役；（5）依法纳税。

五、案例分析题

答：（1）上述情境体现了公民享有选举权和被选举权、受教育权、劳动者的休息权和劳动权。公民应履行受教育的义务、依法服兵役的义务、成年子女赡养扶助父母的义务、劳动的义务、夫妻双方实行计划生育的义务。

（2）劳动和受教育既是公民的权利，又是公民的义务。

六、论述题

答：人身权利是指公民的人身不受非法侵权的权利，包括生命健康权、人身自由权、人格尊严权、住宅安全权、通信自由权等具体权利。人身权利是公民参加国家政治、经济与社会生活的基础，是公民权利的重要内容，一切组织和个人都负有不侵害他人人身权利的义务。

郑重声明